Salvando Miles de Almas

OurSundayVisitor

The Melchizedek Project is made possible by a grant from The Our Sunday Visitor Institute

Salvando Miles de Almas

Guía para Discernir la Vocación al Sacerdocio Diocesano

Padre Brett A. Brannen

VIANNEY VOCATIONS

Padre Brett Brannen trabajó como Vice-Rector del Seminario Mount St. Mary en Emmitsburg, Maryland y como Encargado de Vocaciones de la Diócesis de Savannah, Georgia, EE.UU.

Vianney Vocations LLC, Valdosta, Georgia 31602

Impreso en Los Estados Unidos de América

ISBN 978-1-4675-0715-8

Versión original publicada: *To Save a Thousand Souls: A Guide for Discerning a Vocation to Diocesan Priesthood*

Nihil obstat: Reverendo Msgr. Steven P. Rohlfs, S.T.D.
Imprimatur: Reverendo Msgr. Richard W. Woy, V.G., Arquidiócesis de Baltimore

Traducido por Dr. Cynthia Fraga-Cañadas
Fotos de portada por Micki Krzynski y Tom Lesser

A Jesucristo, el Gran Sacerdote de cuyo
sacerdocio tengo el privilegio de participar

Vivir en medio del mundo
Sin ambicionar sus placeres,
Ser miembro de cada familia,
Sin pertenecer a ninguna;
Compartir todos los sufrimientos,
Penetrar todos los secretos,
Perdonar todas las ofensas,
Ir del hombre a Dios
Y ofrecer a Él sus oraciones,
Regresar de Dios al hombre
Para traer perdón y esperanza,
Tener un corazón de fuego para la caridad,
Y un corazón de bronce para la castidad;
Enseñar y perdonar,
Consolar y bendecir siempre,
Dios mío, ¡qué vida!
Y esa es la tuya,
Oh sacerdote de Jesucristo.

Jean-Baptiste Henri Lacordaire

ÍNDICE

Presentación vii
Agradecimientos xi
Introducción 1
CAPÍTULO 1: ¡Esto es precisamente lo que los sacerdotes hacen! 5
CAPÍTULO 2: El poder sagrado del sacerdocio 25
CAPÍTULO 3: ¿Qué es la vocación? 41
CAPÍTULO 4: Dios me invitó y yo le dije "No" 65
CAPÍTULO 5: Signos de la vocación sacerdotal y las características de un buen candidato 81
CAPÍTULO 6: Trazando un plan de vida espiritual 117
CAPÍTULO 7: La importancia de un director espiritual 131
CAPÍTULO 8: Escuchando la voz de Dios 145
CAPÍTULO 9: Las siete etapas de un discernimiento diligente 161
CAPÍTULO 10: Ideas prácticas para discernir la vocación sacerdotal diocesana 171
CAPÍTULO 11: La Virgen María y los temores del discernimiento 201
CAPÍTULO 12: ¿Cómo les digo a mis padres que quiero ser sacerdote? 221
CAPÍTULO 13: El celibato, la castidad, la caridad, y la alegría 231
CAPÍTULO 14: Mi camino al sacerdocio: ¿Cuándo comienzo? 275
CAPÍTULO 15: Requisitos previos e impedimentos para el sacerdocio diocesano 293
CAPÍTULO 16: Tareas especiales de los sacerdotes diocesanos 311
CAPÍTULO 17: El día de la ordenación 327
Rosario para discernir el sacerdocio diocesano 339
Notas 355
Índice de preguntas 361
Lecturas de la Biblia para la meditación 375

He sido sacerdote durante casi treinta y tres años. Claro que ha habido algunos días difíciles, como los hay en cualquier vocación. Pero nunca cambiaría un día de mi sacerdocio por cualquier otra cosa en el mundo.

Nunca olvidaré las palabras que escuché hace unos años de un sacerdote sabio y experimentado. Después de escuchar mi confesión y concederme la absolución, me miró a los ojos y me dijo: "En tus oraciones, no te olvides de darle las gracias a Dios por todos los dones que Él te ha dado, sobre todo el don del sacerdocio, porque es el mejor regalo que podría haberte conseguido."

Así que *tolle et lege*, toma y lee, ¡y no temas!

Su Excelencia William E. Lori
Obispo de Bridgeport, Connecticut
Diciembre del 2009

AGRADECIMIENTOS

Me gustaría agradecer a los numerosos sacerdotes que han influido mucho en mi vida y mi vocación al sacerdocio, preparando así el camino para este libro. De la Diócesis de Savannah, los principales agradecimientos son para Mons. Lawrence Lucree, el sacerdote de mi infancia, el primero que me inculcó el amor por el sacerdocio. A Mons. John Cuddy, consejero, sacerdote, y compañero de trabajo, y a mi buen amigo el Padre Marcos Ross. También les agradezco a los ya fallecidos Mons. Richard McGinness y al Padre Anthony Manochio, ex Rector y Director Espiritual, respectivamente, del Seminario Mount St. Mary's, los cuales fueron poderosos instrumentos de Dios en mis años de formación sacerdotal. Que los dos descansen en paz.

Muchas gracias a los directores vocacionales que generosamente leyeron el primer borrador de este libro y me ofrecieron maravillosas observaciones para su mejora: Padre Timothy McKeown, Diócesis de Savannah; Padre Brian Bashista, Diócesis de Arlington; Padre Len Plazewski, Diócesis de San Petersburg; Mons. Robert Panke, Arquidiócesis de Washington, DC y el Padre Luke Ballman, Arquidiócesis de Atlanta. También estoy agradecido por las sugerencias del Padre John Horn, S.J. y el Diácono Jim Keating del Instituto de Formación Sacerdotal.

Estoy agradecido por el aporte de mis colegas aquí en el Seminario Mount St. Mary's: Padre Dan Mindling, OFM, Decano Académico y el Padre Frederick Miller, profesor de Teología Sistemática.

También debo reconocer y agradecer al obispo William Lori de Bridgeport y al arzobispo John J. Myers de Newark por sus sugerencias, aliento, y apoyo. Estoy profundamente agradecido con mi propio obispo, Mons. J. Kevin Boland, de Savannah, por su maravilloso apoyo y amistad. Estoy en deuda con él de muchas maneras, en especial mi nombramiento como vice-rector de este seminario, una posición que me ha proporcionado el conocimiento, la experiencia y el tiempo para escribir este libro.

Agradezco a mi familia por su amor y apoyo durante este proyecto, especialmente a Colleen Brannen, mi cuñada, que pasó muchas horas revisando el texto. Doy las gracias a la Hermana Ellen Marie Hagar, DC, por su gran apoyo y ayuda para elegir el título. Gracias a Susie Nield y Paula Smaldone, secretarias administrativas del Seminario de Mount St. Mary's, quienes me ayudaron a cumplir con mis muchos plazos de edición.

Estoy profundamente en deuda con la Dra. Cynthia Fraga-Cañadas, profesora de español en el Seminario de Mount St. Mary, que pasó horas y horas traduciendo el libro del inglés al español y que con la ayuda de su esposo, el Dr. Alejandro Cañadas, han hecho un trabajo fantástico, mientras esperaban su nuevo bebé. También agradezco la ayuda del Padre Jorge Rodríguez, doctor en teología y vice rector del seminario de St. John Vianney en Denver y la ayuda del Padre Pablo Migone, doctor en teología de la Diócesis de Savannah. Por último, quiero agradecer al Padre Juan Esposito, abogado canónico de la Arquidiócesis de Washington, DC y al Diácono Michael McGrath, profesor de español de la Universidad de Georgia Southern, por su ayuda con la edición final.

El Rector del Seminario de Mount St. Mary's, Mons. Steven Rohlfs ha sido fundamental en este proyecto. Él ha sido un gran amigo y me ha animado desde el principio con su sabiduría, su paciencia y consejos. Él me fue dando tiempo para trabajar en el libro durante el horario normal y me ofreció perspicaces sugerencias editoriales. Estoy muy agradecido por todas estas bondades.

Por último, quiero agradecer a mi editor y director, Sam Alzheimer, Presidente de Vianney Vocations. El Espíritu Santo nos reunió en un momento fortuito: mientras yo estaba en busca de ayuda para publicar este libro, Sam estaba formando una nueva organización, Vianney Vocations, específicamente para ayudar a los directores vocacionales a reclutar más sacerdotes para la Iglesia. Con una carrera estable, esposa y tres hijos pequeños, esta decisión fue tomada con gran fe y fortaleza. Este libro no habría sido publicado sin su dirección, edición, y experiencia. Mi oración sincera es que este libro y Vianney Vocations inspire a más hombres a ser sacerdotes de Jesucristo.

INTRODUCCIÓN

¿Quiere Dios que sea sacerdote? ¿Cómo puedo estar seguro?

¿Cómo sé si tengo los dones y las habilidades para ser sacerdote?

¿Cómo sé si soy lo suficientemente santo?

¿Cómo sé si voy a estar feliz y realizado?

Si te estás haciendo estas preguntas, este libro fue escrito para ti.

Me encanta ser un sacerdote. Siempre lo he amado. Me gustaron en particular los trece años que trabajé como sacerdote de la parroquia de mi diócesis de Savannah, Georgia. Es difícil imaginar un mejor trabajo en la Iglesia de hoy que el de ser sacerdote de una parroquia.

Pero convertirse en sacerdote, e incluso descubrir si Dios quiere que seas sacerdote, puede ser un proceso muy difícil e incómodo, incluso insoportable a veces. Como el vice-rector del Seminario Mount St. Mary's, he sido testigo de cómo cientos de hombres han progresado a través de los años de intensa formación en el seminario y, finalmente, fueron ordenados sacerdotes. Antes de venir a trabajar en el seminario, yo fui el director vocacional de mi diócesis por diez años, y trabajé en estrecha colaboración con hombres de diferentes orígenes quienes estaban pensando en ser sacerdotes. He tenido el privilegio de guiar a estos hombres de bien en las decisiones más importantes de sus vidas.

Durante estos últimos quince años, he leído muchos folletos y artículos sobre el sacerdocio, pero siempre he deseado un único recurso para darle a un hombre que está en discernimiento. Finalmente me di cuenta que Jesús me estaba llamando a escribir un libro. Empecé a escribir en septiembre de 2008, tratando de escribir un capítulo por mes y me emocioné mucho a principios de 2009 cuando el Papa Benedicto XVI proclamó el Año Sacerdotal. Vi esto como una fuerte confirmación de la voluntad de Dios. El libro que tienes en tus manos es mi intento de compilar todo lo que he aprendido y todo lo que le diría a un hombre que está considerando el sacerdocio.

El celibato es siempre una gran preocupación para los hombres como tú. Tal vez te preguntes si eres lo suficientemente santo como para ser sacerdote. Es posible que tengas miedo de predicar en frente de una congregación. Tal vez tengas miedo de lo que tus padres y amigos piensen de ti al considerar el sacerdocio. Probablemente no sepas cómo llegar al seminario, o qué esperar una vez que llegues allí. Estas preocupaciones-y otras cientos están cubiertas en profundidad en las páginas siguientes. Este libro está simplemente escrito e incluye muchas historias reales de hombres como tú.

Aunque mis lectores principales son los hombres en discernimiento de su vocación, este libro también puede ser útil para los directores vocacionales. Centenares de directores vocacionales en todo el mundo están trabajando extremadamente duro para educar nuevos sacerdotes para la Iglesia, y espero que distribuyan este libro a los posibles candidatos. Sin embargo, si tu director vocacional te da este libro, por favor, comprende que tu relación personal con tu director es fundamental, ningún libro puede sustituir esta relación. No puedes discernir una vocación sacerdotal diocesana sin la Iglesia.

Una advertencia importante: este es un libro sobre el discernimiento al sacerdocio *diocesano*. No se trata sobre el discernimiento al sacerdocio en una orden religiosa. Aunque hay muchas similitudes entre estas vocaciones, esta es una guía para discernir si Dios quiere que seas un sacerdote de una parroquia. Sin embargo, este libro puede ser capaz de ayudarle a *excluir* el sacerdocio diocesano, dándote la libertad de continuar tu discernimiento con una orden religiosa en particular.

Por favor, ten en cuenta que se trata de una guía, lo que significa que ya conocerás algunos temas. Por ejemplo, si ya has sido aceptado como seminarista, algunos capítulos formarán parte de tu pasado. Siéntete libre para ir directamente a los capítulos aplicables a tu situación actual, teniendo en cuenta que los capítulos se disponen más o menos cronológicamente, llevándote a través del proceso de discernimiento de principio a fin. También puede resultarte útil el índice de preguntas en la parte posterior del libro.

Salvando Miles de Almas. ¿Por qué elegí este título? Sólo Jesucristo puede salvar almas. Sólo Dios tiene el poder de llevar a la gente al cielo. Pero hay una vieja expresión en la Iglesia Católica: "El que salva a un sacerdote salva miles de almas" Esto significa que si un sacerdote se encuentra en peligro de abandonar su vocación, y alguien le ayuda a restaurar su confianza en su ministerio sacerdotal, miles de almas se salvarán. En realidad, es una gran subestimación. El ministerio de un sacerdote afecta a *muchos* miles de personas en el curso de su vida. Dios usa la vocación del sacerdocio con mucha fuerza para llevar a las personas a Jesús y a Jesús a la gente.

Pido a Dios que el Espíritu Santo utilice este libro para inspirar vocaciones sacerdotales en todo el mundo. Estoy muy feliz que está siendo publicado en el Año Sacerdotal, y lo presento como un regalo a la Iglesia Católica, la Esposa de Cristo. ¡Me encanta ser un sacerdote y me encanta la Iglesia! Que el Señor utilice este don como Él quiera.

Como he dicho siempre a los jóvenes que llegan a mis retiros vocacionales, "me alegro de que estés aquí. Me alegro de que hayas venido. Pero ahora es el momento de escuchar a Jesús. Por favor, revisa tus planes antes de entrar...y empecemos."

Diciembre 2009

CAPÍTULO 1

¡ESTO ES PRECISAMENTE LO QUE LOS SACERDOTES HACEN!

"Padre, muchas gracias. ¡Me siento de maravilla! ¡Me siento tan limpia!"

Yo estaba sentado en el confesionario y acababa de terminar de escuchar la confesión de una joven estudiante universitaria. Varios años habían pasado desde su última confesión y había pecado en muchas de las formas que son muy comunes en la adolescencia y la adultez temprana. Con lágrimas en los ojos, me dijo: "Estoy enferma y cansada del pecado. Yo no soy feliz y quiero a Jesús de regreso en mi vida." Ella claramente había experimentado la gracia y la misericordia de Jesús en el sacramento de la Confesión. Dijo que se sentía estupendamente bien y limpia. Yo respondí: "No hay de qué. Esto es precisamente lo que los sacerdotes hacen." Y luego agregué, piadosamente, "Jesús es el único que murió en la cruz por nosotros para que nuestros pecados puedan ser perdonados. A Él es a quien le debemos agradecer." La joven me miró pensativa y dijo: "Padre, sé que esto es verdad. Y yo amo a Jesús. Pero en este momento, no puedo verlo a Él. Sólo puedo verle a usted."

Cuando se dio la vuelta para salir, se detuvo y miró hacia atrás nuevamente. "Padre, si esto es lo que hacen los sacerdotes, debe ser increíble ser sacerdote."

La mayoría de los hombres de hoy, incluso los católicos, simplemente no tienen suficiente información para saber si están o no llamados a ser sacerdotes. La mayoría de los hombres no saben realmente lo que hacen los sacerdotes, ni qué son los sacerdotes. La percepción del sacerdocio que ofrecen los medios de comunicación seculares, las novelas, las películas, las revistas, la televisión, no es ni exacta ni adecuada. Un hombre no puede tomar una buena decisión en nada sin una buena información. De hecho, si tiene mala información, probablemente tomará una mala decisión.

Me di cuenta de esta verdad un día, cuando todavía era un joven sacerdote. Yo estaba enseñando en una escuela católica, un joven levantó la mano y me preguntó: "¿Qué hacen los sacerdotes durante toda la semana después de la misa el domingo? ¿Regresan a su casa y leen la Biblia durante toda la semana?" Me reí en voz alta, al igual que la maestra de sexto grado en la clase. Me eché a reír porque mi vida como párroco estaba tan ocupada trabajando tantas horas, que la sola idea de sentarme en la casa parroquial y leer durante todo el día (aunque fuera la palabra de Dios) me parecía una fantasía. Cuando regresé a mi oficina, me pregunté cuántos jóvenes, incluso en nuestras escuelas católicas, no tienen ni idea de lo que hace un sacerdote. ¿Cómo puede un joven darse cuenta que está llamado a algo si no sabe lo que es?

En casi todos los casos que conozco, un hombre se siente atraído hacia el sacerdocio por el ejemplo de otro sacerdote. Esto es cierto en mi propia experiencia. El Padre Lawrence Lucree (hoy Monseñor) llegó a nuestra parroquia cuando yo tenía doce años y fue nuestro párroco por diez de mis años más importantes de formación. El Padre Lucree tenía dos cualidades que yo admiraba mucho: siempre estaba alegre y trabajaba incansablemente por el Reino de Dios. Sin lugar a dudas, tuvo más influencia en mi vocación que cualquier otra persona. ¿Por qué? Porque yo fui capaz de ver, al pasar tiempo con él, lo que hacen los sacerdotes y lo que los sacerdotes son.

Como director vocacional, solía ofrecer lo que se llama "programa-sombra." Una vez que había identificado algunos hombres a quienes yo consideraba como candidatos prometedores, les invitaba a los dos a venir a pasar unos días conmigo en la parroquia. Ellos se quedaban conmigo en la casa parroquial, y simplemente iban conmigo a todas partes y veían todo lo que hacía. Me aseguré de ir al hospital y a hogares de ancianos para visitar a los enfermos. Íbamos a la prisión. Visitábamos a los niños en la escuela católica, y trabajábamos en el ámbito de apostolado social. Finalmente, el sábado y el domingo, preparábamos y celebrábamos las misas del fin de semana. Ellos veían cómo escuchaba confesiones el sábado y cómo celebraba la Santa Misa para la gente. Si había una emergencia en un hospital durante nuestras visitas (y a menudo sucedía así), les despertaba en medio de la noche para ir conmigo. Ellos veían cómo otorgaba el Sacramento de la Unción de los Enfermos y el Viático a los moribundos. En un buen número de ocasiones, estos "programa-sombra" realmente ayudaron al hombre en discernimiento a "cerrar el trato" y tomar la decisión de ir al seminario. De cualquier manera, los hombres siempre salían el domingo diciendo: "Padre, yo no tenía idea de lo que realmente era la vida de un sacerdote. No sabía lo que un sacerdote hacía. Esto cambiará mi discernimiento." Lo que querían decir era que ahora tenían información más precisa para discernir.

Estos "programa-sombra", aunque creo que todavía se podrían aplicar con algunas modificaciones, no son muy utilizados hoy en día desde la crisis de abuso sexual que golpeó a la Iglesia. Sin embargo, creo que eran eficaces porque le daban al hombre una información buena y precisa sobre el sacerdocio y la vida del sacerdote. La experiencia personal de ver lo que un sacerdote hace, cómo vive el día a día, y su compromiso profundo con el pueblo de Dios, fue clave para estos hombres, aunque en última instancia, algunos de ellos no fueran llamados a ser sacerdotes. No hay libro que pueda sustituir una experiencia personal como esta.

El propósito de un sacerdote es llevar la gente a Jesús y Jesús a la gente. ¿Cómo hace esto un sacerdote? ¿Qué es exactamente lo que los sacerdotes hacen? He aquí algunas historias reales.

Los sacerdotes oran por y con el pueblo de Dios

Yo estaba de guardia un fin de semana cuando mi bíper sonó. Hubo un terrible accidente de coche en la carretera. Una joven de dieciséis años de edad, había sufrido una lesión cerebral grave. Peor aún, los médicos de la UCI decían que su cerebro se hinchaba y que podría empeorar si la hinchazón continuaba. Las próximas veinticuatro horas eran cruciales. Conocí a su madre y a su padre en la sala de espera de la UCI alrededor de la medianoche. Estaban terriblemente angustiados. De inmediato comenzamos a orar. Entramos y le di a la joven el sacramento de la Unción de los Enfermos y rogándole a Jesús para que la salve. No pudimos permanecer en la UCI por lo que regresamos a la sala de espera y empezamos a rezar el rosario. Volví cuatro veces más durante las próximas veinticuatro horas y oramos cada vez. A veces leía un relato del Evangelio de Jesús cuando curaba a un enfermo, a veces simplemente orábamos con el corazón. La última vez que entré, los padres estaban radiantes de felicidad. "Padre, acabamos de recibir una gran noticia. La inflamación se ha detenido. Ella va a sobrevivir. Y los médicos esperan que no haya mucho daño. Gracias. Muchísimas gracias."

Esto es, en concreto, lo que los sacerdotes hacen.

Los sacerdotes predican el evangelio de Jesucristo

Un sacerdote amigo mío una vez recibió una carta de una familia católica de su parroquia. "Querido Padre, queremos que sepas lo feliz que estamos porque Dios le ha enviado a nuestra parroquia. Cuando llegó hace tres meses, ya habíamos decidido dejar la Iglesia Católica. Habíamos estado buscando mucho a Jesús y su verdad leyendo la Biblia en familia todos los días, y tratando de crecer en santidad. Pero no nos sentíamos alimentados en nuestra Iglesia. Disfrutábamos de la predicación mucho más en otras iglesias y parecía que aprendíamos más. Incluso asistimos a grupos bíblicos en las iglesias protestantes. El domingo que usted llegó iba a ser nuestro último domingo como católicos.

¡Pero subió al púlpito con la Biblia en la mano! Y nos animó a llevar nuestras Biblias con nosotros a cada misa. Luego predicó el Evangelio de Jesucristo y explicó la enseñanza de Jesús en la Sagrada Eucaristía, usando la Biblia. Nunca habíamos oído esto.

¡No nos habíamos dado cuenta de que estábamos siendo alimentados más profundamente que nunca todos los domingos en la Iglesia católica, tanto en la Palabra como en los Sacramentos! Padre, estábamos tan cerca de irnos que ahora nos damos cuenta de que nuestra santa fe católica es un gran tesoro. ¡Gracias por predicarnos el Evangelio. Gracias, gracias, gracias! "

Esto es precisamente lo que hacen los sacerdotes.

Los sacerdotes celebran el santo sacrificio de la misa

Después de la misa de un domingo, una mujer mayor se me acercó, acompañada de una de sus hijas y me preguntó: "Padre, ¿ha visto hoy algo extraño durante la misa?" Yo le respondí: "No, pero ¿qué ha visto usted?" Ella dijo: "Padre, yo no quiero que piense que estoy loca, pero he visto ángeles hoy durante la consagración. Estaba yo de rodillas tratando de rezar cuando miré hacia arriba y vi algo así como círculos de luz blancos a cada lado del altar. Había cuatro en cada lado y se movían hacia arriba y hacia abajo, como si adoraran a Jesús. Cerré los ojos y volví a abrirlos pensando que yo estaba imaginando cosas, pero no desaparecieron. Incluso le di un codazo a mi hija y le dije que mirara, pero ella pensó que estaba loca. Ella no veía nada. Después que usted comulgó y empezó a dar la comunión a la gente, los ángeles desaparecieron. Padre, ¿cree que estoy loca? ¿Tengo que ir a ver a un psiquiatra?" Le sonreí y le aseguré a la mujer que ella no estaba loca. Le dije: "Los ángeles están siempre presentes durante la misa. Donde está Jesús, ahí están sus ángeles en adoración y Él está sin duda presente en el sacrificio eucarístico. Ahora, ¿por qué el Señor le dio la gracia especial de ser capaz de verlos?, no lo sé. Agradezca a Dios por esta gracia y no se preocupe más por ello." Ella se fue, al parecer satisfecha con mi respuesta.

Pocos días después, recibí en la madrugada una llamada de la hija mayor. Ella me dijo que su madre tuvo un derrame cerebral masivo y fue trasladada al hospital. Cuando llegué, toda la familia de seis hijos estaba de pie cerca de su cama en la UCI y me dijeron que se estaba muriendo. El accidente cerebrovascular fue muy grave y no había manera de que pudiera recuperarse. Le di el sacramento de la Unción de los Enfermos y la indulgencia plenaria y luego rezamos el rosario. Por último, recé las oraciones por los moribundos. "Concédele, Señor, el descanso eterno y brille para ella la luz perpetua. Descanse en paz. Amén. Su alma, y las de todos los fieles difuntos, por la misericordia de Dios, descansen en paz."

En el momento en que terminé de pronunciar esas palabras, las líneas en los monitores del corazón del cerebro cambiaron a rectas. ¡Incluso yo estaba sorprendido! Ella murió en el momento exacto de terminar las oraciones. Había un joven doctor en la sala, un internista, que me habló en el pasillo. Él me dijo: "Padre, yo no soy católico y ni siquiera tengo religión, pero tengo que decir que es esto lo más asombroso que he visto." Yo le respondí: "Jesús es real. Él es real."

A menudo me pregunto acerca de la visión que la mujer santa tuvo durante la misa en su último domingo en la tierra. Tal vez fue la manera del Señor de decirle que estaba orgulloso de la forma en que había vivido su vida, había educado a sus hijos en la fe. Voy a hacerle al Señor esa pregunta cuando llegue al cielo.

Esto es precisamente lo que hacen los sacerdotes.

Los sacerdotes alimentan al pueblo de Dios con el cuerpo y la sangre de Jesús

La siguiente historia está tomada de la vida de San Juan Bosco. Él había fundado un "oratorio" (una especie de orfanato) donde los niños, podían ir a vivir. Ellos asistían a la escuela y se les instruía en la fe católica. Había tantos huérfanos en Italia que el oratorio se llenó de cientos de niños casi de inmediato. Cada día se iniciaba con la Santa Misa. Una mañana, cuando Don Bosco estaba celebrando la misa, miró hacia abajo en el altar y se dio cuenta de que el sacristán había cometido un grave error. Se había olvidado de colocar el número suficiente de hostias no consagradas en el altar para ser convertidas en el Cuerpo y la

Sangre de Jesús, a fin de dar la comunión a todos los chicos. Sólo unas pocas hostias consagradas estaban en el tabernáculo, y para cuando se dio cuenta del error, la consagración había terminado. Era demasiado tarde para añadir más. Don Bosco fijo sus ojos en el cielo, dijo una breve oración y luego comenzó a dar la Sagrada Comunión a los niños. Nunca rompió una hostia por la mitad y simplemente siguió dando la Sagrada Comunión. Debido a que había tantos muchachos, el sacristán y todos los demás comenzaron a darse cuenta de que un milagro se estaba produciendo, el milagro de la multiplicación. Cada niño recibió la Eucaristía y todos estaban murmurando entre sí: "Es un milagro. Dios ha hecho un milagro a través de Don Bosco".

Después de la misa, todos los chicos se reunieron alrededor de Don Bosco en el patio, charlando con entusiasmo. Un niño le preguntó: "Padre, ¿qué pensaste cuando te diste cuenta de que Dios estaba haciendo un milagro a través de ti? Él estaba multiplicando las hostias." Don Bosco le respondió: "Yo seguía pensando que la transubstanciación es un milagro mucho mayor que la multiplicación, y la veo todos los días."

Esto es precisamente lo que hacen los sacerdotes.

Los sacerdotes bautizan

Saludaba yo a la gente después de la misa un domingo cuando una mujer afro-americana se acercó a mí y me dijo: "Padre, mi hermana acaba de tener gemelas y el médico dice que no van a sobrevivir. ¿Puede por favor venir a bautizarlas? Somos católicos".

Yo nunca había visto a esta mujer antes, ni reconocí el nombre de la familia, pero fui al hospital para ver qué podía hacer. La madre, que todavía estaba en su cama de hospital, me dijo que quería que bautizara a las niñas y que ella era católica, aunque su novio no lo era. Ella no había ido a misa desde hacía mucho tiempo pero que ella era católica y había asistido a escuelas católicas. El novio estaba de acuerdo en que las niñas fueran bautizadas, y que si sobrevivían, fueran educadas en la fe católica.

Nunca voy a olvidar los nombres de las niñas, Sasha y Sabrina. Eran unas niñas muy bonitas, pero muy prematuras y no había muchas esperanzas de que sobrevivieran. Eran realmente no mucho más grandes que mi mano. Los padres con orgullo (¡y en voz alta) profesaban su fe, respondiendo a las preguntas: "¿Crees en Dios, Padre todopoderoso, creador del cielo y de la tierra" "¡Sí creemos", "¿Crees en Jesucristo...?" "¡Sí creemos!" Así bauticé a las pequeñas Sasha y Sabrina alrededor de las dos de un domingo por la tarde con un gotero y tres gotas de agua bendita en la cabeza: "En el nombre del Padre y del Hijo y del Espíritu Santo." A las cinco ambas ya habían muerto.

¡Las pequeñas Sasha y Sabrina están en el cielo ahora mismo, disfrutando de la visión beatífica! Están en la misma presencia de Dios Todopoderoso, el Creador del cielo y la tierra. Esta es la enseñanza de nuestra Iglesia. Un bebé que muere bautizado va directamente al cielo. Espero con ansias una reunión con Sasha y Sabrina cuando vaya al cielo, pero hasta entonces estoy muy agradecido con Dios por haber formado parte de sus vidas.

Esto es precisamente lo que hacen los sacerdotes.

Los sacerdotes son testigos de los matrimonios

Aunque todavía era un joven sacerdote, fue el mejor matrimonio que yo haya presenciado. La joven pareja había llegado a mí al principio de su compromiso y felices completaron todos los requisitos de la preparación para el matrimonio. Ninguno de estos jóvenes había ido a la universidad y ambos tenían un empleo ordinario y manual que pagaba el mínimo salario por hora. Pero ellos eran ricos en la fe. Ambos amaban a Jesús y se amaban entre sí y no vivían juntos y no dormían juntos. Ellos querían un matrimonio sagrado, con Jesús al centro. La iglesia estaba decorada sólo con flores recogidas a mano de la casa de su familia y la mayoría de los invitados llegaron en camionetas. No hubo limusina o música especial, ni siquiera podían permitirse un organista. "Yo, Juan, te acepto a ti Susie como mi esposa y prometo serte fiel en lo próspero y en lo adverso, en la salud y en la enfermedad, y amarte y respetarte todos los días de mi vida." Nunca he sido testigo de un matrimonio donde vi la gracia en acción con tanta fuerza. ¡Jesús estaba ciertamente ahí! Jesús era el invitado de honor, al igual que en las bodas de Caná.

Hablé con mi párroco después de la boda: "Yo sé que todas las bodas no son así. Pero fue un placer estar allí hoy y ser testigo de la unión de estas dos almas en el sacramento del matrimonio."

Esto es precisamente lo que hacen los sacerdotes.

Los sacerdotes visitan a los enfermos

Un sacerdote amigo me estaba diciendo que le llamaron a la unidad de cuidados intensivos neonatales del hospital local para hacer un bautismo de emergencia. Recibió esta llamada justo después de la misa de las siete de la mañana y tenía un programa muy completo ese día: tenía programado enseñar varias clases en la escuela esa mañana, además de una preparación al matrimonio a las once de la mañana y otra reunión al mediodía. La tarde estaba llena de actividades también. Realmente él no tenía tiempo para ir al hospital. ¡Y ni siquiera había desayunado todavía! Sin embargo, tomó su ritual de bautismo, una botellita de agua bendita, y la estola, y rápidamente se subió a su coche. Cuando llegó, de acuerdo a los requisitos del hospital, tuvo que pasar por un lavado especial de manos y luego vestirse con una máscara especial y bata, todos ellos diseñados para proteger a los bebés prematuros de enfermedades. Todo esto llevó otros quince minutos. Finalmente llegó a la incubadora donde el bebé estaba, solo para descubrir que los padres no estaban aún allí.

La enfermera dijo: "Padre, ellos se fueron hace más de una hora a su casa para ducharse. Estuvieron aquí toda la noche y querían refrescarse antes del bautismo." Él se sintió irritado e impaciente. Tenía un programa completo y los niños estarían esperándole en la escuela. Pero ¿qué podía hacer? No podía bautizar al bebé sin la presencia de los padres. Así que se sentó en una silla junto al bebé y tocó su pequeña mano. Inmediatamente, la manita se aferró a su dedo meñique y la apretó con fuerza. En los próximos quince minutos, se sentó allí y oró por el niño y por sus padres. Se dio cuenta que el bebé tendría un largo camino por recorrer y que necesitaba las oraciones. Él dijo: "El Espíritu Santo me comunicó fuertemente en ese cuarto de hora que nada de todo lo que iba a hacer ese día era más importante que estar allí sentado aferrando la mano de este pequeño bebé y rezando por él mientras esperaba el regreso de sus padres."

Esto es precisamente lo que hacen los sacerdotes.

Los sacerdotes entierran a los muertos

La pareja se dirigió a mí cuando salían de misa de la vigilia del sábado. Eran una pareja encantadora y su hijo de doce años de edad, estaba con ellos. El niño me dijo con entusiasmo: "Padre, vamos a comer una hamburguesa a mi lugar favorito y, a continuación vamos a jugar bolos esta noche!" Esta pareja había intentado tener hijos durante muchos años e invirtieron un montón de dinero en diferentes especialistas. Por último, concibieron un hijo pero el bebé tuvo algunas complicaciones, incluyendo un agujero en su corazón al nacer que llevó varias cirugías para repararlo. Pero estaba muy bien. Asistía a la escuela católica y vivía la vida de un niño normal de doce años de edad.

A las nueve de la noche, una enfermera de la sala de emergencia del hospital me llamó y me dijo que viniera rápido. Más tarde supe lo que había sucedido. Cuando estaba jugando a los bolos, el muchacho caminó hacia el carril de jugar a los bolos, rodó la pelota por el carril, se dio la vuelta, se agarró el pecho y cayó. Los médicos dijeron que estaba muerto antes de caer al suelo. Su corazón simplemente había reventado.

Más tarde esa noche, yo estaba de rodillas en la iglesia con mi corazón adolorido. Me sentía muy triste por la familia y por su sufrimiento. Le dije: "Jesús, yo no creo que tenga la fuerza para enterrar a un niño en este momento. No puedo hacer esto. Por favor, ayúdame. Por favor, dame la gracia de hacer este funeral y atender a esta familia."

Nunca había visto la iglesia más llena de lo que estaba el día del funeral. Dios me ayudó. Él me dio la gracia y logré dar la homilía. Después de la consagración y comunión, recuerdo que pensé: "Jesús, ya casi ha terminado. Gracias, Señor. "

El rito católico del entierro en el cementerio es muy breve, aunque tomó mucho tiempo para que todas las personas estacionaran y caminaran a la tumba. Una vez que había bendecido la tumba y terminé la recomendación final, la madre me miró y dijo: "Padre, por favor abra el ataúd para que yo pueda decir adiós." Pensé para mis adentros, "¡Oh, no. Por favor, no hagas esto. "Pero ¿qué podía hacer? ¿Cómo iba a rechazar la solicitud de una madre enterrando a su único hijo? Así que asentí con la cabeza al director de la funeraria y ocurrió lo que yo sospechaba. La madre empezó a gritar y llorar, a abrazar a su hijo en el ataúd. Su marido estaba allí abrazándola mientras lloraba, y la familia estaba reunida a su alrededor. Fue un terrible, triste e inolvidable momento en sus vidas y en la mía.

Emocionalmente, no podía soportar más y las lágrimas corrían por mis mejillas. El funeral había terminado oficialmente, así que me di la vuelta y comencé a caminar lentamente entre las tumbas, actuando como si estuviera buscando un cierto nombre en una lápida. Yo estaba realmente tratando de serenarme. Después de unos minutos, de repente oí a Jesús hablando conmigo con toda claridad. El Señor me había hablado muchas veces en mi vida, pero hubo pocos casos en los que su voz y el mensaje fueron tan claros.

Jesús dijo: "Gracias."

Y comprendí en ese instante que él estaba diciendo, "Gracias por ser un sacerdote. Gracias por enterrar a este niño por mí, y gracias por servir a sus padres." Sabía sin lugar a dudas que era Él porque su voz totalmente y de inmediato me devolvió la fuerza emocional y espiritual. Pasé de tener un corazón doliente y triste, en uno de los momentos más tristes de mi vida a estar emocionalmente fuerte, lleno de gozo y felicidad. De inmediato comencé a dar gracias y alabar a Dios: "no Jesús, yo debería estar agradeciéndote. Gracias, Jesús, por ser mi Salvador. Gracias por morir por mí. Gracias..." Pero una vez más el Señor se comunicó muy claramente y esta vez dijo: "Detente y guarda silencio. En este momento, yo sólo quiero que me permitas darte las gracias. "

Mientras caminaba por el cementerio mi corazón estaba rebosante, y yo rezaba en voz baja: "De nada Jesús. De nada. ¡Estoy tan contento de ser un sacerdote!"

Esto es precisamente lo que hacen los sacerdotes.

Los sacerdotes instruyen acerca de Jesucristo y sus enseñanzas

El grupo de matrimonios jóvenes en nuestra parroquia sólo se había formado recientemente y era un grupo maravilloso de jóvenes adultos, entusiasmados con su fe. Ellos se habían estado reuniendo mensualmente, para comer y socializar, pero también querían crecer en su fe. Varios oradores fueron invitados a cada reunión para discutir diversos aspectos de la doctrina católica. Me dijeron: "Padre, no nos importa lo que hable. Sólo enséñenos acerca de Jesús." Recé todos los días de la semana durante mi Hora Santa para que el Señor me mostrara el tema que quería abordar. Empecé a recibir un mensaje bastante claro-un mensaje que yo no quería oír. Sentí que el Señor me pedía hablar con las parejas jóvenes sobre la enseñanza de la Iglesia a propósito de la anticoncepción artificial y la planificación familiar natural (PFN). Ante la sospecha de que la presentación podría no ser bien recibida por algunas de las parejas, sobre todo porque algunos de los cónyuges no eran católicos, me encontraba nervioso. Así que trabajé muy duro para elaborar una presentación suave diseñada para invitar a la pareja a volver a considerar la cuestión de la planificación de la familia en sus matrimonios. Las parejas se comportaron respetuosamente y me escucharon cortésmente. Miré sus rostros en busca de signos de desacuerdo, enojo o frustración. Era evidente que algunos de ellos no estaban muy interesados.

Al final de la presentación, una pareja se acercó a mí y me preguntó si podía hablar conmigo durante unos minutos después de que todos los demás se hubieran ido. Me dijeron: "Padre, muchas gracias por enseñarnos acerca de la anticoncepción y la planificación familiar natural. El sacerdote que nos casó nunca nos dio ninguna información en absoluto sobre esto, incluso cuando le preguntamos, y siempre nos hemos preguntado qué hacer. Queremos ser buenos católicos y sabemos que la Iglesia enseña que la anticoncepción está mal. Pero hemos estado usando la anticoncepción artificial, ya que no sabíamos que existían otras alternativas. Queremos aprender acerca de la PFN en este momento. ¿Dónde podemos ir a aprender?"

Les di la información que necesitaban y les pedí que me mantuvieran informado. Esa pareja tenía tanta hambre de la verdad que se contactaron con la Liga de Pareja a Pareja y completaron el curso de PFN. Estaban tan contentos por la influencia positiva que causó en su matrimonio que se convirtieron en instructores de PFN. ¡Ellos continúan sirviendo a la Iglesia en esta capacidad dieciocho años más tarde!

No sé si la presentación hizo alguna diferencia en las vidas de las otras parejas que estaban allí esa noche. Pero hizo una gran diferencia en la vida de una pareja que a través de su ministerio, impactó a muchas otras parejas en preparación para el matrimonio. Los sacerdotes instruyen acerca de Jesucristo y sus enseñanzas.

Esto es precisamente lo que hacen los sacerdotes.

Los sacerdotes aconsejan y guían a los que sufren

Conocí a una mujer que tenía tantos problemas como los de Job. Había tanto sufrimiento en su vida que cada vez que algo nuevo iba a suceder, y a menudo así era, yo pensaba: "Señor, ¿y ahora qué? Por favor, dale un descanso" Ella venía de vez en cuando para hablar y recibir consejo sobre las muchas dificultades en su vida: problemas con su salud, sus hijos, su trabajo, y su marido. Ella me preguntó una vez: "Padre, ¿por qué la vida tiene que ser tan dura?" Al final de una de nuestras conversaciones, la señora me dijo algo que nunca voy a olvidar. Ella dijo: "Padre, gracias por ser un Simón de Cirene para mí." Yo no sabía lo que quería decir, por lo que me explicó: "Cuando entré aquí hoy, yo llevaba una cruz muy pesada. Me estaba aplastando. Pero cuando entré en su oficina, le di esta cruz para que la sostuviera mientras yo hablaba. Usted simplemente me escuchó, le preocupó mi situación, y me dio un buen consejo. Y ahora, al cabo de una hora, me ha dado la cruz de nuevo a mí. Usted sabe que no puede sostenerla más. Pero me ayudó hoy, al igual que Simón de Cirene le ayudó a Jesús con su cruz, y por eso, se lo agradezco."

Esto es precisamente lo que hacen los sacerdotes.

Los sacerdotes luchan por las almas del pueblo de Dios

Un sacerdote amigo me habló de algo que había hecho cuando era joven en la década de los sesenta. Era párroco de una iglesia y una escuela en un pueblito. Un día, un feligrés llegó con una noticia sorprendente. Este hombre trabajaba para la ciudad y acababa de enterarse de que habían dado una licencia para abrir una tienda de libros pornográficos, justo en la misma cuadra de la escuela. El sacerdote entró en acción organizando una campaña de envío de cartas y manifestaciones. La oficina del alcalde se vio inundada con llamadas telefónicas y cartas. Se escribieron algunas editoriales en el periódico. Se hizo una visita personal al dueño de la nueva tienda de libros por un grupo de feligreses, muchos de ellos abogados, encabezados por el sacerdote. Al final, nunca se abrió la tienda. El pueblo de Dios vio esto como una amenaza para el bienestar moral de sus hijos y de la comunidad y con buena voluntad y con entusiasmo lucharon esa batalla junto con su párroco. Y ganaron.

Esto es precisamente lo que hacen los sacerdotes.

Los sacerdotes evangelizan; llevan el evangelio al mundo

Un sacerdote misionero predicó una misión en mi parroquia cuando yo era niño. Él contó la historia de un sacerdote misionero en América del Sur que murió alrededor del 1900. Este sacerdote había sido enviado desde Europa a evangelizar a las poblaciones nativas y se desempeñó heroicamente para llevar a Cristo. Todos los días, se sentaba en su mula y se dirigía a través de las montañas de pueblo en pueblo, vestido con la sotana negra. Durmió en el suelo, fue mordido por los mosquitos, sufrió hambre y sed, y todavía se esforzaba en continuar. Cuando llegaba a cada pueblo, enseñaba y predicaba el Evangelio durante todo el día a cualquiera que quisiera escucharlo. Esta fue una tarea difícil porque en cada pueblo se hablaba un dialecto diferente. Él no tuvo mucho éxito. Algunas personas lo escuchaban cortésmente por un tiempo, pero muy pocos abrazaban la fe católica y pedían el bautismo. Los meses se convirtieron en años y los años en décadas. Después de treinta años, el sacerdote se puso muy mal, una noche en un pueblo de montaña. Al darse cuenta de que iba a morir, le dijo al joven indio que viajaba con él de pueblo en pueblo, "he sido un fracaso. He tratado de llevar a Jesús al mundo pero el mundo no lo ha recibido. Que el Señor tenga misericordia de mí. Que el Señor tenga misericordia de todos nosotros." El sacerdote murió y fue enterrado en la montaña.

Unos cuarenta años más tarde, en otro pueblo de montaña en la región, un gran y poderoso jefe estaba en su cabaña a la espera de la muerte. Mientras yacía allí, contemplando su mortalidad se acordó de repente cuando era niño. Se acordó de un hombre blanco vestido de negro que visitó su pueblo y habló de un poderoso Dios llamado Jesús, que había muerto y que había resucitado de entre los muertos. Y este hombre blanco había dicho que todo aquel que cree en Jesús, y recibe el agua bendita, vivirá para siempre. El jefe envió de inmediato a sus mensajeros a la ciudad grande más cercana con las instrucciones de traer de regreso a un hombre vestido de negro-un sacerdote. El sacerdote llegó algunos días más tarde, rápidamente le impartió las enseñanzas de la fe católica, lo bautizó y le dio la Sagrada Comunión. Luego, el jefe murió.

Pero no sólo era jefe de una aldea, sino de diez aldeas, repartidas por toda la región. La ley dice que la religión de la gente siempre debe ser la misma religión que la del jefe, así que enviaron a más sacerdotes. Los sacerdotes vinieron y durante varias semanas enseñaron, bautizaron, casaron y enterraron a los muertos. Miles y miles de personas aceptaron a Jesucristo y la fe católica, y la pasaron a sus hijos y nietos de generación en generación. Todo debido a un sacerdote, que trabajó con fidelidad y murió, pensando que había sido un fracaso.

Esto es precisamente lo que hacen los sacerdotes.

Los sacerdotes defienden del enemigo al pueblo de Dios

Mi secretaria me telefoneó a mi oficina: "Padre, hay una mujer en el teléfono que quiere hablar con un sacerdote, y está llorando." No sabía quién era esa mujer, pero ella necesitaba ayuda desesperadamente. Me dijo que tenía un demonio en su casa. Me di cuenta rápidamente por qué no la conocía. ¡Ella era bautista! Le pregunté, "¿Ya ha llamado a su ministro bautista por este pequeño problema?" "¡Oh, no, padre. Le llamé de inmediato a usted! ¿No hacen los sacerdotes este tipo de cosas?" Me dije a mí mismo: "No, si puedo evitarlo." Pero la invité a entrar y ella llegó con sus dos hijas de edad universitaria.

Las tres mujeres tenían un aspecto terrible. No habían dormido en días. Me explicaron lo que había sucedido. El fin de semana anterior habían tenido una fiesta y jugaron con la Ouija. Me dijeron que fue increíble-un espíritu había llegado y empezó a mover las letras en la mesa, respondiendo a sus preguntas. "Pero el problema, Padre, es que cuando el juego terminó y nuestros amigos se habían ido a casa, el demonio permaneció. Hay una cierta presencia del mal en nuestra casa que todos podemos sentir. Estamos aterrorizadas. ¡Por favor, ayúdenos!" Les dije que, en primer lugar, tenían que decirle a Jesús que estaban arrepentidas de sus actos. Ellas necesitaban su ayuda y qué mejor que primero pedirle perdón.

Fuimos a la iglesia y nos arrodillamos delante de Jesús en el Tabernáculo. ¡Usted debería haber visto estas tres mujeres Bautistas rezando ante el Santísimo Sacramento! "Jesús, por favor, perdónanos. ¡Estamos arrepentidas! Te amamos. Te amamos. Por favor, sálvanos. Estamos arrepentidas." Fue una de las oraciones más sinceras y hermosas que yo haya escuchado. Yo sabía que Jesús iba a responder.

Después, les di una botellita de agua bendita y les dije que se fueran a su casa con las siguientes instrucciones. "En primer lugar, destruyan la Ouija. Rómpanla y luego tírenla a la basura, para que nadie más pueda utilizarla." Cité las palabras del gran santo Padre Pío, quien dijo que "el diablo es como un gran perro encadenado. Hace mucho ruido pero sólo muerde a los que se acercan demasiado."[1] En segundo lugar, les di un poco de agua bendita y les dije que rociaran con ella cada habitación de la casa. Por último, les dije: "Quiero que vayan a la iglesia los domingos y recen en familia todas las noches. Llámame si todavía tienen problemas." Me llamaron de nuevo a los pocos días para darme las gracias. El demonio había salido y estaban muy agradecidas.

Esto es precisamente lo que hacen los sacerdotes.

Los sacerdotes permanecen con su gente en las buenas y en las malas

El P. Stanley Rother, un sacerdote de la diócesis de Oklahoma, se graduó en el Seminario de Mount St. Mary's en la década de 1970. Él no era un gran estudiante y prefería el trabajo manual. Había crecido en una granja acostumbrado al trabajo fuerte. Él tenía un corazón para la evangelización. Apenas unos años después de ser ordenado sacerdote, pidió ser asignado a la misión diocesana en Guatemala. Este estudiante de orígenes pobres aprendió el lenguaje de estas personas en un tiempo extraordinariamente corto. ¡Incluso tradujo la Biblia en su lengua! Fue un gran misionero y párroco.

Pronto la inestabilidad política y militar en el país comenzó a causar problemas. Un campamento de soldados se trasladó cerca de las afueras de su pueblo y muchos de sus feligreses buenos y sencillos estaban siendo secuestrados, torturados y asesinados. El "crimen" del Padre Rother fue que él enterraba a los muertos. Se subía a su vieja camioneta e iba en busca de sus feligreses muertos en las zanjas. Cuando encontraba un cadáver, lo llevaba de vuelta a la iglesia y celebraba el funeral y entierro. Por este "crimen" fue puesto en la lista de la muerte. Su obispo le ordenó volver a su casa, con la esperanza de salvarle su vida. Obediente regresó a su casa para tomar unos meses de descanso en la granja de sus padres. Mientras estaba allí, estaba muy inquieto y molesto. Le dijo a su madre, "Un pastor no abandona a sus ovejas cuando el lobo viene. Tengo que volver." Con el permiso reacio de su obispo, el Padre Rother volvió a Guatemala. Poco después, el 28 de julio de 1981, recibió varios disparos en la cabeza por dos asesinos que irrumpieron en la casa cural durante una noche. La gente de su parroquia envió su cuerpo de vuelta a casa con sus padres, pero a petición de ellos, mantuvieron su corazón en Guatemala. Enterraron el corazón de su sacerdote en la iglesia parroquial.[2]

Esto es precisamente lo que hacen los sacerdotes.

Los sacerdotes cuidan a los moribundos

Cuando era seminarista, tuve un maestro de retiros que nos contó la historia de un sacerdote católico que trabajó duramente en la zona del oeste de los Estados Unidos en el año 1900. Él era un sacerdote ambulante que montaba su caballo miles de kilómetros, iba de pueblo en pueblo para celebrar la misa y ofrecer los otros sacramentos para los pocos católicos que vivían en la zona. Una tarde, después de haber completado la Santa Misa, una señora le dijo: "Padre, ¿has oído hablar del viejo Jones?

Dicen que se está muriendo." Inmediatamente el sacerdote tomó la Sagrada Eucaristía, su reserva de santos óleos, y su ritual, y siguió al hijo de la mujer, también en un caballo, que lo llevó de regreso muchos kilómetros por el bosque. Finalmente, llegaron a una cabaña en ruinas de una sola habitación.

Cuando el sacerdote entró, vio un catre en la esquina. Recostado sobre el catre estaba un hombre viejo, negro, demacrado por el cáncer. Él había sido esclavo, o por lo menos hijo de un esclavo, y tenía las manos callosas por una vida de trabajo duro. Ya era sólo piel y huesos. Cuando el hombre vio al sacerdote, vestido con su sotana negra, exclamó: "¡Padre, sabía que vendrías!" Inmediatamente el sacerdote se puso a trabajar. Oyó la confesión del hombre y luego le dio la Sagrada Comunión, seguido por el sacramento de la Extrema Unción (como se le llamaba en esos días). Se oía ya el estertor de la muerte, por lo que el sacerdote se arrodilló junto a la cama, le tendió la mano y comenzó a orar el santo rosario. La noche llegó y se puso el sol, la choza se puso cada vez más y más oscura. De repente, este hombre débil, con cáncer avanzado se enderezó en la cama. Señaló algo detrás del sacerdote y le gritó: "¡Veo a la Virgen y ella te sonríe a ti ya mí!" El sacerdote se volvió rápidamente a su alrededor, pero todo lo que podía ver era la oscuridad. Cuando volvió, el viejo ya había muerto.

El sacerdote dijo: "Me quedé allí, de rodillas en el suelo en la oscuridad de la noche aferrando la mano del viejo hasta que éstas se enfriaron. Y lloré, y di gracias a Dios por ser un sacerdote."

La joven en la confesión me dijo: "Padre, si esto es lo que hacen los sacerdotes, debe ser increíble ser un sacerdote."

Sí, lo es.

"Si desapareciese el sacramento del Orden, no tendríamos al Señor. ¿Quién lo ha puesto en el sagrario? El sacerdote. ¿Quién ha recibido vuestra alma apenas nacidos? El sacerdote. ¿Quién la nutre para que pueda terminar su peregrinación? El sacerdote. ¿Quién la preparará para comparecer ante Dios, lavándola por última vez en la sangre de Jesucristo? El sacerdote, siempre el sacerdote. Y si esta alma llegase a morir [a causa del pecado], ¿quién la resucitará y le dará el descanso y la paz? También el sacerdote... ¡Después de Dios, el sacerdote lo es todo!... Él mismo sólo lo entenderá en el cielo"[3]

San Juan María Vianney

CAPÍTULO 2

EL PODER SAGRADO DEL SACERDOCIO

"El sacerdote continúa la obra de la redención sobre la tierra. Si comprendiéramos bien lo que representa un sacerdote sobre la tierra, moriríamos: no de pavor, sino de amor...El Sacerdocio es el amor del corazón de Jesús." [4]

San Juan María Vianney

¿Por qué llamamos a estos hombres "sacerdotes?"

¿Cómo obtienen los sacerdotes este poder de perdonar los pecados y de convertir el pan y el vino en el Cuerpo y la Sangre de Jesús?

¿El alma del sacerdote ha cambiado para siempre?

¿Cuáles son las promesas que un sacerdote tiene que hacer?

Cuando estaba en la universidad, un devoto protestante me preguntó una vez, "¿Por qué llaman a sus pastores "sacerdotes" en la Iglesia Católica? En mi iglesia, los llamamos ministros o predicadores." Contesté a esta pregunta señalando el Antiguo Testamento, donde los hombres de la tribu de Leví fueron llamados "sacerdotes". Sin embargo, él respondió, "Esos hombres ofrecían una y otra vez sacrificios de toros y cabras a Dios para el perdón de los pecados del pueblo. Es por eso que fueron llamados sacerdotes. Pero el sacerdocio levítico no fue suficiente para el perdón de los pecados, es por eso que Cristo tuvo que venir." Su respuesta me llamó la atención. Le respondí, "los sacerdotes católicos también ofrecen sacrificios. Cada vez que celebramos la misa, ofrecemos el sacrificio de Jesucristo, por el cual murió hace dos mil años y resucitó de entre los muertos. Los católicos creen que la misa es la perpetuación en el tiempo de ese sacrificio único y eterno de Jesucristo."

En ese momento, ese joven protestante levantó sus cejas y negó con la cabeza. Él dijo: "Bueno, no creo en lo que usted cree, que la misa es el sacrificio de Cristo. Pero ahora entiendo por qué ustedes llaman a sus ministros "sacerdotes".

Un hombre no puede discernir el sacerdocio diocesano a menos que sepa lo que significa ser un sacerdote diocesano. En el primer capítulo, he intentado describir lo que un sacerdote hace. En este capítulo, voy a tratar de describir lo que es un sacerdote. Esta información es muy básica; es una teología del sacerdocio para el discernimiento. Si necesitas estudiar esto de manera más completa puedes leer el Catecismo de la Iglesia Católica #1533-1600.

Un poder sagrado

El P. John Cihak cuenta esta historia verídica que le sucedió hace algunos años cuando estaba estudiando en Roma.

> "La primavera pasada llegó a la Casa un hermano sacerdote para entrenarse en el ministerio de exorcismo en su diócesis. Una mañana, en el desayuno, me pidió que lo acompañara a una iglesia en la ciudad para observar el trabajo de uno de los exorcistas de Roma. El sacerdote quería ayuda para traducir del italiano y para comprender mejor las palabras extemporáneas del exorcista, y los susurros o gritos contra el exorcista. Aquella mañana tuve una experiencia extraordinaria en la que mi identidad sacerdotal se profundizó. Unos veinte minutos después de la sesión, el exorcista les dijo a los cinco sacerdotes en la sala que impusieran la mano desde sus lugares e invocaran al Espíritu Santo sobre la víctima. La reacción fue fuerte. Los demonios maldijeron, se retorcieron, rogaron, se enfurecieron, gimieron y amenazaron. Una voz baja y siniestra gritó una y otra vez, "¡Váyanse, me están quemando!" Para los demonios las manos de un sacerdote quemaban como el fuego, pero para la víctima las mismas manos la tranquilizaron como si estuvieran impregnadas

> por el santo crisma. Los demonios estaban dolorosamente conscientes de una realidad a la que a menudo nosotros nos cegamos: nuestras manos están formadas a semejanza de las del Hijo de Dios. Son Sus manos. Nuestras manos ardientes y ungidas con el crisma revelan las profundidades ocultas del sacerdocio que Él nos ha dado. Nos recuerdan lo que somos."[5]

La ordenación al sacerdocio no es sólo una ceremonia de iniciación, como la de unirse a un club o una fraternidad. Es un don del Espíritu Santo que permite el ejercicio de un poder sagrado *(sacra potestas)* que viene del mismo Jesucristo a través de su Iglesia. Las manos de un sacerdote tienen un poder sagrado para ofrecer el sacrificio de Cristo y para perdonar los pecados en los sacramentos (CIC # 1537 a 8). Ser sacerdote no es sólo ser predicador y ministro, aunque ciertamente los sacerdotes predican y ayudan a las personas de Dios. ¡Es la administración de un poder sagrado!

Los demonios saben esto mejor que nosotros.

In Persona Christi Capitis

Un amigo sacerdote me contó una vez esta historia. Uno de sus feligreses, uno de comunión diaria, lo invitó a cenar. Durante la cena, el devoto hombre católico le dijo: "Padre, explíqueme el sacerdocio en treinta segundos o menos." El hombre sonrió, sabiendo que esto era imposible. Pero el sacerdote respondió: "Eso es fácil. Voy a hacerle tres preguntas. Cuando usted va a misa todos los días, ¿cree que está realmente recibiendo el Cuerpo y la Sangre de Jesús en la Sagrada Comunión?" El hombre respondió: "Absolutamente. ¡Sé que es Jesús!" El sacerdote continuó, "Cuando va a la confesión, ¿de verdad cree que todos sus pecados han quedado completamente perdonados, incluso los pecados mortales?" El hombre respondió: "Sí, Padre, estoy completamente seguro de que mis pecados se han ido." "Por último, ¿está de acuerdo que sólo el propio Jesucristo tiene el poder de hacer estas cosas?" El hombre miró al sacerdote y asintió con la cabeza. El sacerdote concluyó: "Entonces usted sabe lo que es el sacerdocio. El sacerdocio trae el mismo poder de Jesús a la tierra por amor y misericordia a su pueblo."

Un sacerdote, en virtud de su ordenación y el poder sagrado que se le ha encomendado, actúa *in persona Christi capitas,* en la persona de Cristo, cabeza [de la Iglesia]. Los católicos saben que esto es verdad y son testigos a diario. Por ejemplo, cuando un sacerdote bautiza a un bebé, dice, "*Yo* te bautizo en el nombre del Padre y del Hijo y del Espíritu Santo." Él no dice: "Jesús te bautiza..." En la Santa Misa, el sacerdote dice en primera persona: "Esto es *mi* cuerpo que es entregado por vosotros. Haced esto en memoria *mía.*" Y en la Confesión, ¿dice el sacerdote "Jesús te absuelve de tus pecados en el nombre del Padre y del Hijo y del Espíritu Santo"? ¡Por supuesto que no! El sacerdote dice: "*Yo* te absuelvo de tus pecados..." El sacerdote actúa y existe *in persona Christi capitis.* Es verdad que es Jesús quien realmente está bautizando y es Jesús mismo quien se ofrece en la misa y quien perdona los pecados en la Confesión. Es la mano elevada de Jesús que expulsa demonios en un hombre poseído. Pero es el sacerdote quien dice las palabras y quien actúa en la persona de Cristo mismo (CIC # 1548).

"Y por eso sólo Cristo es el verdadero sacerdote. Los demás son ministros suyos"

Catecismo de la Iglesia Católica #1545

Esta identificación con Cristo es tan fuerte que la Iglesia tradicionalmente llama a sus sacerdotes ordenados *alter Christus* (otros Cristos). Cuando San Pablo escribe en la Carta a los Gálatas: "ahora no vivo yo, es Cristo quien vive en mí. (2, 20)," esto es cierto para todos los fieles bautizados. Pero cuando se aplica a un sacerdote católico ordenado, este pasaje tiene un significado totalmente nuevo. Todos los días Jesús hace poderosos milagros a través de sus sacerdotes, aunque algunos pocos de estos sacerdotes resulten ser hombres no muy santos. Aun cuando un sacerdote en particular fuera un gran santo o un terrible pecador, el sacramento que celebra válidamente mantiene su eficacia. Esto se conoce en teología como *ex opere operato.* Se trata de una expresión latina que significa que los sacramentos confieren la gracia que significan, independientemente de la virtud del sacerdote o del que recibe el sacramento.

La historia dice que durante la vida de San Juan María Vianney, el famoso Cura de Ars, un abogado de París muy mundano hizo el viaje a la remota aldea para presenciar el espectáculo del que había oído hablar-el sacerdote que era santo. El abogado volvió a París y de inmediato comenzó a asistir a la Santa Misa fielmente y a la confesión. La gente le preguntó: "¿Qué dijo el sacerdote para convencerte a comenzar de nuevo a practicar tu fe?" El abogado respondió: "Bueno, en realidad ni siquiera lo pude entender. No era un buen orador y su acento era fuerte. No fue lo que él dijo lo que me cambió. Fue lo que vi. Lo que vi fue a Dios en un hombre."

Para dar un ejemplo extremo y negativo, un cura borracho que también es un mujeriego y se encuentra en pecado mortal, tropieza en la misa y todo el mundo puede ver que él está borracho. Sin embargo, él es un sacerdote válidamente ordenado y pronuncia las palabras de la Plegaria Eucarística. Si él usa la forma correcta (el pan y el vino) y sigue las rúbricas, el sacrificio de Cristo ha sido ofrecido y la Eucaristía ha sido consumada. Las personas probablemente se acercarán a la comunión tratando de controlar su indignación por el comportamiento de este sacerdote (y con razón). Pero Jesús está tan presente en la Eucaristía en esta misa como lo está en una misa ofrecida por un sacerdote santo y devoto. Cristo siempre actúa en sus sacramentos si el sacerdote ha sido válidamente ordenado y si celebra los sacramentos con la materia y la forma correcta.

"¡Qué aterrador es ser sacerdote! ¡Debemos tener lástima de un sacerdote que celebra la misa como si fuera un evento de rutina! ¡Qué desgracia es ser un sacerdote sin vida interior!"[6]

San Juan María Vianney

Las verdades indicadas en estas enseñanzas-*in persona Christi capitis y ex opere operato*-son muy buenas noticias para un hombre que está discerniendo su vocación sacerdotal. ¿Por qué? Bueno, por un lado, muchos jóvenes temen que les falte la santidad para convertirse en sacerdotes. Esta es una buena noticia. La santidad de Jesús está siempre presente en sus sacramentos y en el trabajo realizado por un sacerdote, aunque el sacerdote pueda tener algunos problemas personales con el pecado. Y *todos los sacerdotes* luchan contra el pecado, al igual que *todas las personas* luchan contra el pecado.

Hay una adivinanza que nos hacen a menudo en el seminario: ¿Cómo se llama la Eucaristía que ha sido celebrada por un sacerdote santo como San Juan María Vianney y por un sacerdote egoísta y perezoso en pecado mortal? La respuesta, en ambos casos, es "Jesús." No obstante, un sacerdote santo ayuda a la gente a entrar más profundamente en los misterios sagrados y a acercarse al altar con fervor (y no indignado).

El sacerdocio es para servir a los demás y llevarlos al cielo. Jesús confiere este poder sagrado a un sacerdote para el bien de los demás. Es importante que consideres esto en tu discernimiento.

Los tres grados del orden sagrado

En 1989 cuando yo era un seminarista, recuerdo que asistí a una reunión al final del verano con el obispo y los otros seminaristas de mi diócesis de Savannah, Georgia. Cada uno de nosotros, por turnos, describimos lo que habíamos hecho durante nuestro apostolado del verano. Un seminarista, que ya era diácono, contó esta historia.

> Una noche, yo estaba en la casa parroquial y era muy tarde, alrededor de la medianoche. El párroco estaba fuera de la ciudad en su día libre y yo era el único ahí. El teléfono sonó. Era una llamada del hospital. Hubo una emergencia médica, una mujer estaba muy cerca de la muerte y la familia quería un sacerdote que viniera a ofrecer el sacramento de la Unción y para ayudarla a prepararse para la muerte. Traté de llamar a otros dos sacerdotes en la zona, pero ninguno de ellos respondió al teléfono. Así que fui al hospital y la ungí yo mismo.

Al oír esto, el obispo quedó sin aliento. Él dijo enfáticamente: "No puedes hacer eso." El seminarista respondió: "Ya lo sé, Excelencia, pero le digo que lo hice." El obispo dijo: "Y yo te digo que *no lo hiciste*. Tú no puedes hacerlo. No tienes el poder. Eres solamente un diácono".

Diáconos, sacerdotes y obispos forman los tres grados del Orden Sagrado y cada uno tiene el poder de hacer ciertas acciones. Los tres son recibidos por la ordenación, pero sólo el obispo tiene la plenitud del sacramento. Los diáconos tienen el poder y el privilegio de proclamar el Evangelio en la Misa, predicar la homilía, bautizar y celebrar matrimonios. Los sacerdotes pueden hacer todas estas cosas, pero también pueden celebrar la Misa, perdonar los pecados en el sacramento de la Confesión y administrar el sacramento de la Unción de los Enfermos. Los diáconos no son capaces de celebrar la Misa, perdonar los pecados en la Confesión o de celebrar la Unción de los enfermos, ya que este sacramento también perdona pecados. La pretensión de administrar la Unción de los Enfermos a la señora que estaba muriendo y dar a la familia la impresión de que había recibido este sacramento, fue un error pastoral muy grave, a pesar de las buenas intenciones del seminarista.

Un obispo puede por supuesto administrar todos los sacramentos. En circunstancias normales, él es el único que puede conferir los sacramentos del Orden y la Santa Confirmación. Se dice que un obispo es un "sucesor de los apóstoles", indicando que ha sido ordenado siguiendo la larga línea del sacerdocio de Cristo transmitida desde los Apóstoles. Los teólogos se refieren a esto como la sucesión apostólica. La plenitud de este poder sagrado de nuestro Sumo Sacerdote, Jesús, se encuentra sólo en el obispo (CIC # 1557). Un sacerdote participa del sacerdocio de Jesucristo, sólo a través de su obispo.

Ten en cuenta que estos tres niveles de ordenación deben ser recibidos en orden ascendente de diácono a sacerdote y luego a obispo. Un período de tiempo determinado que se llama *interstitio* se requiere entre cada ordenación. Por ejemplo, debe haber un período de seis meses entre la ordenación de diaconado y el sacerdocio. Que el sacerdote llegue a ser obispo, es algo que normalmente sucede más adelante en la vida. El Papa elige para obispos a hombres que han demostrado ser capaces y fieles después de muchos años de sacerdocio.

Un carácter indeleble: tú eres sacerdote para siempre

Recuerdo haber visto un programa de televisión cuando yo era niño sobre un párroco que trabajaba en una pequeña ciudad en la década de 1920. Él era un sacerdote humilde, fiel y se esforzaba mucho por cuidar a sus feligreses, que constituían la casi totalidad del pueblo. Irónicamente, el alcalde de la ciudad y su esposa eran muy contrarios al sacerdote y la Iglesia católica, a pesar de que eran católicos. El alcalde se oponía constantemente a las iniciativas del sacerdote y el pobre sacerdote no podía entender por qué. Al final de la película, el alcalde sufrió un ataque al corazón y estaba a punto de morir. El sacerdote fue llamado para administrar lo que entonces se llamaba el sacramento de la Extremaunción. Cuando el sacerdote fue a ungir las palmas de las manos del hombre, como indica el ritual, el enfermo giró sus manos para que el sacerdote unja la parte posterior. El sacerdote lo miró con asombro. Mediante esta acción, el alcalde estaba diciendo que él era también un sacerdote, un sacerdote que había dejado el sacerdocio y se había casado desde hace ya muchos años. Cuando un sacerdote es ordenado, las palmas de sus manos son ungidas con el santo crisma. Por eso, cuando un sacerdote recibe el sacramento de la Extremaunción (ahora se llama Unción de los Enfermos), sus manos son siempre ungidas en la parte posterior. El show terminó con el sacerdote dándose cuenta de por qué el alcalde había sido siempre tan desafiante y contrario. Él oró para que su hermano sacerdote tuviera paz en el cielo. Después de todo, un sacerdote es un sacerdote para siempre.

La Iglesia Católica enseña que los sacerdotes son marcados con un carácter especial y permanente en su ordenación. El sacramento del Orden, como el Bautismo y la Confirmación confiere también un carácter espiritual indeleble que no puede ser borrado ni repetido ni otorgado solo temporalmente (# CCC 1582). Esto es a veces llamado un "cambio ontológico" o un cambio en el ser.

Al llegar al cielo, podrás ver algunos hombres con esta marca en sus almas y de inmediato sabrás que fueron sacerdotes en la tierra (CIC # 1581 a 3). El alcalde en ese programa de televisión todavía era sacerdote, a pesar de que había dejado de funcionar como tal. Su esposa le dijo al párroco después del funeral, "nunca debería haber dejado el sacerdocio. Nunca estuvo en paz. "

"Si me encontrara con un ángel del cielo y un sacerdote borracho caminando por un camino, primero besaría las manos del sacerdote y luego saludaría al ángel."[7]

San Francisco de Asís

¿Qué le sucede a un hombre que deja el sacerdocio?

Si un sacerdote decide abandonar el sacerdocio y se casa, o si el obispo lo suspende por alguna grave violación de sus promesas sacerdotales, el hombre sigue siendo sacerdote y siempre será sacerdote (CIC # 1583). Sin embargo, no es capaz de funcionar como sacerdote lícitamente porque carece de las facultades para hacerlo. Por lo general, no puede celebrar la Misa, incluso en privado, y no está autorizado para celebrar ninguno de los sacramentos. Sin embargo, en peligro de muerte *(in periculo mortis)*, cualquier sacerdote puede administrar los sacramentos. Por lo tanto, si el alcalde en la historia anterior se hubiera cruzado con un católico que se estuviera muriendo, y no hubiera disponible ningún "sacerdote activo en regla", él estaría autorizado a escuchar su confesión, a concederle la absolución de sus pecados, y a otorgarle la Unción de los Enfermos y el indulto apostólico. Él es, después de todo, todavía sacerdote. El poder sagrado conferido por la ordenación no desaparece. Y los sacramentos que se dan en peligro de muerte son válidos y lícitos, siempre y cuando se hayan celebrado con la intención correcta y la materia y la forma correcta. Esto está permitido por la Iglesia, porque por encima de todas las leyes está la salvación de las almas.

"Los fieles esperan de los sacerdotes solamente una cosa: que sean especialistas en promover el encuentro del hombre con Dios. Al sacerdote no se le pide que sea experto en economía, en construcción o en política. De él se espera que sea experto en la vida espiritual."[8]

Papa Benedicto XVI

Los sacerdotes no son "agentes autónomos"

Los sacerdotes pueden ejercer su sacerdocio sólo en unión con su obispo. Esta es la razón por la cual un sacerdote promete amor y obediencia al obispo cuando es ordenado. En cada Misa, el sacerdote reza por su obispo nombrándolo, por ejemplo, "En unión con nuestro Papa Benedicto XVI y nuestro obispo *David*." Si el sacerdote no está en unión con el Papa y su obispo respectivamente, no puede celebrar la Misa ni celebrar cualquiera de los sacramentos.

Un sacerdote debe estar conectado a una diócesis, un seminarista no puede ni siquiera empezar a estudiar hasta que haya sido aceptado por un obispo para realizar estudios para esa diócesis en particular. Es por eso que se llaman sacerdotes diocesanos. Un sacerdote diocesano debe obtener las "facultades" para ejercer el ministerio sacerdotal de su Obispo. Cuando un sacerdote es ordenado, su obispo le da una carta otorgándole las facultades para funcionar como sacerdote en la diócesis. Si un obispo le quita estas facultades- lo que sólo pasaría por una razón muy seria-el sacerdote no puede funcionar como sacerdote en la diócesis o en cualquier otro lugar. Él no está en unión con la Iglesia universal, porque ha roto con su obispo y, por lo tanto, con el Santo Padre. Entender esta conexión que un sacerdote tiene con su obispo es fundamental para un discernimiento adecuado del sacerdocio diocesano.

Cuando era un sacerdote recién ordenado, me dieron una tarjeta pequeña llamada *celebret*. Esta tarjeta es emitida por el obispo o su delegado, con una inscripción en latín que indica que el portador es "sacerdote acreditado" en esa diócesis en particular. Esta tarjeta me permite entrar a cualquier iglesia católica en cualquier lugar del mundo y celebrar la Santa Misa. Cuando fui a Roma poco después de mi ordenación sacerdotal me encantaba entrar en las iglesias antiguas y hermosas de allí y mostrar a los sacristanes mi *celebret*. Por lo general, ellos no se mostraron muy interesados en leerla, ya que habían visto miles de ellas. Simplemente decían: "Sí, sí. Pase, Padre. ¿En qué altar desea celebrar?"

Votos o promesas

Los sacerdotes diocesanos no hacen *votos* de pobreza, castidad y obediencia. Éstos se llaman los Consejos Evangélicos y son votos hechos por sacerdotes, hermanos, hermanas, y monjes que pertenecen a órdenes religiosas. Los Consejos Evangélicos están especialmente dirigidos a la santidad y están destinados a facilitar la entrega total de la vida a Dios.

Los sacerdotes diocesanos también están llamados a vivir los Consejos Evangélicos-, ya que están llamados a la santidad, y por lo tanto son aplicables a toda vocación, pero ellos no profesan estos votos en el sentido estricto de la palabra. En su ordenación, ellos hacen la *promesa* de vivir en celibato por el Reino, lo que significa que se comprometen a no contraer matrimonio. Se comprometen a orar por el pueblo de Dios todos los días a través del Oficio Divino. Y prometen obediencia a su obispo y sus sucesores.

¿Qué significan estas promesas?

Cada persona está llamada por Dios para vivir la castidad según su estado de vida. Puesto que un sacerdote diocesano no está casado, él está llamado a vivir castamente en lo que se refiere a toda actividad sexual genital, como cualquier hombre soltero está llamado a vivir. Tampoco debe pasar el tiempo con una mujer de manera romántica, porque un sacerdote diocesano, de hecho, está casado, él está casado con la Novia de Cristo, la Iglesia, y ella se merece y espera su fidelidad.

El sacerdote diocesano, también está llamado a vivir una vida sencilla, a imitación del Maestro, pero no hace falta hacer un voto de pobreza. Un sacerdote diocesano puede ser dueño de un coche (que es a menudo una necesidad de trabajo), tener una cuenta bancaria y otras posesiones. Esto es muy diferente a un sacerdote que pertenece a una orden religiosa, porque ellos no pueden poseer nada, ni tener una cuenta bancaria. El salario de los sacerdotes diocesanos varía mucho de país a país, pero muchos de ellos reciben un modesto salario de acuerdo con el nivel de vida de las personas a las que sirven. La idea es que el sacerdote tenga lo que necesita para que él no se preocupe por el dinero y pueda concentrarse en servir a los demás. Él no necesita mucho, ya que no tiene mujer ni hijos. Pero el nivel de vida puede variar mucho. Por ejemplo: En la Arquidiócesis de Bogotá en Colombia, un sacerdote de una parroquia recibe un sueldo de 900.000 pesos mensuales (unos 500 dólares), más un seguro de salud que es proporcionado por la diócesis. En Argentina, un sacerdote no recibe dinero de la diócesis. La cantidad de dinero que recibe depende de los ingresos mensuales de la parroquia, que es en general de 2.500-3.500 pesos argentinos para un párroco (625-725 dólares), pero el salario es de sólo $1,500 pesos (375 dólares) para un sacerdote recién ordenado. Si trabaja en otros puestos de trabajo (como la mayoría de los sacerdotes en la Argentina lo hacen) como en una escuela o universidad, podría recibir otros 5.000 pesos (1.100 dólares). Los sacerdotes tienen que pagar por el seguro de salud (Mutual del Clero de San Pedro) de su sueldo mensual, a menos que lo tengan incluido en su segundo trabajo. Si hay un coche, por lo general pertenece a la parroquia, pero el 60% de los sacerdotes no tienen coche propio.

En México, los sacerdotes no reciben un salario específico. Los feligreses apoyan al sacerdote principalmente a través del dinero recaudado en las misas o los sacramentos. Los sacerdotes también tienen algo que se llama la Dominica, que es un cargo de $200 pesos (aproximadamente $20 dólares por familia) cada año para hacerse cargo de los proyectos en la parroquia. En Cuba, un sacerdote puede recibir sólo 150 pesos cubanos al mes ¡unos 5 dólares! Un sacerdote cubano por lo general se moviliza en bicicleta (ya que no tiene coche), la gente de la parroquia le trae comida, y a menudo tiene una pequeña huerta en el patio para complementar su dieta.

En algunos países, un sacerdote de una parroquia no recibe ningún salario y debe utilizar el dinero que recauda de los feligreses durante la Misa y los sacramentos para satisfacer sus necesidades básicas. Algunos sacerdotes han recibido regalos o herencias de sus familias. Ellos son libres de utilizar o disponer de este dinero como crean conveniente, a pesar de que sería conveniente seguir la exhortación del Evangelio: "No dejes que tu mano izquierda sepa lo que tu mano derecha está haciendo." Cuando un sacerdote diocesano tiene una vida demasiado lujosa, puede ser causa de escándalo para los fieles.

Por último, el voto de obediencia hecho por un religioso es mucho más amplio que la promesa de obediencia de un sacerdote diocesano. Mi obispo me ha pedido que cambie de trabajo cinco veces en mis dieciocho años de sacerdote. Para mí, esta es la manera principal por la cual soy obediente a mi obispo. Para los religiosos, por el contrario, es un llamado mucho más directo a la obediencia como esfuerzo cotidiano.

Cuando un hombre discierne entre el sacerdocio diocesano y el sacerdocio en una orden religiosa, debe orar y tener en cuenta si Dios lo está llamando a profesar los votos solemnes. Si él se siente muy atraído a la vida en comunidad, a los Consejos Evangélicos, a la oración comunitaria, y a un apostolado centrado en el servicio a los pobres, podría ser una indicación de que está siendo llamado a la vida religiosa. Los sacerdotes diocesanos no suelen vivir en comunidad con otros sacerdotes. Por el contrario, más a menudo viven y oran solos. Y debido a las exigencias de la vida parroquial, no pueden centrarse en un único carisma.

La gracia del Orden Sagrado

Un sacramento es a menudo definido como "un signo sensible instituido por Cristo para dar la gracia." Sin lugar a dudas, el sacramento del Orden Sagrado proporciona gracias muy poderosas a los hombres que lo reciben.

> La gracia del Espíritu Santo propia de este sacramento es la de ser configurado con Cristo Sacerdote, Maestro y Pastor, de quien el ordenado es constituido ministro.
>
> CIC # 1585

Con frecuencia, los sacerdotes recién ordenados me dicen que realmente pueden sentir un cambio interno después de la ordenación. Ellos se sienten capaces de hacer cosas que temían durante sus años de seminario. Descubren que cuando están en una situación desesperada, por ejemplo, con una familia en el hospital después de un terrible accidente de coche-el Espíritu Santo les da las palabras de consuelo que necesitan decir. Cuando se paran en el púlpito, a veces pueden sentir cómo el Espíritu Santo les da la confianza y la fuerza, mientras que antes tenían mucho temor a predicar. Creo que la mayoría de los sacerdotes reconocen que han sentido la gracia del sacramento del Orden Sagrado en muchas diferentes ocasiones en sus vidas como sacerdotes. Es una configuración con Cristo para el bien del pueblo de Dios.

Dicho esto, también he visto seminaristas que no estudian mucho ni se esfuerzan en crecer en la oración y la vida espiritual. Ellos piensan: "Bueno, Padre, la gracia del Orden Sagrado me ayudará." ¡Se equivocan! La gracia perfecciona la naturaleza. Hay que trabajar muy duro para prepararse para el sacerdocio. Debe orar, estudiar y servir. La formación sacerdotal es una tarea muy difícil. Pero si un hombre hace este esfuerzo, la gracia del sacramento no le faltará nunca en su vida de sacerdote.

También he visto cómo afecta la gracia del sacramento a otros miembros de la familia del sacerdote recién ordenado, o a sus amigos. Un sacerdote me dijo que su padre decidió convertirse al catolicismo poco después de su ordenación. Su padre había estado casado con su esposa, que era católica, durante treinta y cinco años y había criado a sus hijos como católicos. Había observado en silencio a su hijo pasar a través del estudio del seminario, orar, y madurar. Había asistido a la misa de ordenación, su primera misa, diciendo poco durante toda la ceremonia. Sólo unos meses después de la ordenación, después de tantos años, comenzó el programa de RICA (Rito de Iniciación Cristiana de Adultos). Esta fue una alegría especial para este sacerdote recién ordenado.

El Orden Sagrado es uno de los dos sacramentos, especialmente diseñados por Dios para llevar a otras personas al cielo, para salvar miles de almas. ¡Una vez que un hombre es ordenado sacerdote, el Espíritu Santo no pierde el tiempo!

"Si tuviéramos fe, veríamos a Dios escondido en el sacerdote como una luz detrás de un cristal, como un vino mezclado con agua."[9]

San Juan María Vianney
Patrono de los Sacerdotes

CAPÍTULO 3

¿QUÉ ES LA VOCACIÓN?

"Los únicos entre ustedes que van a ser muy felices son aquellos que han buscado y encontrado la manera de servir."[10]

Albert Schweitzer

Búsqueda de la felicidad y la santidad

¿Encontrar mi vocación es encontrar la felicidad o la santidad? Bueno, es ambas cosas. Creo que la mayoría de los jóvenes están motivados por un deseo de felicidad, al menos en el comienzo de su búsqueda por conocer la voluntad de Dios. Todas las personas desean la felicidad y quieren sentirse realizadas. Es un deseo que Dios ha puesto profundamente en sus corazones. Sin embargo, uno de los errores más comunes que la gente comete es dejar que su vida se consuma en la búsqueda de la felicidad perfecta en esta tierra. No se puede encontrar aquí. La felicidad perfecta que todos buscamos, que anhelamos en nuestro corazón, sólo se encuentra en el cielo. Esto no significa que no podamos disfrutar de cierto grado de felicidad aquí en la tierra, pero esta no es la felicidad definitiva y la satisfacción profunda que deseamos.

Los irlandeses tienen un dicho: "Un mal comienzo es un rápido final." Es importante iniciar la búsqueda de la felicidad con ideas clara. Es importante tener, desde el inicio, una expectativa realista de lo que este mundo puede o no puede ofrecernos. Esto ayuda a proteger a una persona de la decepción y la desesperación suprema años más tarde. Como un sacerdote amigo mío solía decir en tiempos de crisis, "Esto es lo más que podemos esperar en esta tierra."

Hago hincapié en este libro en que toda vocación es de servicio a los demás. Dios nos hizo por este motivo. Él desea que amemos a los demás más que a nosotros mismos y vivamos desinteresadamente. Este es el secreto de la felicidad. Esta es la santidad. Cuando una persona aprende a servir a los demás y hace ésta la preocupación primordial de su vida, esta persona es feliz.

"Yo creo que podrías tener vocación"

Como ex director vocacional y ahora formador del seminario, me molesta cuando escucho a alguien decir: "Creo que John podría tener vocación." ¡Por supuesto que tiene una vocación! Todo el mundo tiene una vocación. Lo que quieren decir, por supuesto, es que Juan podría ser llamado a ser sacerdote o tal vez a unirse a una orden religiosa. Pero lo que esa persona debería haber dicho es: "Creo que John podría ser llamado a la vocación del sacerdocio o a la vida religiosa." No se hace justicia ni a la persona ni a la Iglesia cuando se utiliza un lenguaje incorrecto, como si sólo ser sacerdote o religioso fueran verdaderas vocaciones. El lenguaje es importante, ya que puede iluminar u oscurecer la verdad. Una clara enseñanza de la teología de la vocación es fundamental.

Creo que la mayoría de la gente, incluyendo la mayoría de los católicos, tiene una idea muy pobre de lo que es una vocación. Ellos han oído la palabra mencionada en la Misa, por lo general con referencia a los sacerdotes. Han visto anuncios sobre "escuelas de formación profesional", donde la gente aprende una habilidad para conseguir un trabajo, como una enfermera, un técnico en computación, o mecánico. Muchos piensan que la "vocación" no se aplica a ellos, ya que ya están casados y con trabajo. Algunas personas simplemente no tienen ni idea. Me acuerdo de la conversación en el libro de los Hechos de los Apóstoles entre San Pablo y algunos discípulos cristianos en Éfeso. San Pablo les preguntó: "¿Han recibo el Espíritu Santo al aceptar la fe?". Ellos respondieron: "Ni siquiera hemos oído que existía un Espíritu" (Hechos 19, 2) ¡De la misma manera, creo que muchos católicos no han oído nada sobre el concepto de vocación! O si lo han hecho, muchos de ellos nunca han tomado la idea en serio. Esto sí que es un problema. Entonces, ¿qué es una vocación en primer lugar?

La semejanza a Cristo es el único éxito reconocido por Dios.

Nuestra vocación primaria es la santidad

La felicidad consiste en hacer la voluntad de Dios. Es interesante que esta frase también pudiera ser la definición de santidad. La vocación primaria y universal de toda persona en el mundo es ser santo, para ser como Jesucristo. La semejanza a Cristo es el único éxito reconocido por Dios. O, como San Buenaventura, dijo: "Si se aprende de todo, excepto de Cristo, no se aprende nada. Si se aprende de nada más que de Cristo, se aprende todo."[11] Curiosamente, las personas que toman en serio la santidad son también las personas que experimentan la mayor felicidad en esta vida. ¿Por qué? Porque nuestra santidad nos está preparando para la suprema felicidad del cielo, verdadero destino para el que fuimos creados, no el rayito de felicidad que se puede experimentar aquí. La santidad conduce directamente a la realización y a la maduración humana, y el concepto de vocación abarca ambos.

La primera vocación de todo bautizado es llegar a ser un santo. Si bien esto puede parecer desalentador, la buena noticia es que esta vocación no requiere discernimiento. La Iglesia y la Sagrada Escritura nos dicen de manera clara y definitiva que la santidad es la vocación primaria de todo el mundo.

> La Iglesia, en efecto, ya en la tierra se caracteriza por una verdadera santidad, aunque todavía imperfecta. En sus miembros, la santidad perfecta está todavía por alcanzar: Todos los cristianos, de cualquier estado o condición, están llamados cada uno por su propio camino, a la perfección de la santidad, cuyo modelo es el mismo Padre.
>
> CIC # 825

Discernir y aceptar nuestra vocación es como construir una pirámide. Se debe construir de abajo hacia arriba. Un hombre no será capaz de conocer y aceptar su vocación secundaria o particular-el matrimonio o el sacerdocio, por ejemplo-hasta que se haya seriamente esforzado para lograr su vocación primaria que es la santidad. Algunos han tratado de hacerlo a la inversa, y casi siempre han fracasado.

Nuestra vocación particular (o secundaria): cuatro opciones para el hombre católico

Me refiero a nuestra *vocación secundaria* en el sentido en que solemos escuchar la palabra *vocación*. La vocación secundaria se refiere al estado particular de vida en el que somos llamados a cumplir con nuestra vocación primaria de la santidad. Esta vocación particular, normalmente tiene las siguientes características:

- Ha sido pre-determinada o predestinada por Dios
- Requiere un compromiso permanente
- Requiere el sacrificio de uno mismo para servir a Dios y a los demás
- Es reconocida por la Iglesia como una vocación
- Su propósito es ayudar a otras personas a llegar al cielo

Para el hombre Católico (que son la mayoría de los católicos en el mundo), hay básicamente cuatro opciones:

~ El Santo Matrimonio

~ El Orden Sagrado

~ La Vida Religiosa

~ La Vida Generosa y Soltera en Cristo

Cada hombre católico está llamado por Dios a por lo menos uno de estos cuatro estados de vida. Digo "por lo menos" debido a que algunos estados de vida se pueden superponer. Por ejemplo, la mayoría de los diáconos permanentes están casados. En algunos ritos orientales de la Iglesia católica, los sacerdotes pueden casarse. Sin embargo, para el hombre católico a quien Dios está llamando a ser sacerdote diocesano, suele haber un único estado en particular: el Orden Sagrado y la vida de celibato alegre.

Una vocación pre-determinada por Dios

Cuando yo era director vocacional visitaba las escuelas católicas en mi diócesis para enseñar a los niños acerca de las vocaciones. Les explicaba que antes de que Dios creara al mundo, Él les conocía y les amaba.

> Él ya sabía tu nombre, conocía cada pensamiento que ibas a pensar, sabía cuántos cabellos estaban en tu cabeza, conocía tus pecados, él sabía cuáles serían tus buenas obras, e incluso conocía el momento de tu muerte y tu entrada en el cielo. Y ¡Dios ya había decidido tu vocación antes de que Él haya creado incluso el mundo! O por lo menos, Él ya había previsto a que vocación serías llamado. Cuando finalmente llegó el momento de tu nacimiento, Dios creó el alma para infundirla dentro de tu pequeño cuerpo, y la creó específicamente para esa vocación predeterminada.

Yo llamo a este concepto una vocación pre-determinada por Dios, o vocación pre-destinada. Si Dios te llama al matrimonio, entonces te preparó un alma y te dio los dones de cuerpo y alma para vivir la vocación del matrimonio. Si Dios te está llamando al sacerdocio, entonces, tu alma y tu cuerpo se hacen con esta vocación en mente. Esta será una pista importante en tu discernimiento. Examina los dones que Dios te ha dado y donde son mejor utilizados para construir el Reino.

La vocación ordinaria: el santo matrimonio

La mayoría de los hombres, estadísticamente hablando, son llamados a la vocación "ordinaria" del matrimonio. Yo la llamo "ordinaria" no porque sea inferior a la de otros oficios, sino porque es la vocación más común. En el plan de Dios para la propagación de nuestra raza y la edificación de la Iglesia, la mayoría de los hombres (y, obviamente, la mayoría de las mujeres también) son llamados al matrimonio. Sin embargo, a pesar del hecho de que el matrimonio es la vocación más común, *hay que discernirla y no darla por hecho.*

Me parece fascinante que las dos "vocaciones" sacramentales, el matrimonio y el sacerdocio, sean únicas entre los siete sacramentos por una variedad de razones. ¿Cómo es el matrimonio único?

~ El matrimonio es el único sacramento que involucra a dos almas, el alma de un hombre y el alma de una mujer. Estas dos almas se unen en el sacramento por Jesucristo en el vínculo matrimonial.

~ El matrimonio es el único sacramento que no se recibe a través del ministerio de un sacerdote. La novia y el novio se dan este sacramento el uno al otro (a través de Cristo), cuando expresan su consentimiento matrimonial. El sacerdote está presente sólo como testigo oficial de la Iglesia.

~ El matrimonio es un sacramento permanente, pero sólo hasta la muerte de uno de los cónyuges. La muerte de uno de los cónyuges rompe el vínculo matrimonial y termina el sacramento del matrimonio.

He aquí una historia contada por el Papa Juan Pablo II.

En el siglo pasado había un talentoso profesor en Francia llamado Federico Ozanam. Él fue un elocuente y capaz profesor en la Sorbona. Federico Ozanam fue el fundador de la Conferencia de la Caridad, que más tarde se convirtió en la Sociedad de San Vicente de Paúl, una organización católica que sirve a los pobres. Su amigo era el famoso escritor, Lacordaire, quien dijo: "Él es tan talentoso. Él es tan bueno. ¡Él será sacerdote! ¡Este hombre llegará a ser un gran obispo!" No. Federico Ozanam conoció a una chica simpática y se casaron. Lacordaire estaba decepcionado y dijo: "¡Pobre Ozanam! ¡También él ha caído en la trampa del matrimonio!" Dos años después, Lacordaire fue a Roma, y fue recibido por el Papa Pío IX. El Santo Padre le dijo a Lacordaire: "Vamos, vamos, padre. Siempre he oído decir que Jesús instituyó siete sacramentos. Ahora viene usted y lo cambia todo. ¡Usted dice que él estableció seis sacramentos y una trampa! No, padre, el matrimonio no es una trampa, es un gran sacramento."[12]

El matrimonio es sin duda un gran sacramento. Las Escrituras nos dicen que el amor de un esposo y una esposa es un signo del amor de Cristo por su esposa, la Iglesia.

Muchos jóvenes se mueven por instinto hacia el matrimonio como si fuera la única posibilidad. Esto es un error. Dios está pidiendo que cada joven considere seriamente y ore por todas las posibles vocaciones. El matrimonio debe ser discernido cuidadosamente y en oración por un largo tiempo, como cualquier otra vocación. Algunos hombres simplemente razonan: "Bueno, me siento atraído a las mujeres, por lo que debo estar llamado al matrimonio." Ser atraído por las mujeres es indicio de que un hombre es normal y saludable, pero no necesariamente indica una llamada de Dios al matrimonio. De hecho, si un hombre está considerando seriamente la posibilidad del sacerdocio, el director vocacional querrá asegurarse de que él tiene una atracción normal y saludable hacia el matrimonio y la familia. Si no la tiene, no puede discernir correctamente o elegir el sacerdocio. (Esto se profundizará más en el Capítulo 13.)

El matrimonio es una vocación maravillosa y la mayoría de los hombres son llamados al matrimonio por Dios. Pero hay que discernir, no simplemente asumir.

Una vocación extraordinaria y única: el Orden Sagrado

Ya que se trata de un libro sobre el discernimiento al sacerdocio diocesano, pasaré más tiempo describiendo el Orden Sagrado que las otras vocaciones particulares. En el primer capítulo, se describe lo que los sacerdotes hacen. En el segundo capítulo, se describe lo que los sacerdotes son. Por lo tanto aquí voy a hablar brevemente sobre la vocación al sacerdocio.

El sacramento del Orden Sagrado, el sacramento por el cual un hombre se convierte en un sacerdote, es una vocación extraordinaria. Yo la llamo "extra-ordinaria", no porque sea mejor que el matrimonio, sino porque es menos común. Al igual que el matrimonio, el Orden Sagrado es único entre los siete sacramentos, por varias razones.

~ El sacerdocio es un sacramento que permanece para siempre. No termina con la muerte. Se hace una marca permanente indeleble en el alma que nunca se puede borrar o eliminar. ¡Un sacerdote todavía tiene la marca del sacerdocio en su alma cuando está en el cielo!

~ El Orden Sagrado es el único sacramento que tiene más de un grado. Los tres grados son diácono, sacerdote y obispo.

~ Jesús estableció el sacramento del Orden Sagrado en la Última Cena cuando celebró por primera vez la Eucaristía y les dijo a sus discípulos: "Hagan esto en memoria mía" (Lucas 22, 19). Y los Apóstoles en la Iglesia primitiva, impusieron las manos a los hombres antes de enviarlos a predicar el Evangelio. El Orden Sagrado es el sacramento que lleva los sacramentos a todo el mundo.

~ La ordenación sacerdotal no es como unirse a un club o una fraternidad. Es un don del Espíritu Santo que permite el ejercicio de un poder sagrado (*sacra potestas)* que viene del mismo Jesucristo a través de su Iglesia. El sacerdote tiene un poder sagrado para ofrecer el sacrificio de Cristo y para perdonar los pecados en los sacramentos (CIC # 1537-8).

El sacerdote no es sólo un predicador y un ministro, aunque ciertamente los sacerdotes predican y sirven a las personas de Dios. ¡Es el administrador de un poder sagrado!

El sacerdote diocesano

El sacerdote diocesano es un hombre que ha sido ordenado para *una diócesis en particular*. En la mayoría de las circunstancias, está destinado a trabajar en una parroquia en la diócesis, sirviendo al pueblo de Dios. Esta es la gran obra a la que un sacerdote diocesano dedica su vida. Las excepciones a esto serán tratadas en un capitulo posterior titulado "Tareas Especiales para los sacerdotes diocesanos," pero la mayoría de los sacerdotes diocesanos viven y trabajan en las parroquias.

Como he mencionado, el Santo Matrimonio y el Orden Sagrado son las únicas dos vocaciones particulares que también son sacramentos, por lo que tienen una importancia especial. El Catecismo de la Iglesia Católica señala que estos son los dos únicos sacramentos diseñados específicamente para ayudar a otros a alcanzar el cielo (CIC # 1534). Los otros cinco sacramentos son específicamente para el bien de la persona que los recibe. ¡El sacerdocio es para servir a los demás y llevarlos al cielo! Jesús confiere este poder sagrado a un sacerdote *para el bien de los demás*. Es importante saber esto en tu discernimiento.

Vida religiosa

El llamado a la vida religiosa es otra vocación extraordinaria. No es un sacramento de la Iglesia, sino que es una vida de penitencia muy heroica y de sacrificio de servicio para construir el Reino de Dios. Para ser teológicamente exacto, es una vocación más alta que el sacerdocio o el matrimonio. No es una "mejor" vocación, porque lo que es mejor para cada persona es precisamente la vocación que Dios ha predeterminado para ese individuo. Pero la vida religiosa es una vida más perfecta en el sentido de que los religiosos viven los Consejos Evangélicos de pobreza, castidad y obediencia, los cuales reflejan perfectamente el destino eterno de cada persona en el Cielo. Esta vida ha sido vivida, descrita, y recomendada por el mismo Jesucristo, por lo que la Iglesia la llama vida de perfección. Vivir estos votos radicales no es para todos, pero es una vocación extraordinaria.

> El estado de vida consagrada aparece por consiguiente como una de las maneras de vivir una consagración "más íntima"...En la vida consagrada, los fieles de Cristo se proponen, bajo la moción del Espíritu Santo, seguir más de cerca a Cristo, entregarse a Dios amado por encima de todo y, persiguiendo la perfección de la caridad en el servicio del Reino, significar y anunciar en la Iglesia la gloria del mundo futuro.
>
> CIC # 916

Los hombres llamados a la vida religiosa consagrada se llaman hermanos. Además de abrazar los tres consejos evangélicos de pobreza, castidad y obediencia, son llamados a vivir en comunidad con otros hombres, orando, trabajando, sacrificándose, y sirviendo juntos en un apostolado específico de la Iglesia. Los hombres llamados a la vida religiosa pueden unirse a las órdenes religiosas como los jesuitas, los franciscanos, los dominicos y benedictinos. Hay literalmente cientos de diferentes congregaciones religiosas en la Iglesia y cada una tiene su carisma específico y formas de vivir la vida religiosa. Históricamente, cada una ha tenido su propio hábito distintivo o manera de vestir, lo que les permite ser fácilmente reconocidos como hermanos religiosos de una orden determinada, aunque esto no es tan común hoy en día. Los hermanos religiosos han tomado votos públicos y formales reconocidos por la Iglesia para consagrar su vida entera a Cristo. Obviamente, las mujeres pueden ser llamadas a la vida religiosa también y hay muchas comunidades religiosas diferentes de mujeres en la Iglesia.

Algunos hermanos religiosos son ordenados sacerdotes, pero no son sacerdotes diocesanos. El sacerdote diocesano es ordenado para una diócesis determinada y por lo general pasa toda su vida sirviendo en las diversas parroquias de esa diócesis. A veces los católicos que crecieron al cuidado de sacerdotes religiosos le preguntan a un sacerdote diocesano, "Padre, ¿a qué orden pertenece usted?" Los sacerdotes diocesanos a menudo sonríen y responden: "A la orden de Melquisedec", o "A la Orden de San Pedro." Es una forma divertida de decir: "Yo soy el tipo original de sacerdote, un sacerdote diocesano."

La vida soltera y generosa en cristo

> Es plan de Dios que algunos hombres sirvan a la Iglesia siendo solteros y laicos católicos dedicados a ayudar generosamente en alguna área en particular. En mi experiencia, esta es una de las vocaciones más difíciles y frustrantes de discernir. El Catecismo menciona que las personas se encuentran en esta vocación, a menudo sin haberlo preferido.
>
> Es preciso recordar asimismo a un gran número de personas que permanecen solteras a causa de las concretas condiciones en que deben vivir, a menudo sin haberlo

> querido ellas mismas. Estas personas se encuentran particularmente cercanas al corazón de Jesús; y, por ello, merecen afecto y solicitud diligentes de la Iglesia, particularmente de sus Pastores.
>
> CIC # 1658

¿Por qué es esta vocación tan difícil de discernir? Creo que hay varias razones. Una verdadera vocación debe implicar algún tipo de compromiso permanente. Se puede ver esto en todas las otras vocaciones. En el matrimonio, por ejemplo, la iglesia ofrece un sacramento que une las almas de un hombre y una mujer en un vínculo matrimonial de por vida. En el sacerdocio, el sacramento confiere una marca indeleble en el alma de un hombre, una marca que lo configura de forma permanente con Jesucristo. En la vida religiosa, un hombre o una mujer hacen los votos perpetuos de los tres consejos evangélicos.

El compromiso permanente en cada una de estas tres vocaciones sirve para cimentar a la persona en un estado de vida, especialmente cuando la vida se vuelve difícil. Firmemente anclada en su vocación, Dios ayuda a las personas a crecer en su santidad y a ayudar a los demás a llegar al cielo. Como una mujer me dijo una vez: "Padre, yo amo a mi esposo y yo lo considero a él y a mis hijos mis mayores bendiciones. ¡Pero también son mis grandes cruces!" Comprometida a su vocación matrimonial, esta mujer estaba describiendo los desafíos de la vida familiar que estaban ayudándola a crecer en su santidad personal, a pesar de que el sacramento del matrimonio está principalmente dirigido a la salvación del marido y los niños. Pero ¿qué pasa con una persona que es llamada a una vida soltera y generosa en Cristo? Esta característica de compromiso permanente es más nebulosa.

Para las vocaciones del matrimonio, el sacerdocio y la vida religiosa, la Iglesia ofrece programas específicos de preparación. Ofrecemos cursos prematrimoniales, el seminario para el sacerdocio, y el noviciado para la vida religiosa. La Iglesia ha desarrollado una teología del matrimonio, del sacerdocio y de la vida religiosa y ofrece directivas específicas sobre cómo estas vocaciones han de ser vividas de acuerdo con el designio de Dios. Pero la Iglesia no ofrece un programa de capacitación para el estado soltero en la vida y no existe una teología desarrollada. Para los hombres y mujeres fieles que se esfuerzan por vivir la vida de soltero generosa, hay una falta evidente de información y de apoyo. ¿Cómo exactamente se supone que vivan? ¿Qué trabajo en particular deben hacer para la Iglesia? En mi experiencia, las personas solteras pueden desanimarse por esta falta clara de dirección y apoyo. Por lo general, estas son las cosas en las que una persona soltera debería reflexionar en la oración, en la experimentación y en la dirección espiritual. Todas éstas son razones por las que esta vocación es tan difícil y frustrante a veces.

No obstante, parece claro que una persona soltera, en virtud de la misma libertad antes mencionada (la falta de compromiso), está en condiciones de servir a la Iglesia de una manera en que las personas en las otras vocaciones no pueden. Ahí radica una de las razones más importantes, en mi opinión, de por qué Dios llama a algunos a ser solteros. Como director vocacional, cada vez que he hablado de la vida soltera en una parroquia, siempre se me ha acercado un hombre o una mujer después de la misa para decirme: "Padre, gracias por decir eso. Nunca he estado casado, y la gente me pregunta, '¿Por qué? ¿Qué te pasa?' Pero Padre, no me siento llamado al matrimonio o a cualquiera de las otras vocaciones. Mi trabajo es servir a la Iglesia siendo soltero." La vocación de soltero es un llamado de Dios, un estado en la vida, no importa el modo que uno haya llegado a ella. Aunque tal vez no esté tan bien definida como las otras vocaciones, es un llamado legítimo de Dios para vivir la vida y para servir generosamente a la Iglesia de una manera determinada.

Yo conozco a un hombre soltero que en su juventud deseaba con toda su alma el sacerdocio e intentó lograrlo. Sin necesidad de entrar en detalles, esto no era para él. Una vez que aceptó que el sacerdocio no era su vocación, oró y trabajó muy duro para prepararse para el santo Matrimonio. Con dificultad, trató de encontrar a la mujer adecuada. Pero luego de un proceso largo y doloroso de intentos y error, no lo pudo lograr. Pasó por un período de frustración y enojo con Dios y hacia la Iglesia. Era un hombre bueno y desesperadamente deseaba servir con generosidad. Me preguntó una y otra vez, "¿Por qué Dios no me muestra mi vocación? Quiero hacer su voluntad." Le sugerí a este hombre que utilizara el proceso de eliminación. Dios claramente le estaba mostrando su vocación a través de la exclusión de las demás. Ahora tenía que trabajar y orar para encontrar el trabajo específico, dentro de la vida de soltería a la que Dios lo estaba llamando. Y lo encontró, en el servicio a los más pobres. Hoy en día, él está claramente cumpliendo con todos los requisitos de una vocación. Él está sirviendo a los demás de una manera que creo fue pre-determinada por Dios, para la edificación del Reino, para ayudar a los demás a llegar al cielo y ¡creciendo él mismo en la santidad durante el proceso! Él ha tenido que *comprometerse* en este trabajo, y finalmente darse cuenta de que aquí es donde Dios lo quiere y así está dando muchos frutos en su vocación personal.

Por favor, entiende que vivir una vida soltera de forma egoísta no es una vocación. Todos conocemos a personas que no se casan o evitan cualquier cosa que implique un compromiso permanente, no por una llamada a una vida soltera y generosa, sino debido a su deseo *de hacer siempre lo que quieren, cuando quieren y como quieren*. Existe una tendencia generalizada en los jóvenes de crecer manteniendo todas sus opciones abiertas, ganando dinero y gastándolo en sí mismos. Ser un soltero egoísta y centrado en uno mismo no es lo mismo que vivir una vida soltera y generosa en Cristo. Esto hundirá a la persona en la tristeza y la llevará a la desesperación.

"Dios me ha creado para una misión concreta. Me ha confiado una tarea que no ha encomendado a otro. TENGO UNA MISIÓN."[13]

John Henry Newman

Una vocación o una ocupación

Habrás notado que las profesiones como profesor, misionero, enfermera, artista, constructor, escritor, o músico no fueron mencionadas en la discusión anterior sobre la vocación secundaria o particular. Yo llamo a estos empleos, no vocaciones. Yo sé que Dios ha llamado y dado dones a muchas personas para que puedan sobresalir en ciertos ámbitos, profesiones u ocupaciones. Obviamente, algunas personas tienen dones tremendos como músicos, por ejemplo, y usan esos dones para glorificar a Dios. Pero estos individuos con talento musical siguen siendo, ante todo, llamados a uno de los cuatro estados en la vida.

A veces las personas que están discerniendo su vocación me dicen, "Pero, Padre, míreme. Yo tengo éxito. Puedo hacer un montón de dinero. Puedo contribuir a la sociedad. Soy activo en mi parroquia." San Agustín dijo,"*Bene curret, sed extra viam,*"que significa, "Corre bien, pero fuera del camino."[14] Un hombre no tiene éxito en el verdadero significado de la palabra si no hace la voluntad de Dios, si no vive su respectiva vocación.

La regla de la pirámide

Como regla general, un hombre debe discernir su vocación particular o secundaria (su estado en la vida) antes de que pueda discernir su ocupación. Recuerda, el discernimiento es como una pirámide. Uno empieza desde abajo con la llamada universal a la santidad, a continuación pasa a discernir su estado en la vida. Y, por último, el Señor le muestra cómo servir específicamente dentro de ese estado particular en la vida.

Cuando hablamos de vocación, los niños en mis clases a veces dicen algo como: "¡Padre, estoy llamado a ser veterinario!" Lo que quieren decir es que aman a los animales y que se sienten atraídos por la idea de ayudarlos. Pero yo dibujo una pirámide en la pizarra y les digo: "Ustedes pueden ser llamados a convertirse en veterinarios, pero si tratan de discernir su ocupación antes de su vocación, pueden tener problemas."

Aunque este esquema piramidal es útil para tener en cuenta mientras estás discerniendo tu vocación, sin embargo sabemos que la mayoría de los estudiantes universitarios están obligados a declarar un campo o una ocupación (su especialidad) al inicio de su carrera universitaria, a pesar de que todavía no han descubierto su vocación particular.

En el caso del hombre que es llamado a convertirse en sacerdote diocesano, la vocación determina su ocupación. La gran mayoría de los sacerdotes diocesanos trabajan en las parroquias y ofrecen atención pastoral a las personas. Esa es la ocupación de un sacerdote en la parroquia. Así que si ese hombre alguna vez se sintió muy atraído a ser médico, la revelación de su estado en la vida (el sacerdocio) le comunica que Dios no quiere que sea médico, a pesar de su atracción. Ser médico y ser sacerdote no están en el mismo nivel de discernimiento. La vocación del matrimonio y el sacerdocio están en el mismo nivel.

La regla de la pirámide, por lo tanto, dice que una persona debe discernir su vocación secundaria antes de que pueda discernir su ocupación. Si Dios llama a un hombre a convertirse en sacerdote diocesano, esta revelación por lo general requiere que el hombre sacrifique otras cosas en su vida que él desea fervientemente hacer, como convertirse en periodista o ingeniero.

Cada vocación es un misterio y a veces la regla general de la pirámide no se aplica. Conozco a una mujer que creció orando para poder discernir su vocación. Ella se sintió llamada al matrimonio y fue a la universidad con la esperanza de encontrar marido. Pero, a pesar de sus oraciones y esfuerzos, no fue capaz de encontrar al hombre adecuado para el matrimonio. Los estudios en la universidad avanzaban y tuvo que declarar su especialización. Empezó a estudiar para ser maestra, algo por lo que siempre había sentido una atracción y para la que tenía dones obvios. Después de la graduación, todavía con la esperanza de casarse, encontró un trabajo enseñando en una escuela católica.

Había una congregación de religiosas enseñando allí y se encontró muy atraída por este tipo de servicio, por su trabajo, su alegría, su hermandad con los demás, y su santidad. En pocos años, esta mujer había tomado la decisión de unirse a esta congregación religiosa dedicada a la enseñanza. En este caso, la regla general que uno debe discernir la propia vocación, antes de la ocupación, no se aplica. Ella tuvo que discernir primero su ocupación, para llegar a su vocación particular.

"Si se aprende de todo, excepto de Cristo, no se aprende nada. Si se aprende de nada más que de Cristo, se aprende todo."[15]

San Buenaventura

¿Realmente le importa a Dios si me caso o soy sacerdote?

Sí. Le importa.

Cuando era joven, antes de convertirme en sacerdote, fui a misa a otra ciudad. Me sorprendió mucho (felizmente) cuando el sacerdote comenzó a dar una homilía sobre la vocación. Comenzó diciendo lo feliz que era de ser sacerdote y dijo también muchas otras cosas instructivas sobre la vida del sacerdocio y de otras vocaciones. Luego hizo la siguiente afirmación: "No creo que a Dios le importe qué vocación elijamos. Creo que Dios nos ama y nos dice, "Tú eliges. Yo te amaré si decides casarte, ser una hermana o hermano, o convertirte en sacerdote. No me importa. Aún te amo." Yo quería pararme en la iglesia y gritar, "¡No! No le digas esto a la gente. ¡No es cierto!"

Es cierto que Dios nos ama infinitamente y nos amará no importa la vocación que elijamos. Pero es falso que la vocación que elegimos en última instancia no le importe a Dios. Él nos ha hecho para una vocación específica (estado de vida) y es muy importante cómo respondemos a esa llamada. Si decimos que no a ese llamado, Dios no nos abandonará o dejará de amarnos. En su misericordia, él irá al Plan B, o incluso al Plan C, para aquellos de nosotros que somos extremadamente duros de cabezas. ¡Pero es un error pensar que el Plan B o C son tan buenos como el Plan A! Para utilizar una analogía común, una clavija redonda se crea para un agujero redondo. Probablemente sería muy difícil intentar forzar una clavija cuadrada en un agujero redondo.

San Ignacio de Loyola escribe que cada hombre debe tratar de entrar en el discernimiento con una *santa indiferencia*. ¡Él no debe recurrir a la oración tratando desesperadamente de convencer a Dios de que realmente debería casarse! Muchas personas tratan de discernir de esta manera. Esta es la razón por la cual San Agustín dijo una vez que, "un alma piadosa no reza para informarle a Dios, sino para cumplir su voluntad."[16]

Una vez más, toda vocación es un misterio. Como ya se mencionó, existen algunas circunstancias en las que un hombre será llamado tanto a ser sacerdote como al matrimonio. Tal es el caso de un sacerdote católico casado en el rito oriental. Sé de varios hombres que se han sido ordenados sacerdotes después de la muerte de sus esposas. Pero para la mayoría de los hombres que están pensando en el sacerdocio en el rito latino, Dios los llama a una u otra vocación. ¡Y es muy importante para Dios cuál de estas vocaciones elegimos!

Un paradigma alternativo para el discernimiento

Hasta ahora, en este capítulo, he descrito un paradigma que es utilizado comúnmente por los directores vocacionales para enseñar a otros sobre los distintos niveles de la vocación: la vocación primaria, la vocación secundaria y la ocupación. Es un paradigma que ha ayudado a muchas personas a discernir la voluntad de Dios. El Concilio Vaticano II, sin embargo, adopta un enfoque ligeramente diferente que creo que puede ser muy útil para algunos hombres que están en proceso de discernimiento. Voy a describirlo en términos sencillos.

Los Padres Conciliares no escatiman esfuerzos para enfatizar que la santidad es la vocación fundamental y primordial de cada persona. Esta vocación bautismal a ser como Jesús es mucho más importante que cualquiera de las vocaciones secundarias o particulares, porque la santidad será nuestro estado por toda la eternidad en el cielo. Nadie va al cielo a menos que y hasta que sean santos. La santidad de los cielos se caracteriza, ante todo, por la caridad, y también por los Consejos Evangélicos de pobreza, castidad y obediencia. Nadie en el cielo se preocupa por cualquier cosa mundana, todos en el cielo son puros en cuerpo y alma, y todos en el cielo son humildemente obedientes al Dios vivo.

Una vez aclarado esto, los Padres Conciliares empiezan a hablar de las vocaciones particulares. Ellos las resumen en tres posibilidades para un hombre católico, pasando de la vida más perfecta a la vida menos perfecta. Dentro de la vocación laica hay dos opciones:

~ La vida religiosa consagrada

~ El Sacerdocio

~ La vocación laica

  - El Matrimonio
  - La vida de soltero

Debido a que la vida religiosa consagrada implica un compromiso radical a vivir los Consejos Evangélicos de pobreza, castidad y obediencia, como todos haremos en el cielo, se considera como la vida más perfecta en la tierra. Un hombre llamado al matrimonio no debe enojarse por esta caracterización, como si hubiera sido llamado a algo menor. La vocación más favorable para cada persona es precisamente la voluntad de Dios para esa persona. Sin embargo, para ser teológicamente exactos, la vida religiosa consagrada es la más perfecta. La vocación del sacerdocio no es tan perfecta como la vida religiosa, en este sentido, porque los sacerdotes (diocesanos) no hacen los votos de los Consejos Evangélicos. Los sacerdotes hacen una promesa de celibato por amor al Reino y prometen obedecer a su obispo y orar por el pueblo de Dios.

Si una persona no es llamada a la vida religiosa o al sacerdocio, entonces es llamada a hacer algún trabajo muy importante de evangelización del mundo estando en el mundo como laico. Esta importante labor de los laicos fue muy enfatizada por los Padres del Concilio Vaticano y no debe ser tomada a la ligera. Llevar a Cristo al mundo no es deber sólo de los sacerdotes y las monjas. ¡El mayor batallón en el ejército de Cristo son los laicos! Si te llama a evangelizar al mundo como laico, entonces debes discernir si se eres llamado al matrimonio o a la vida generosa de soltero.

Con este esquema en mente, un hombre debe discernir su vocación según un proceso de eliminación, de la más perfecta a la menos perfecta. Primero debe discernir si es llamado a la vida más perfecta en la Iglesia, la vida religiosa consagrada. Una vez eliminada esta posibilidad, debería considerar la posibilidad del sacerdocio. Si ese no es su llamado tampoco, entonces él sabe que es llamado al estado laical y debe discernir entre el matrimonio y la vida de soltero. Por último, ya sea casado o soltero, debe discernir cómo Dios lo está llamando prácticamente a evangelizar el mundo dentro de ese estado de vida

---

"¿Sabes cómo hacer reír a Dios? Cuéntale tus planes."

Autor Desconocido

¿A quién llevarás contigo al cielo?

Una vez escuché a un sacerdote contar la historia de su vocación.

> Crecí en una familia católica muy devota y unida, con padres muy cariñosos. Orábamos juntos en familia todos los días. Asistí a una escuela católica con Hermanas que enseñaban maravillosamente y todo en mi vida giraba en

torno a la Iglesia. Vivía yo en una cultura muy católica. Yo era el monaguillo número uno, el alumno estrella y líder en mi clase. Debido a esto, y al hecho de que me gustaba estar cerca de la parroquia, servir y ayudar a los sacerdotes, todos decían lo mismo, "Vas a ser sacerdote de grande. ¿No?" Oía esto constantemente de los otros niños de mi clase, de las Hermanas que me enseñaron, y de los dos sacerdotes asistentes, que siempre estaban visitando las clases e interactuaban conmigo en la iglesia. Pero nunca lo había escuchado del párroco, a quien yo apreciaba mucho. Me cansé de que la gente estuviera empujándome al sacerdocio porque no quería ser sacerdote. Siempre me preguntaba por qué el párroco, un Monseñor anciano, nunca me preguntaba sobre el sacerdocio como todos los demás, aunque él siempre era muy amable con los monaguillos. Un día, cuando me estaba acercando a la graduación de la escuela parroquial, fui asignado a ayudar en la Misa de las siete de la mañana cuyo celebrante era el párroco de edad avanzada. Sólo nosotros dos estábamos en la sacristía. Él se vestía en silencio, murmurando sus oraciones en latín y preparándose para la Santa Misa cuando con sólo dos minutos para el comienzo de la misa, se volvió de repente y me dijo: "Juan, ¿qué vas a hacer cuando seas grande? ", pensé para mí mismo, "¡Ah, ahí viene, incluso del Monseñor!" Pero le contesté, "Monseñor, no estoy seguro pero estoy pensando en ir a la escuela de medicina. Me gustaría ser médico." Y el párroco respondió: "Bien. Bien. ¿Y qué vas a hacer después de eso?" Yo dije: "Bueno, supongo que me voy a casar y tener una familia propia." El sacerdote dijo: "Bueno, y ¿después de eso?" No estaba seguro exactamente de a dónde quería llegar con esta serie de preguntas y le contesté, "Creo que voy a envejecer practicando la medicina, y con el tiempo me jubilaré. Y entonces me imagino que voy a morirme e ir al cielo." El párroco asintió con la cabeza y se quedó callado por unos segundos. Entonces me miró seriamente y me dijo: "¿Y a quién vas a llevar contigo al cielo?"

Inmediatamente, sonó la campana de la sacristía y salimos para comenzar la Misa. Me dije a mí mismo: "Qué listo es usted, monseñor. Qué inteligente eres." Yo pensé sobre este comentario durante toda la Misa y muchas veces más durante mis años de adolescente y adultez. "¿Y a quién vas a llevar contigo al cielo?" Me hice esa pregunta en tantas ocasiones que realmente cambió la situación y me convenció finalmente de que debía hacerme sacerdote.

Toda vocación es para ayudar a la gente a llegar al cielo. Cuento esta historia no para minimizar la grandeza del sacramento del matrimonio, porque ¡el matrimonio tiene el mismo propósito! Supongo que el joven podría haber usado el mismo comentario hecho por el párroco para decidirse hacia la vocación del matrimonio. Pero la historia nos muestra un punto fundamental: que una vocación no tiene como objetivo la realización personal sino ser instrumento de Dios para salvar a otros.

"¿Qué vas a hacer con tu vida? ¿Cuáles son tus planes? ¿Alguna vez has pensado en ofrecer tu existencia totalmente a Cristo? ¿Crees que puede haber algo más grande que llevar a Jesús a la gente y la gente a Jesús?"[17]

El Papa Juan Pablo II

Busca y encontrarás... y prosperarás

El discernimiento de tu vocación personal predeterminada por Dios es la decisión más importante que harás en la vida. Puede parecer más fácil o menos aterrador hacer tus propios planes o decidir tu propia vocación. Pero la verdad es que el lugar más sereno del mundo para ti se encuentra en la perfecta voluntad de Dios. Pero llegar hasta allí implica una búsqueda diligente.

Jesús dijo: "Pidan y Dios les dará; busquen y encontrarán, llamen y Dios les abrirá. Porque todo el que pide recibe, el que busca encuentra, y al que llama, Dios le abre" (Mateo 7, 7-8).

Nadie te puede obligar a la búsqueda de tu vocación. Debe ser tu libre decisión de buscar, descubrir y responder. Si optas por la búsqueda, te prometo que vas a encontrar tu vocación particular, aunque probablemente no sea fácil. Si decides no buscarla, es probable que no la encuentres.

Creo que uno de los problemas de la Iglesia de hoy es que mucha gente está en el lugar equivocado. Muchas personas han crecido sin saber que tienen una vocación, y sin pedirle a Dios que se las revele. Y hay muchas personas infelices, insatisfechas, descontentas. Como regla general, *¡la gente prospera en su vocación apropiada!* Prosperar no significa solamente estar contento. Significa estar en constante crecimiento en la santidad, realizarse y convertirse en la persona que Dios quiere que seas.

El Padre Brian Bashista, director vocacional de la Diócesis de Arlington, Virginia, resalta que la vocación tiene más de descubrimiento que de elección personal.

> La vocación no es solamente una opción sino una invitación y una respuesta. Una persona se ofrece a sí misma para los demás. Las vocaciones están siempre "dirigidas a otros.' Están llenas de amor. El amor no es elegido, sino que se descubre y luego se responde a él. Incluso en el matrimonio, el hombre en realidad no elige a su esposa o viceversa. Él le extiende una invitación a ella para formar parte de esta vocación y ella responde. Cada vocación necesita de dos síes.

A medida que tratas de decirle sí a Dios y de descubrir la vocación en la que Dios quiere que florezcas, te recomiendo esta oración. Dila todos los días más de una vez.

Querido Dios, yo quiero querer lo que Tú quieres.
Aunque yo no lo quiera en este momento;
Aunque tenga miedo en este momento,

Quiero quererlo.
Ayúdame a querer ser lo que Tú quieras que yo sea. Amén.

Buscando la ayuda de tu director vocacional

La Iglesia se da cuenta que el discernimiento del sacerdocio diocesano es difícil. Por esta razón, cada obispo designa a un director vocacional, rector o algún otro sacerdote para ayudar a los jóvenes en este proceso. Normalmente se trata de un sacerdote que es un experto en el proceso de discernimiento y puede ayudar a los jóvenes en su diócesis a través de este arduo proceso. En una palabra, el director vocacional te ayuda a descubrir y responder de manera adecuada al plan de Dios con respecto a tu vocación. Él está entrenado para guiar a un joven a través de los altibajos de su discernimiento, para ayudarle a superar los temores y evitar las caídas.

Discernir la vocación al sacerdocio diocesano nunca se debe hacer solo. En cualquier etapa de discernimiento que puedas estar, te animo a ir a la página de Internet de tu diócesis, encuentra el correo electrónico o número de teléfono de tu obispo o tu director vocacional, y ponte en contacto con él ahora. ¡El discernimiento de tu vocación predeterminada por Dios es la decisión más importante que tendrás que hacer en tu vida!

"El mayor sufrimiento en el corazón humano es la resistencia a la voluntad de Dios.[18]

Santa Catalina de Siena

CAPÍTULO 4

DIOS DIJO "VE" Y YO DIJE "NO"

¡Hacer cualquier cosa menos la voluntad de Dios en tu vida, te aburrirá!

Durante el comienzo de la Revolución Francesa en 1789, hubo una gran persecución de la Iglesia católica en Francia. En 1793, el reinado del terror comenzó y muchos sacerdotes, monjas y laicos católicos fieles fueron asesinados por su fidelidad a la Iglesia Católica. La mayoría de ellos perdieron la vida en la guillotina. Había un hombre que tenía un odio horrible por los sacerdotes y él se jactaba de haber matado a treinta sacerdotes con sus propias manos. Su método preferido de ejecución era cortar la garganta. Algunos años después de la Revolución, este hombre estaba viejo, enfermo y moribundo. Su esposa, que había seguido siendo una católica practicante todo el tiempo en secreto, no quería que su marido fuera al infierno, a pesar de las cosas terribles que había hecho. Pero él no quería oír hablar de religión, y mucho menos de arrepentimiento. Así que la mujer le pidió a un sacerdote que conocía que viniera. En esos días posteriores a la revolución, los sacerdotes seguían viviendo en la clandestinidad y celebraban la Misa en secreto vestidos de civil, en las casas de los católicos. El sacerdote vestido de civil, entró en la habitación del hombre y se identificó como sacerdote. El anciano estaba acostado en su cama, demasiado débil para moverse, pero su rostro se puso lívido de rabia y gritó, "¡Si pudiera, le cortaría la garganta!" Y el sacerdote respondió con calma: "Ya lo has hecho. Pero Dios me ha salvado para que yo pudiera salvarte." El sacerdote deslizó hacia abajo el cuello de la camisa para revelar una larga cicatriz en su garganta, que iba de oreja a oreja; una cicatriz hecha por el cuchillo de ese mismo hombre. El anciano estaba muy conmovido por la generosidad de este sacerdote. Él había tratado de matarlo. Le había cortado la garganta y lo había dejado por muerto. Sin embargo, ahora este sacerdote corría nuevamente el riesgo de morir para tratar de salvar del infierno el alma de ese hombre. La gracia de Dios llegó a su corazón y el viejo hizo su confesión y se arrepintió de sus pecados antes de morir.

"Dios me salvó para que pudiera salvarte." Creo que hay muchos sacerdotes que hoy podrían decir estas palabras. Hay muchos sacerdotes que trataron de desvincularse de su vocación para huir de ella, ya sea por miedo o por egoísmo, o por ambos. El Arzobispo Robert Carlson dijo una vez en un simposio, "Estoy constantemente sorprendido por el número de hombres que son sacerdotes que hicieron todo lo posible por no serlo." Yo mismo soy uno de esos sacerdotes.

El discernimiento de tu vocación es la decisión más importante que tendrás que realizar. Es un arte y debe ser aprendido con esfuerzo y práctica. No es suficiente leer acerca de las vocaciones. Para discernir bien, un hombre debe ser humilde, valiente, y hacer oración. Realmente debe desear conocer la voluntad de Dios, y estar dispuesto a trabajar para descubrirla.

En mi propia experiencia de vida, y tratando de ayudar a los demás, descubrí que el discernimiento casi siempre implica sufrimiento. Hay sufrimiento porque somos seguidores de Jesucristo quien dijo: "El que quiera venir en pos de mí, que renuncie a sí mismo, que cargue con su cruz de cada día y me siga" (Lucas 9, 23). Si encuentras que el discernimiento es difícil y las respuestas no aparecen rápidamente, no desesperes ya que es parte del proceso.

El Papa Benedicto XVI, hablando a los peregrinos alemanes después de la ceremonia de inauguración de su pontificado, dijo: "El mundo les ofrece comodidad. Pero ustedes no fueron hechos para la comodidad sino para la grandeza."[19] Sólo apreciamos nuestra vocación de Dios si tenemos que luchar por ella, sufrir por ella, y empeñarnos tanto en descubrirla como en vivirla. Nuestra vocación ha sido diseñada para dilatar nuestros corazones y hacernos grandes. Porque no es fácil, y porque puede dar miedo, muchos hombres ignoran esta llamada por años antes de que finalmente se den cuenta de que nunca serán felices fuera de la voluntad de Dios en sus vidas. De hecho, hacer cualquier cosa menos que la voluntad de Dios en tu vida, te aburrirá.

Tu vocación es una invitación

¿Qué será de mí si escapo de mi vocación?

¿Cuáles son las consecuencias si no acepto lo que Dios me está llamando a hacer?

¿Qué pasará si yo oro para conocer la voluntad de Dios y él me dice que sea sacerdote, y yo le digo "no"?

En primer lugar, ¿voy a perder mi salvación? ¿Voy a ir al infierno? No. La vocación es un llamado. No es un mandamiento. Cuando una persona dice que no a Dios desobedeciendo uno de los Diez Mandamientos, entonces sí se encuentra en pecado. Pero la vocación es una petición, una petición de Dios que te dice: "Te amo. Te invito. Te estoy pidiendo que hagas esto, que me ayudes a llevar a cabo el reino de Dios." Por lo tanto, técnicamente, no es un pecado decir que no a tu vocación. Una persona no perderá su salvación, al menos por esta causa solamente. Si todas las otras cosas están en orden, es decir, que una persona es un cristiano fiel, practica las enseñanzas de Jesús y vive en el estado de gracia, esa persona todavía puede alcanzar la salvación.

Responder a tu vocación es una elección libre. Dios no va a perseguirte y enviarte las plagas de Job, porque dijiste que no a su invitación de hacerte sacerdote. He conocido hombres que declinaron la invitación de Dios al sacerdocio, y después de esto se preguntaban si Dios los estaba castigando cada vez que algo malo les pasaba. Pero esto no es verdad, Dios no es vengativo. Y hay una diferencia entre el hombre que sabe claramente que está llamado a ser sacerdote y dice que no, y el hombre que ha discernido cuidadosamente y concienzudamente, pero acaba tomando la decisión equivocada.

Recuerda que Dios no nos necesita. Él es omnipotente. Él es infinito en su poder y puede construir el Reino de Dios, sin nuestra ayuda. Sin embargo, porque nos ama, quiere que tengamos el privilegio de cooperar con él. Dios nos da la oportunidad como seres humanos de demostrar nuestra dignidad diciendo que sí a su llamada. Esta es la razón por la que nos invita a buscar, descubrir y abrazar nuestra vocación.

A menudo, cuando hablo en las parroquias sobre el seguimiento de la verdadera vocación, algun hombre se me acerca después y me dice: "Padre, mi esposa y mis hijos están aquí conmigo hoy. Cuando yo era joven, sentí un fuerte llamado a ser sacerdote. Sé que fui llamado. Pero la Iglesia era un desastre en esos días. El barco parecía estar hundiéndose. Así que le dije que no. Me casé en su lugar. ¿Qué será de mí ahora? ¿Qué debo hacer? "

Yo siempre respondo: "Sé fiel a tu esposa, ama a tus hijos, edúcalos para seguir a Cristo y para que sean fieles católicos. Sé un esposo y padre bueno, amoroso y generoso. Trabaja en tu salvación en el estado de vida que has elegido y un día, vivirás para siempre con Jesús en el cielo." Lo que no le digo a este hombre, sólo porque no es el lugar ni el momento oportuno, es que hay consecuencias por no seguir la propia vocación.

Las consecuencias por no seguir tu propia vocación predeterminada por Dios

¿Cuáles son estas consecuencias por no seguir tu verdadera vocación? Me parece que hay por lo menos cuatro, en términos generales.

Un hombre nunca estará tan feliz y satisfecho en esta vida si no vive la vocación predeterminada por Dios para él.

Dios no va a utilizar a un hombre tan efectivamente como su instrumento si está viviendo una vocación que no corresponde a aquella predeterminada por Dios para él.

El hombre luchará con cierta tristeza espiritual, sabiendo que Dios le ha pedido que haga algo generoso y él le ha dicho que no.

El "no" a Dios puede tener graves consecuencias en la vida y en la fe de los demás.

La primera consecuencia: nuestra propia felicidad y nuestra satisfacción

He visto a cientos de hombres llegar al seminario e iniciar su viaje de varios años hacia el sacerdocio. Cuando llegan, están comprensiblemente un poco nerviosos, pero también están contentos y alegres. Ellos saben que están a punto de comenzar un proceso que terminará en su ordenación como sacerdote de Jesucristo. Para usar una analogía con el matrimonio, el seminario es como el compromiso y la Ordenación es como la boda. Un hombre que se acaba de comprometer, está emocionado; un hombre que se acaba de casar está feliz.

Un porcentaje muy elevado de sacerdotes nos informan que se sienten felices y realizados. Dios nos creó para ser felices y nos hizo para una vocación específica en la que vamos a lograr la mayor felicidad y plenitud. Si un hombre dice que no a su vocación predeterminada por Dios en la vida, ¿no te parece lógico que esto afecte su felicidad y satisfacción?

En otras palabras: el hombre tiene un ideal, una verdadera vocación, destinada por Dios desde el principio, y tiene la vocación que él termina viviendo. Cuanto más cerca estén estas dos vocaciones, más feliz será. Cuanto más alejadas estén, menos feliz será.

La segunda consecuencia: nuestra utilidad en las manos de Dios

Un martillo es más eficaz cuando se utiliza como un martillo. Del mismo modo, Dios te va a utilizar con mayor eficacia como su instrumento en tu propia vocación para llevar a otras personas al cielo y para darle gloria. Recuerda que Dios es omnipotente. Él puede hacer cualquier cosa con cualquiera, en cualquier momento y bajo cualquier circunstancia. Él no nos necesita. Pero Dios elige usar poderosamente a esa gente que ha orado generosamente, ha aceptado y ha asumido vivir su vocación personal. Dios no puede (en el sentido que por lo general Él no lo hará) utilizarte de la forma más eficaz como su instrumento si estás siguiendo una vocación equivocada.

La tercera consecuencia: la tristeza del espíritu

Recuerdo que me sentía mal cada vez que mi madre o mi padre me decían, "Estoy muy decepcionado de ti." Siempre he preferido una paliza antes que un castigo verbal. No me gustaba que alguien tan importante para mí estuviera decepcionado de mí.

Dios es el creador del cielo y de la tierra. Él envió a su hijo Jesús para morir por nosotros. Él ha sido muy generoso con nosotros. Y ahora nos pide que seamos generosos con él. Si un hombre dice que no a su llamado, ya que es libre él de hacerlo, como tiene que seguir viviendo consigo mismo, puede llegar a experimentar cierta tristeza espiritual. El remordimiento por no haber sido generoso con las personas que nos aman es una cruz bastante pesada. Esto es más cierto cuando se trata de Dios porque Él nos ama mucho más y nosotros le amamos más a Él.

Todos hemos cometido muchos errores en nuestra vida. No podemos cambiar ninguno de ellos. El pasado es el pasado. Pero ¿qué hay del futuro? A partir de ahora, podemos ser generosos con Dios en todo lo que nos pide. Es una invitación, pero nuestra respuesta siempre afectará nuestro espíritu.

"Cada uno de nosotros tiene algún tipo de vocación. Todos estamos llamados por Dios a compartir su vida y su Reino. Cada uno de nosotros está llamado a un lugar especial en el Reino. Si encontramos ese lugar vamos a ser felices. Si no lo encontramos, nunca podremos ser completamente felices. Para cada uno de nosotros, sólo hay una cosa necesaria: cumplir con nuestro propio destino, de acuerdo con la voluntad de Dios, ser lo que Dios quiere que seamos."[20]

Thomas Merton

La cuarta consecuencia: nuestra respuesta puede tener graves efectos en la vida y la fe de los demás.

No hay duda de que nuestra fe nos ha sido transmitida por otras personas. La mayoría de nosotros aprendimos acerca de Jesús a través de nuestros padres, abuelos, maestros, amigos y sacerdotes. Por lo general, fue la gente que se encontraba en su vocación correcta quien tuvo la influencia espiritual más poderosa en nuestras vidas. Piensa en las personas que influyeron en el desarrollo de tu fe. ¿Dónde estarías ahora, si esas personas hubieran dicho que no a su vocación? ¿Estarías considerando el sacerdocio? ¿Serías un católico practicante? El hecho es que nuestra vida de fe está fuertemente entrelazada con la vida de fe y las decisiones de los demás.

¿Es posible que algún alma o almas no puedan ir al cielo si una persona le dice que no a su vocación? Esta no es una pregunta destinada a crear un sentimiento de culpa. Dios es infinitamente misericordioso y él le da a cada persona la oportunidad de arrepentirse, de elegir el amor y de ir al cielo. Sin embargo, el destino de las almas de otros puede depender del sí de una persona. El título de este libro es *Salvando Miles de Almas*. Aunque sólo Dios puede salvar, él utiliza a sus sacerdotes fuertemente para esta tarea. Si un hombre es llamado al sacerdocio, su respuesta a Dios afectará seriamente la vida de muchos más.

"Curiosa es nuestra situación de hijos de la Tierra. Estamos por una breve visita y no sabemos con qué fin, aunque a veces creemos presentirlo. Ante la vida cotidiana no es necesario reflexionar demasiado: estamos para los demás. Ante todo para aquellos de cuya sonrisa y bienestar depende nuestra felicidad; pero también para tantos desconocidos a cuyo destino nos vincula una simpatía. Pienso mil veces al día que mi vida externa e interna se basa en el trabajo de otros hombres, vivos o muertos. Siento que debo esforzarme por dar en la misma medida en que he recibido y sigo recibiendo."[21]

Albert Einstein

Piensa en la Encarnación. El ángel Gabriel visitó a la Santísima Virgen María y le preguntó si estaba dispuesta a aceptar su vocación de concebir y tener un hijo del Espíritu Santo. Su vocación era el matrimonio y la maternidad. María fue invitada a responder a su vocación. Ella era libre de decir sí o no. Es cierto que ella había sido escogida desde toda la eternidad para esta vocación, pero es lo mismo en tu caso. Es cierto que a ella le fueron dados dones maravillosos que le permitieron vivir su vocación, pero también te los han dado a ti, para vivir tu vocación.

Los teólogos a veces se preguntan: ¿y si la Virgen le hubiera dicho que no al ángel Gabriel? ¿Significa esto que la raza humana estaría perdida sin un Salvador, que todo el mundo iría al infierno? Es una cosa terrible para siquiera reflexionar. Algunas personas piensan que Dios le habría enviado al ángel a otra mujer. Tal vez lo hubiera hecho. Otros dicen que ya que Dios nos ama tanto, él habría encontrado otra manera para salvarnos. La verdad es que no sé lo que Dios habría hecho si la Santísima Virgen se hubiera negado a su vocación. Ella dijo que sí, y por eso, estamos todos muy agradecidos.

Con frecuencia Dios elige salvar a su pueblo a través de las opciones colectivas que otras personas hacen con libertad. Lo hizo a través de María. Ella dijo su "Hágase en mí" y Nuestro Salvador vino a la tierra. Dios todavía está tratando de hacer esto a través de su pueblo, y creo que esto es especialmente cierto en el caso de sus sacerdotes.

Debido a que tu párroco dijo que sí, Jesús viene a ti todos los días en la Sagrada Eucaristía y en la Palabra. Si no estuviera diciendo Misa y predicando a cientos o miles de personas cada fin de semana, entonces, ¿quién lo haría? Algunas personas piensan que Dios nos ama tanto, que él llamaría a alguien más para ser sacerdote. Tal vez Dios está tratando de llamar a alguien, tal vez seas tú.

Dios, en su infinita bondad y generosidad, siempre respeta nuestra libertad. Él no dará un paso sin nuestro libre y voluntario sí. La vocación es una elección libre. Pero hay consecuencias cuando una persona dice que no.

Somos libres, pero a veces Dios ejerce presión

Una de mis historias favoritas de las Escrituras es la historia de la vocación de Jonás.

> El Señor dirigió su palabra a Jonás, hijo de Amitay, y le dijo: Vete ahora mismo a Nínive, la gran ciudad, y pronuncia un oráculo contra ella, pues su maldad ha llegado hasta mí. Jonás partió pero dispuesto a huir a Tarsis, lejos del Señor. Bajó a Jafa, encontró un barco que salía para Tarsis, pagó el pasaje y se embarcó para ir con ellos a Tarsis, lejos del Señor.
>
> Jonás 1, 1-3

Dios le indicó a Jonás su vocación. Él era un profeta llamado para ir a Nínive a profetizar, para advertir a la gente de allí que debían arrepentirse o serían destruidos. Pero Jonás rechazó su vocación, probablemente por miedo. Luego trató de huir.

> Pero el Señor desencadenó un viento huracanado sobre el mar y se originó una tempestad tan violenta que el barco estaba a punto de partirse. Aquellos hombres se llenaron de miedo y le dijeron: "¿Por qué has hecho esto? (pues por su relato sabían ya que huía del Señor). ¿Qué haremos contigo para que se calme el mar? (pues el mar se embravecía cada vez más)." Él contestó: "Levántenme y tírenme al mar, y este se calmará, porque sé que esta tempestad les ha sobrevenido por mi culpa."
>
> Jonás 1, 4; 10-12

No nos conviene huir de Dios o de nuestra vocación. Podemos ver en esta historia de las Escrituras que hacerlo, no sólo nos pone en peligro, sino que también pone en peligro a los demás.

> Entonces levantaron a Jonás y lo tiraron al mar, y se calmó la furia del mar. El Señor hizo que un gran pez se tragara a Jonás, y Jonás estuvo en el vientre del pez tres días y tres noches. Desde el vientre del pez, Jonás oró así al Señor, Su Dios.
>
> 1, 15; 2, 1-2

Desde el vientre del pez, ¡Jonás oró! Esa oración de las Escrituras siempre me hace reír. ¡Estoy seguro de que él oró con mucha atención! Creo que yo también oraría intensamente si estuviera en el vientre de un pez por tres días y tres noches. Creo que estaría orando acerca de por qué Dios me mandó en esa misión y por qué le era tan importante que él estaba dispuesto a tomar medidas tan drásticas, como el hacerme terminar en el vientre de un pez. ¡No tengo duda de que Jonás oró!

> Entonces el Señor dio una orden al pez, y el pez vomitó a Jonás en tierra firme. Por segunda vez el Señor se dirigió a Jonás y le dijo: "Vete ahora mismo a Nínive, la gran ciudad y proclama allí lo que yo te diré." Jonás partió de inmediato a Nínive, según la orden del Señor. Nínive era una ciudad inmensa; se necesitaban tres días para recorrerla.
>
> 2, 11; 3, 1-3

¡Qué fascinante historia de vocación: "Jonás partió de inmediato a Nínive, según la orden del Señor." Después de que el pez finalmente vomitara a Jonás en la playa, Dios le dio nuevamente su vocación. Jonás todavía tenía miedo, pero se dio cuenta que esto era muy importante. Todavía era libre de decir no, pero el Señor le había enseñado algo en el vientre del pez. Tal vez Jonás pensó, "Si Dios puede mantenerme con vida tres días y tres noches en un pez, puede cuidar de mí en esa ciudad malvada de Nínive".

> Jonás entró en la cuidad y caminó durante todo un día, proclamando: "Dentro de cuarenta días Nínive será destruida". Los ninivitas creyeron en Dios: decretaron un ayuno y todos, desde el más grande hasta el más pequeño se vistieron con ropas de penitencia.
>
> 3, 4-5

Dios no destruyó al pueblo de Nínive porque los amaba. Y porque su profeta Jonás finalmente dijo que sí a su vocación y obedeció al Señor, 120.000 personas se salvaron (cf. Jonás 4,11). No es de extrañar que Dios haya ejercido un poco más de presión.

Dios salva a miles de personas a través del ministerio de un sacerdote diocesano normal. El propósito de un sacerdote es llevar a la gente a Jesús y Jesús a la gente. El sacerdocio es una vocación de gran alcance que puede influir en muchas almas para llevarlas a Dios.

Otro gran ejemplo de la Sagrada Escritura es la conversión de San Pablo en el libro de los Hechos de los Apóstoles 9, 3-4: "Cuando estaba ya cerca de Damasco, de repente lo envolvió un resplandor del cielo, cayó a tierra y oyó una voz que decía: Saúl, Saúl, ¿Por qué me persigues?" Cuando se levantó para ir, se dio cuenta de que estaba ciego. Me parece fascinante que San Pablo, al igual que Jonás haya pasado tres días y tres noches en la oscuridad orando por la voluntad de Dios, antes de que las escamas de sus ojos fueran removidas. Luego recibió su vocación de ir y predicar a Jesucristo a los gentiles. San Pablo fue llamado a ser sacerdote. Fue un obispo. No es en absoluto una exageración decir que cientos de millones de personas fueron acercadas a Cristo por San Pablo el Apóstol. ¡Sus epístolas constituyen una tercera parte del Nuevo Testamento! La Iglesia lo llama "el apóstol", como si no hubiera otros. Cientos de millones de almas estaban en juego por lo que no es de extrañar que Dios haya ejercido un poco más de presión.

Pero ¿no eres libre de decir sí o no? Sí, tú eres libre. Pero si estás llamado a ser sacerdote, no te sorprendas cuando Dios ejerza un poco más de presión. No estoy diciendo que serás tragado por un pez o noqueado y cegado como San Pablo. En realidad, no sé lo que Dios va a hacer. Él es Dios. Él sabe mejor.

"Corre si lo deseas, pero Dios va a llegar a ti si Él te quiere." Le dije estas palabras a un joven en la escuela secundaria hace muchos años cuando yo era director vocacional. Yo no recuerdo haberlo dicho, pero él nunca lo olvidó y me lo recordó más tarde, después de haber sido ordenado sacerdote. Él libremente respondió al llamado de Dios. Este es un gran misterio que he visto muchas veces. Cuando seas sacerdote, dirás: "Yo fui realmente libre. Elegí esta vocación libremente. Pero Dios sí ejerció un poco de presión y me alegro de que lo haya hecho."

"Tú me engañaste Señor, y yo me dejé engañar."

Jeremías 20, 7

La incapacidad para asumir un compromiso permanente

Una vez escuché a un director vocacional dando una homilía maravillosa sobre las vocaciones en un retiro para universitarios. Él dijo en broma que había decidido unirse a un grupo femenino de apoyo. Explicó que en las reuniones, las mujeres se quejaban diciendo: "El problema con los hombres es que simplemente no pueden tomar un compromiso permanente." El director vocacional sacudió la cabeza y dijo: "Ya lo sé. Ya lo sé." Fue una forma divertida de expresar su frustración con muchos adultos de esta sociedad que parecen incapaces de asumir un compromiso. Obviamente había estado trabajando con algunos de estos hombres.

Un hombre de unos cuarenta años estaba discerniendo el sacerdocio en una cierta diócesis. El hombre había estado comprometido para casarse dos veces, pero en ambas ocasiones, el hombre (no la mujer) había roto el compromiso en los meses anteriores a la boda. Su párroco sugirió que tal vez la razón por la cual no se definía por el matrimonio se debía a que estaba siendo llamado al sacerdocio. Y estando de acuerdo con su director vocacional, este hombre finalmente llenó una solicitud para ir al seminario de la diócesis. Pero se retiró dos meses antes de que comenzara. El director vocacional se preguntaba si este hombre, que parecía ser un excelente candidato para el sacerdocio en muchos aspectos, alguna vez sería capaz de asumir con toda serenidad un compromiso definitivo. Por supuesto, ir al seminario no es un compromiso definitivo, pero el hombre tenía demasiado miedo como para dar incluso este primer paso. Era obvio que este hombre presentaba un patrón definido que sugería algún obstáculo emocional o psicológico para tomar un compromiso definitivo.

La resistencia al compromiso es una condición común en nuestra cultura actual. En la actualidad, Estados Unidos, donde vivo, podría ser llamado la Tierra de Perpetua Adolescencia. La gente no quiere crecer. ¿Será igual donde tú vives? Muchos jóvenes hoy en día han crecido en una cultura que predica: "Mantén todas las opciones abiertas. No te comprometas a nada ni a nadie. Después de todo, algo o alguien mejor podría golpear a tu puerta." La voz del mundo está gritando que hacer mucho dinero, tener un montón de juguetes, y tener mucho tiempo libre es vivir una buena vida. La voz dice, "No renuncies a tu libertad." Pero estas son mentiras. Las personas que viven esas vidas supuestamente sin restricciones suelen ser bastante infelices.

La verdadera libertad se obtiene sacrificando nuestros propios anhelos y deseos para alcanzar un bien mayor. A veces esto significa que no puedas tener todo lo que quieras. Y habrá algunos lugares a donde no podrás ir. Pero Dios nos hizo para la felicidad y la grandeza. Y nuestra felicidad y la grandeza consisten en descubrir el plan de Dios para nuestra vida y luego comprometernos a este bien mayor, a pesar de tener que renunciar a algunas cosas.

Además, toda vocación implica un cierto nivel de compromiso. Si eres ordenado sacerdote, tu alma cambiará para toda la eternidad, te comprometerás a una cierta vida y misión, en obediencia a tu obispo. Si eres llamado al santo matrimonio, entonces te casarás con una mujer y le serás fiel hasta que uno de ustedes muera. Tanto en el matrimonio como en el sacerdocio, el compromiso definitivo es un componente esencial.

El hombre de la historia anterior puede haber tenido razones comprensibles que explican su incapacidad de comprometerse. Si él se crió en una familia problemática y dividida, probablemente nunca fue testigo de un matrimonio feliz y comprometido. Tal vez sus padres se divorciaron y pasaron por muchas otras relaciones sin éxito. Tal vez el sacerdote de su parroquia abandonó el sacerdocio. Tal vez sus hermanos y amigos se casaron y se divorciaron. Su experiencia le ha mostrado que el compromiso definitivo no es posible.

Yo recomendaría que este hombre pasara algún tiempo con personas que han tenido éxito y son felices viviendo su vocación. Tiene que experimentar vocaciones bien vividas con el fin de convencerse de la posibilidad de un compromiso permanente. También tiene que abordar el problema en la dirección espiritual y en la oración. Si el problema es especialmente grave, el hombre puede necesitar unas cuantas sesiones con un buen psicólogo católico. Al final, la incapacidad para comprometerse es un grave problema y un obstáculo importante para discernir la vocación. Él debería afrontar el problema lo antes posible. Si no lo hace, corre el riesgo de vivir una vida de indecisión y tristeza.

"El Señor tiene un plan para cada uno de nosotros, nos llama por nuestro nombre. Por tanto, a nosotros nos toca escuchar, percibir su llamada, ser valientes y fieles para seguirlo, de modo que, al final, nos considere siervos fieles que han aprovechado bien los dones que se nos han concedido."[22]

El Papa Benedicto XVI

¿Existen los santos en el plan B?

A menudo les digo a nuestros seminaristas aquí en el Seminario de Mount Saint Mary's, "prefiero que seas santo si no puedes ser sacerdote, pero ambas cosas es mejor." Esto lo digo como un simple recordatorio de que la santidad es la vocación más importante de todas. Si un hombre llega al seminario y discierne que no está llamado al sacerdocio, él se habrá hecho más santo con la experiencia. Recuerdo que una vez el Padre Benedicto Groeschel dijo a un grupo de directores de vocaciones en un retiro, "Los héroes de la iglesia no son el clero. El clero es como los trabajadores de limpieza de la Iglesia. Los héroes de la Iglesia son los santos."

Si un hombre está llamado a ser sacerdote pero rechaza su vocación (que es el Plan A), decidiendo en su lugar casarse, ¡Dios no lo cataloga como ciudadano de segunda clase! He descrito en este capítulo algunas consecuencias negativas por no seguir el plan A, que creo que son generalmente ciertas. Sin embargo, Dios nunca abandona a nadie. Un hombre en esta situación no debe vivir su vida pensando que la ha desaprovechado para siempre, o pensando que tendrá que luchar con una gran infelicidad con la esperanza de alcanzar a colarse en el cielo al final.

Dios nunca deja de llamar a alguien a la santidad sin importar las decisiones que ha hecho en el pasado. Sí es posible llegar a ser santo en el Plan B. ¡Recuerda que Dios puede hacer cualquier cosa con cualquier persona en cualquier momento! Dios realmente quiere que elijas el Plan A. Él quiere que elijas la vocación para la cual has sido predestinado. Pero si no lo haces, Él todavía te ama infinitamente y aún quiere que te conviertas en el santo que estás llamado a ser. Si le pides su gracia, Él no te la negará. Un hombre que vive el Plan B no es mercancía dañada, pero para lograr su santidad se requerirá una mayor gracia y esfuerzo.

Si bien hay consecuencias definitivamente negativas cuando dices que no a tu vocación, estoy convencido de que hay santos en el cielo que se convirtieron en santos usando el Plan B. ¡Dios nunca descarta a nadie!

CAPÍTULO 5

SIGNOS DE LA VOCACIÓN SACERDOTAL Y LAS CARACTERÍSTICAS DE UN BUEN CANDIDATO

Dios no siempre llama a los mejores para ser sus sacerdotes, pero Él si espera lo mejor de aquellos que llama.

Dios puede llamar a cualquier hombre que quiera para ser sacerdote, en cualquier momento que Él elija, y en cualquier circunstancia.

Dios no siempre llama a los mejores para ser sus sacerdotes. Al igual que en la historia bíblica de Gedeón (Jueces 7), a veces Dios llama a hombres menos talentosos, de modo que cuando logran grandes cosas, la gente sepa que la gloria es para Dios. *Dios no siempre llama a los mejores para ser sus sacerdotes, pero Él si espera lo mejor de aquellos que llama.*

A veces puede sorprenderte que Dios llame a ciertas personas, especialmente si te llama a ti. Puedes pensar: "Dios, tú me conoces. Sabes que soy pecador. Tú conoces mis flaquezas. Realmente no quieres que *yo* sea sacerdote, hay otros hombres que son mucho más santos que yo. ¿Por qué no los llamas a ellos?" Dios, por supuesto, no necesita consejos para elegir. En su sabiduría divina, Él llama a los que quiere.

Si Dios te llama, Él tiene el poder para dotarte con lo necesario para el trabajo sacerdotal, aunque pienses que no tienes las cualidades ahora. Dios nunca te enviará a donde su gracia no te pueda apoyar. En otras palabras, Dios no llama a un hombre a una vocación determinada sin darle los medios para vivir y prosperar en esa vocación. Dios quiere que los sacerdotes sean felices, prósperos y ayuden a otros a llegar al cielo, incluso cuando el sacerdote mismo está trabajando por su propia salvación. Esto significa que para ser un buen sacerdote, un hombre debe tener ciertas características mínimas. Estas consisten en cualidades o dones dados por Dios que normalmente se nutren en una buena educación cristiana, pero a menudo necesitan ser desarrollados con la gracia y el trabajo arduo.

Este capítulo identificará veinte signos que indican una posible vocación al sacerdocio o que son características de un buen sacerdote. Si bien aquí he enumerado las cualidades que creo son las más importantes, esta no es una lista exhaustiva. Hay sacerdotes con muchas buenas cualidades, que no se especifican aquí. Sin embargo, la ausencia de un gran número de estas veinte características puede poner en duda si un hombre en particular es apto para el sacerdocio.

Permíteme subrayar algo muy importante: No te excluyas del sacerdocio rápidamente solo por compararte con estos indicadores. A la mayoría de los candidatos les falta una o más de estas cualidades, al menos inicialmente. Siempre debes obtener la opinión y la recomendación de tu director vocacional y del obispo. Al final, es tu obispo diocesano, quien ejerciendo un carisma especial del Espíritu Santo, evaluará si tienes las cualidades necesarias para llegar a ser sacerdote.

¡Nunca disciernas solo! Siempre discierne el sacerdocio diocesano con la ayuda de un buen director espiritual, tu director vocacional, y tu obispo.

---

1. Un buen candidato para el sacerdocio diocesano debe conocer y amar a Jesucristo y tener sed de llevar a Jesús y sus enseñanzas al mundo.

Un hombre que quiere convertirse en sacerdote piensa en Jesús con frecuencia y se encuentra muy atraído por el Señor y su Reino. Está dolido por sus propios pecados y los pecados del mundo, porque se da cuenta de que Jesús sufrió y murió en la cruz como resultado del pecado. Este hombre desea lo que Cristo quiere para el mundo: el cumplimiento del Reino de Dios que traerá la paz, la justicia, la misericordia, la santidad y la salvación de cada persona. ¡Este hombre quiere evangelizar el mundo!

Un buen candidato se esfuerza por tener una relación real y personal con el Señor Jesús. Esto significa hablar con él, escucharlo y tratar de ser como él. El Señor es el centro de su vida, o por lo menos tiene el firme deseo de que el Señor sea el centro de su vida. Un hombre no puede ser sacerdote si no ama a Jesús.

2. Un buen candidato para el sacerdocio diocesano debe ser creyente y católico practicante.

Un buen candidato asiste a misa todos los domingos fielmente, e incluso durante la semana cuando es posible. Estudia las enseñanzas de la Iglesia y cree en éstas de todo corazón, incluso cuando no las entiende completamente. Tiene una profunda creencia en la presencia de Jesús en la Sagrada Eucaristía; ama la Palabra de Dios, las Sagradas Escrituras; intenta confesarse con regularidad; ama a la Santísima Virgen María y respeta y reza por el Santo Padre. En general, se siente atraído por todo lo católico.

A menudo, este hombre tendrá dificultades por entender ciertas enseñanzas de la Iglesia porque no ha tenido la oportunidad de estudiarlas. Pero un buen candidato tiene una actitud humilde y sabe que él todavía tiene mucho que aprender. Para esto está el seminario precisamente.

3. Un buen candidato para el sacerdocio diocesano debe esforzarse por vivir una vida de oración.

Un sacerdote es un hombre de oración. Tiene que tener una relación íntima con Dios. Si un sacerdote quiere ser *alter Christus*, otro Cristo, sin duda debe conocer a Cristo muy bien. Este hombre se siente atraído por la oración, tanto privada como litúrgica, a pesar que la intensidad de este deseo varíe de vez en cuando. Le gusta pasar tiempo con Dios y se siente tranquilo en la oración, aunque él no pueda comprender todos los diversos métodos de oración recomendados por los santos.

Recuerdo que una vez le pregunté a un joven candidato devoto sobre su vida de oración y él me respondió:

> Pienso en Dios todo el tiempo. Lo amo y quiero pasar tiempo con Él. Asisto a misa con frecuencia durante la semana. Me comprometo a visitar a Jesús en el Santísimo Sacramento con frecuencia y a veces me quedo mucho tiempo porque me siento cerca de Dios allí. A menudo rezo el rosario y leo la Biblia. Todo esto me hace sentir diferente a mis amigos. Pero todavía no estoy seguro si estoy orando suficientemente. Padre, ¿qué le parece?

Le aseguré a este hombre que estaba haciéndolo bastante bien. Es evidente que este joven estaba siendo llamado por Dios a una amistad íntima y profunda, incluso si en última instancia no hubiera sido llamado al sacerdocio. La mayoría de los candidatos que encuentro no oran tanto como este hombre, aunque algunos sí lo hacen. De todos modos, la vida de un hombre de oración se desarrolla enormemente durante el seminario porque cuenta con la guía de un director espiritual y está rodeado por una comunidad de oración en el seminario.

4. Un buen candidato para el sacerdocio diocesano debe vivir y desear una vida de servicio a los demás.

Esta vida de servicio está ilustrada en las Obras de Misericordia Espirituales y Corporales.

> Obras de Misericordia Corporales: Dar de comer al hambriento, dar de beber al sediento, vestir al desnudo, dar posada al forastero, visitar a los enfermos y encarcelados, y enterrar a los muertos.

> Obras de Misericordia Espirituales: Corregir al que lo necesite, enseñar al que no sabe, dar consejo al que tiene duda, consolar al triste, sufrir con paciencia las flaquezas

del prójimo, perdonar las ofensas, y rezar por los vivos y los muertos.

El hombre unido a Jesucristo en la oración vive con el deseo de servir que se traduce en actos concretos de caridad. El servicio a los demás brota naturalmente de la oración, es el resultado de parecerse cada vez más a Jesús.

El candidato debe ser capaz de decirle a su director vocacional cómo y cuándo ha sido generoso sirviendo a los demás. La mayoría de los candidatos en nuestros seminarios han pasado tiempo sirviendo a los pobres. Algunos donaron períodos importantes de su vida para servir intensivamente y completamente en programas para la juventud. Otros han hecho viajes misioneros o han trabajado en obras de promoción social. En esencia, se sacrificaron para llevar a Jesucristo a los demás o para aliviar el sufrimiento de los demás.

Que un hombre no tenga ningún historial de servicio significa que definitivamente esta es un área en la que necesita trabajar y crecer. Un hombre que está en su casa todo el día viendo la televisión o jugando a videojuegos es probable que no esté listo para comenzar el seminario. Un sacerdote está llamado a servir a los demás, no a ser servido.

5. Un buen candidato al sacerdocio diocesano debe tener el deseo de ser sacerdote.

El hombre que eventualmente se convertirá en sacerdote debe sentirse atraído por todo lo que un sacerdote hace y todo lo que es un sacerdote. Esta atracción puede fluctuar de acuerdo a diferentes estaciones espirituales, y puede ser más fuerte en algunas que en otras. Pero en el hombre verdaderamente llamado al sacerdocio este sentimiento no desaparece. Él puede desear que se vaya y puede tratar de hacer que se vaya, pero el deseo se mantendrá y saldrá a la superficie como un submarino.

Hay una diferencia importante entre una apreciación intelectual del sacerdocio y el deseo de ser sacerdote. Cualquier hombre católico y fiel tendrá una apreciación intelectual del sacerdocio. Simplemente reconociendo que un sacerdote trabaja *in persona Christi capitis,* (en representación del mismo Cristo, cabeza de la Iglesia) y que transforma el pan y el vino en el Cuerpo y la Sangre de Cristo, debe provocar en todos un inmenso respeto y admiración por el sacerdocio. Pero la admiración no es lo mismo que el deseo de ser sacerdote.

Un hombre que es realmente llamado por Dios a veces fantasea con celebrar la Santa Misa, confesar y predicar. Se sorprende a sí mismo pensando en ello. Un sacerdote lo explica así:

> Puedo recordar cuando era joven en la escuela secundaria y estaba sentado en la misa. En lugar de escuchar la homilía (como lo debería haber hecho) estaba inventando una homilía que habría predicado si yo fuera el sacerdote. Luego me di cuenta de lo que estaba pensando, sacudí la cabeza, y me dije, "¿Qué estoy haciendo?" También puedo recordar que "jugaba a la misa" cuando era un niño con mis hermanos y hermanas. Pero, como a ellos les gusta recordarme, siempre fue mi idea.

Un buen candidato siente una atracción al sacerdocio, aunque a menudo dice que no sabe por qué. Recuerdo que un joven me dijo:

> Padre, con todo respeto, la vida de un sacerdote no me parece emocionante. La única cosa que siempre veo hacer a mi párroco es celebrar la Misa del domingo. Él conduce un coche destartalado. Es viejo y no es muy carismático, y ciertamente no es un predicador interesante. No es que yo no lo ame y aprecie que sea nuestro sacerdote. ¡Sí lo aprecio! Simplemente no parece ser una vida muy aventurera y emocionante. Así que aquí está mi pregunta: ¿por qué estoy tan fuertemente atraído al sacerdocio? Simplemente no lo entiendo.

Le dije a aquel joven que se sentía atraído hacia el sacerdocio porque Jesucristo, el Salvador del mundo, había puesto esa atracción en su corazón. Y no importaba si se sentía o no se sentía particularmente impresionado o inspirado por su párroco, ya que él estaba siendo atraído por el sacerdocio de Jesús, que se ofreció en el altar de la cruz para quitar los pecados del mundo entero. ¡Esto sí es impresionante e inspirador! El joven estuvo de acuerdo.

A menudo me hacen esta pregunta: si un hombre tiene todos los signos y cualidades de un buen candidato, pero él no siente el deseo de ser sacerdote, ¿debería ir al seminario de todos modos? ¿Debería hacer lo mejor que pueda? Otros razonan de la siguiente manera: "Padre, yo no quiero ser sacerdote. Pero sé que la Iglesia necesita sacerdotes. Creo que tengo por lo menos las cualidades mínimas, y supongo que debo hacerlo por el Señor. Después de todo, él murió por mí."

La Iglesia va a sobrevivir sin que ese hombre se convierta en sacerdote, te lo aseguro. Yo dudaría en recomendar a un hombre para el seminario si no tiene por lo menos algún deseo de ser sacerdote. Puede que este deseo no sea especialmente fuerte. Puede que vaya y venga. Puede también surgir en momentos inesperados, especialmente después de significantes "Experiencias con Jesús" como durante un retiro muy conmovedor, la muerte de un ser querido, o simplemente un momento de honesta sobriedad en el cual te preguntas a ti mismo: "¿qué será de mí?"

He sido testigo de excepciones a esta regla general que expresa que un candidato debe tener un cierto nivel de deseo de ser sacerdote. He visto unos cuantos candidatos que llegan al seminario con pocos deseos de "cumplir con su deber" pero luego el deseo de ser sacerdote creció enormemente en ellos después de su llegada.

En la Iglesia primitiva, hay precedentes de hombres que fueron ordenados cuando ellos no buscaban activamente su ordenación. La historia cuenta cómo Dios milagrosamente guió a

San Ambrosio a su vocación. Ambrosio era el gobernador de Milán, y en esta capacidad fue llamado para disipar un motín que había estallado por la herejía Arriana en la Iglesia primitiva. Después de que muy diplomáticamente resolviera la controversia, un niño pequeño de entre la multitud comenzó a gritar, "Ambrosius... episcopus, Ambrosius... episcopus" (Ambrosio, obispo). El público insistió en que Ambrosio no sólo fuera sacerdote, sino su nuevo obispo.[23] ¡Y resultó ser un obispo fenomenal! San Gregorio el Grande también se hizo sacerdote y obispo por aclamación del pueblo.[24]

La Iglesia Oriental tiene una especie de broma al respecto:

> Algunos hombres son llamados por Dios (*theocratie*)
> Algunos hombres son llamados por el pueblo (*democratie*)
> Algunos hombres se llaman a sí mismos (*autocratie*)

¡Los hombres en este último grupo son peligrosos! Estos hombres pueden tener el deseo de ser sacerdotes, pero por razones equivocadas. Ellos necesitan el sacerdocio más que el sacerdocio a ellos. No necesitamos hombres autocráticos que se llaman a sí mismos al sacerdocio. Un sacerdote es llamado por Dios y por la Iglesia para servir a los demás y experimenta un santo deseo por el sacerdocio.

6. Un hombre que es llamado a ser sacerdote es reconocido a menudo como tal por otras personas.

El Espíritu Santo a menudo trabaja a través del *sensus fidelium* en el pueblo de Dios que muchas veces puede percibir la vocación al sacerdocio en un joven. Me acuerdo de la historia que se cuenta de Miguel Ángel sobre la talla de su obra maestra en mármol, *el David*. Un joven iba todos los días para verlo trabajar. La talla de esta magnífica obra de arte tomó mucho tiempo y el espectador joven perseveró. Cuando la terminó, Miguel Ángel se volvió hacia el muchacho y le preguntó: "¿Qué te parece?" El muchacho sacudió la cabeza y dijo: "Sólo tengo una pregunta. ¿Cómo sabía que ese hombre estaba ahí dentro?"

Muchos seminaristas cuentan que las personas con frecuencia les decían: "Tú realmente debes ser sacerdote. Lo puedo ver en ti." O tal vez la gente preguntaba, "¿Alguna vez has pensado en ser sacerdote? Creo que sería una buena idea." Comentarios de este tipo son fuertes indicios, sobre todo cuando vienen de diferentes personas en diferentes circunstancias, y espontáneamente.

En cada parroquia hay un grupo maravilloso de personas a las que yo llamo "las santas mujeres de Jerusalén." Son las dulces damas ancianas que están presentes en la Misa diaria, en la Hora Santa, en las novenas, y en cada entierro. Estas personas son santas intercesoras y cada parroquia tiene la bendición de tenerlas. A menudo ellas son las primeras en reconocer el corazón de un sacerdote en un hombre joven y las primeras en mencionárselo.

Los compañeros de uno también pueden ofrecer su opinión. Muchos seminaristas a menudo me dicen que, durante su escuela secundaria o sus años en la universidad fueron considerados como "consejeros" entre sus amigos. Sus amigos recurrían a ellos cuando necesitaban hablar de un problema. Estos hombres solían escuchar y tratar de dar algunos buenos consejos prácticos y siempre rociaban un poco de fe. Ellos me dicen: "Padre, no sé por qué venían a mí. Supongo que porque yo era un poco más maduro que el resto y un poco más religioso" Si la gente se siente segura confiando en una persona, es una indicación de la honradez. Pueden ver la bondad y la amabilidad. Se puede ver el corazón de un sacerdote.

Recuerdo que un seminarista me contó la historia sobre la noche en que le arreglaron una cita con una chica durante sus años universitarios. Le gustaba mucho la chica y tenía la esperanza de que ella fuera una potencial novia e incluso una futura esposa. Durante la cena, la conversación giró en torno a la religión y ella le dijo que era católica. Él se emocionó con esta noticia pensando aún más que esta relación podría tener cierto potencial, y comenzó a compartir un poco acerca de su fe. De repente, esa joven muy hermosa le miró fijamente y le dijo: "¿Estás pensando en ser sacerdote? Creo que sería una buena idea." El joven se fue a rezar a la iglesia al día siguiente y le dijo al Señor: "Déjame en paz. ¡Ni siquiera puedo ir a una cita sin que vean en mí a un sacerdote!"

La mayoría de los jóvenes que yo he guiado a través del discernimiento estaban cansados de que otras personas les dijeran que serían buenos sacerdotes. Terminen o no terminen por convertirse en sacerdotes, éste sigue siendo un gran cumplido. La gente está diciendo que puede ver a Jesús en estos hombres, que ellos pueden funcionar *in persona Christi Capitis*.

7. Un hombre que es llamado a ser sacerdote reconocerá su vocación en las Sagradas Escrituras.

Recuerdo que un joven me dijo: "Padre, he dejado de leer la Biblia." Le respondí: "¿Qué? No puedes hacer eso. La Biblia es la Palabra de Dios. ¿Por qué has parado?". Me dijo, "Porque cada vez que la abro habla sobre el sacerdocio y yo no quiero escuchar esto."

La Biblia es la palabra viva de Dios y nos habla. Muchos de los santos encontraron su vocación leyendo una sola línea de la Escritura. Para San Francisco de Asís, fueron las palabras de Jesús al joven rico en Mateo 19, 21: "Si quieres ser perfecto, ve a vender todo lo que tienes y dáselo a los pobres; así tendrás un tesoro en los cielos. Luego ven y sígueme." San Francisco nunca dio vuelta atrás. Regaló todo y siguió a Cristo como él entendía la llamada en ese momento en su vida. San Agustín, en cambio, tuvo un viaje muy largo y difícil para llegar a Cristo, y fue Romanos 13, 14: "Por el contrario, revístanse de Jesucristo, el Señor, y no fomenten sus desordenados apetitos." Creo que San Agustín puede ser un gran santo patrón del discernimiento de un hombre, ya que realmente luchó con problemas de castidad y de indecisión. Para la Beata Madre Teresa de Calcuta, fueron las palabras de Jesús desde la cruz en Juan 19, 28: "Tengo sed."

No juegues "al bingo con la Biblia." Tal vez hayas oído hablar de esto antes. El bingo con la Biblia es cuando un hombre le hace al Señor una pregunta y luego cierra los ojos, abre su Biblia y coloca su dedo en una página. Cualquiera que sea el verso en donde está su dedo, el hombre lee, y de acuerdo con esta práctica poco aconsejable, deduce la respuesta de Dios. Yo no recomiendo que le preguntes a Jesús si él quiere que seas sacerdote y luego juegues a este juego para encontrar la respuesta.

La Sagrada Escritura es el poder viviente de Dios. Tiene el poder de cambiar la vida de un hombre, de sacudir su mundo y desviar el curso de su vida. Orar con la Sagrada Escritura es esencial para el discernimiento vocacional. No tengas miedo. ¡El miedo viene siempre de Satanás, que no quiere que se lea la Biblia! Al mismo tiempo, no todo el que reza con las Escrituras se encuentra con el apoyo inmediato a su vocación sacerdotal. Con la misma facilidad, Dios también puede usar las Escrituras para hacer entender a un hombre que no es llamado a ser sacerdote.

8. Un buen candidato para el sacerdocio diocesano se esfuerza por vivir una vida virtuosa.

Una vida virtuosa debe brotar naturalmente de una vida de oración y de intimidad con Jesús. El hombre debe ser consciente de sus pecados y estar triste por ellos. Él debe intentar arduamente vivir las virtudes sobrenaturales infundidas en el bautismo: la fe, la esperanza y la caridad, y debe intentar desarrollar las virtudes intelectuales de la prudencia, la justicia, la templanza y la fortaleza. Debe ser un hombre completamente honesto, veraz, con dominio de sí mismo, y debe tratar de practicar la castidad en su estado actual en la vida. Él es amable, responsable y confiable. La vocación primordial de "ser como Cristo" debe ser vivida antes de determinar su vocación secundaria.

Recuerdo que organicé un grupo de discernimiento vocacional en mi diócesis y una noche comenzamos a hablar sobre la realidad del pecado en nuestras vidas. Estábamos hablando de los pecados mortales y veniales, y alguien mencionó que faltar a Misa los domingos era un pecado grave. Un joven sincero levantó la mano y preguntó con incredulidad: "¿Quieres decir que es un pecado mortal faltar a la Misa un solo domingo?" Le aseguré que era una obligación y, salvo por enfermedad u otras circunstancias especiales, era imprescindible asistir a Misa todos los domingos y sería un pecado mortal si no lo hiciera. El hombre suspiró y dijo en voz alta delante de todo el grupo, "Padre, ¿puedo ir a confesarme?"

Ahora, el hecho de que este joven no tenía suficiente conocimiento, una de las tres condiciones necesarias para un pecado mortal, lo salvó de cometer un pecado mortal al faltar a Misa los domingos. Cuando le dije esto, se sintió aliviado, pero luego agregué: "Ahora ya lo sabes. ¡El saber es poder!" Como este hombre, muchos otros reconocieron que no habían tenido instrucción moral suficiente, lo que demuestra la importancia de una catequesis adecuada en la Iglesia.

No estoy diciendo que un hombre tiene que ser un santo en vida antes de que pueda convertirse en sacerdote o incluso antes de ir al seminario. Nuestra búsqueda de la santidad es un proceso largo en la vida. Pero el hombre debe ser capaz de demostrar que está en la *sequela Christi,* siguiendo a Cristo. Debe estar tratando de vivir una vida de virtud y debe mostrar cierto éxito en este proceso durante un período prolongado de tiempo.

¡Algunos hombres que estaban viviendo una vida de desenfreno me decían que se sentían llamados al sacerdocio! Ellos creían que esto era una locura. Estaban sorprendidos que fueran llamado al sacerdocio, estando tan sumidos en el pecado, y ellos querían que yo los rechazara o los desalentara. Ellos querían que yo les dijera, "No estás llamado. Eres un pecador. Nunca podrás llegar a ser sacerdote. Vete." Pero en cambio les dije, "Dios te está llamando a que vivas activamente tu vocación primera de la santidad. Hasta que pongas en orden esta parte de tu vida no podrás tomar una decisión acerca del sacerdocio o de cualquier otra vocación." Cuando pienso en estos hombres, a veces siento que el deseo de ser sacerdote, incluso viviendo inmoralmente puede ser una señal aún más fuerte de que está siendo llamado a ser sacerdote.

El mensaje de Juan Bautista debe resonar en el alma del hombre: "¡Arrepiéntanse! ¡El Reino de los cielos está cerca!" Debe confesarse, limpiar su alma, y luego rezar nuevamente por su vocación. Solo así podrá escuchar la llamada de Dios con mucha más claridad.

Los hombres que están discerniendo no deberían desilusionarse; casi todos los seminaristas y sacerdotes que conozco pueden describir un momento de su vida antes del seminario cuando no vivían muy virtuosamente. Estos seminaristas a menudo se refieren a "su vida antes del seminario." La mayoría de los directores vocacionales requieren que se viva una vida de virtud cristiana durante un período prolongado de tiempo, quizás dos años, antes de comenzar el seminario.

9. Un buen candidato para el sacerdocio diocesano debe tener una buena capacidad para relacionarse con la gente.

El gran documento sobre el sacerdocio del Papa Juan Pablo II, *Pastores Dabo Vobis*, dice en el # 43:

> Precisamente para que su ministerio sea humanamente lo más creíble y aceptable, es necesario que el sacerdote plasme su personalidad humana de manera que sirva de puente y no de obstáculo a los demás en el encuentro con Jesucristo Redentor del hombre.[25]

Una buena formación humana es fundamental para los sacerdotes de hoy. Debido a que el sacerdote diocesano se relaciona con la gente todos los días, necesita una buena comunicación con la gente. Él debe tener buenas habilidades de conversación y poder hacer amigos con facilidad. Su personalidad debe ser hospitalaria; debe ser accesible, incluso con personas totalmente desconocidas. Esto no quiere decir que todo sacerdote debe ser un extrovertido bullicioso, pero tiene que gustarle estar con las personas y estar cerca de ellas. Si un hombre no tiene amigos, se encuentra incómodamente en silencio durante una conversación, y se siente intimidado por la gente, probablemente tendrá muchas dificultades en el sacerdocio diocesano.

La forma en que un hombre interactúa con la gente depende tanto de su personalidad como de sus relaciones familiares y sociales mientras crecía. Personalmente creo que una de las razones por las que la mayoría de los sacerdotes provienen de familias con varios hijos es porque en una gran familia, un niño simplemente tiene que interactuar con los demás, con aquellos que se lleva bien y con aquellos con los que no se lleva muy bien.

He observado de cerca a hombres que eran socialmente subdesarrollados y llegué a la conclusión de que la mejora en este ámbito es muy difícil. Sin duda algo se puede avanzar en la formación en el seminario, pero requiere un inmenso esfuerzo por parte del hombre. He conocido a seminaristas que son extremadamente tímidos. Se sentaban en la mesa con un grupo durante dos horas y no decían nunca una sola palabra, a menos que se les haga una pregunta directa. Un hombre así debe ser capaz de madurar esa extrema timidez si quiere servir a las personas como sacerdote.

Tu personalidad y tu familia son dos regalos importantes que Dios te ha dado. Dios siempre te da los dones que necesitas para vivir la vocación a la que fuiste llamado. Algunos hombres tienden a la introversión y aún pueden llegar a ser excelentes sacerdotes. Si tienes dificultades en esta área, habla con tu director espiritual y tu director vocacional al respecto. Ellos pueden aconsejarte sobre cómo mejorar tus habilidades sociales. Ellos también te ayudarán a determinar si tienes por lo menos las cualidades mínimas necesarias para hacer el trabajo del sacerdote diocesano.

10. Un buen candidato para el sacerdocio diocesano debe tener una inteligencia superior a la media.

En muchas parroquias del mundo de hoy, más y más personas tienen una mayor educación. Ningún sacerdote debe pensar que es la persona más inteligente o más educada en la Iglesia, ni puede asumir que la gente aceptará todo lo que dice como si fuera ley. Si un sacerdote no es capaz de hablar inteligentemente acerca de muchos temas, no le respetarán cuando suba al púlpito a hablar de Jesucristo y de cómo vivir el Evangelio en el mundo moderno. La gente repite lo que dicen sus sacerdotes, por lo que si un cura dice algo que delata su ignorancia o falta de educación, esto afectará negativamente a su ministerio.

En consecuencia, se requiere que los sacerdotes terminen la universidad y tal vez una maestría, aunque el programa de estudios exacto puede diferir de un país a otro. Sin embargo, un buen candidato al sacerdocio debe tener un historial académico digno que indique una inteligencia suficiente y una sólida ética de estudio, desde la escuela secundaria hasta la universidad. Lo ideal sería que cada hombre llegue al seminario mayor (los últimos cuatro años de teología antes de la ordenación) con una educación equilibrada y un título universitario. El título puede ser de una universidad católica, un seminario universitario, o una universidad laica.

Un hombre puede especializarse en cualquier campo que elija, tales como negocios, educación, o biología. Sin embargo, es importante que complete los cursos básicos en una amplia gama de temas tales como matemáticas, ciencias, historia, política, psicología, música, arte, derecho y economía. Una educación liberal y tradicional es importante porque un sacerdote debe estar al corriente de muchos temas.

Después de la universidad, el trabajo académico se vuelve aún más difícil. A menos que vayan a un seminario de la universidad, la mayoría de los hombres estudian seis años después de la universidad antes de ser ordenados. Esto incluye dos años de pre-teología (filosofía, latín, etc.) y luego cuatro años de teología católica a nivel de maestría. Describo este sistema en detalle en el capítulo 16, pero insisto que un hombre debe ser capaz de tener éxito en estos cursos.

Si un hombre es académicamente débil y tiene que trabajar muy duro para obtener las calificaciones promedio, aún puede llegar a ser sacerdote, pero el seminario será un reto para él. Los seminarios de hoy tienen muchas estructuras de apoyo para ayudar a los estudiantes de nivel intelectual medio a tener éxito. Algunos de los mejores sacerdotes de la Iglesia han reconocido que no fueron los mejores estudiantes. San Juan María Vianney, patrono de los sacerdotes, es sólo un ejemplo de muchos.

Recuerdo a un joven que vino a mí con todos los signos y las cualidades de un buen candidato. La primera impresión fue muy buena. Era muy simpático y amable, y era un conversador maravilloso. Era generoso en el servicio a los demás. Amaba al Señor y a la Iglesia, y era muy devoto. Era psicológica y emocionalmente estable. Y cuando me dijo que estaba seguro de que Dios lo estaba llamando a ser sacerdote, yo me puse muy contento. ¡La diócesis necesita sacerdotes como este hombre! Pero me di cuenta de que rara vez hablaba sobre la escuela a pesar de que era de edad universitaria. Tuve que presionarle para descubrir que no estaba en la universidad al momento y que no había terminado la escuela secundaria. Él la había abandonado en su último año, sabiendo que iba a fracasar. Me dijo por último que tenía una discapacidad muy severa de aprendizaje y que su coeficiente intelectual era muy bajo. Sus padres nunca lo habían apoyado para hacer algo al respecto. Trabajaba en una ferretería. Pasé algún tiempo con él y le proporcioné la ayuda de algunos especialistas para evaluar su capacidad educativa. Fue desgarrador ver que todas las pruebas regresaban una peor que la anterior. Todos los expertos en educación me dijeron que él podría ser capaz de obtener su diploma de escuela secundaria con mucho trabajo, pero que nunca sería capaz de hacer trabajo a nivel universitario, y mucho menos la teología a nivel de maestría. Él me dijo: "Padre, yo sé que Jesús me está llamando a ser sacerdote. Lo siento en mi corazón." Pero tuve que decirle: "No, no es así. Lo siento mucho. Dios nunca nos llama a una vocación sin darnos los medios para vivir esa vocación. Y Él no te ha dado las habilidades académicas mínimas para aprender lo que un sacerdote tiene que saber." Trabajé con este joven para ayudarle a encontrar algunas comunidades religiosas maravillosa, ya que tenía las cualidades para convertirse en religioso o monje. Pero no estaba llamado a ser sacerdote.

11. Un buen candidato para el sacerdocio diocesano debe ser física, emocional y psicológicamente estable.

¿Qué tan sano tiene que ser un hombre para llegar a ser sacerdote? Los sacerdotes diocesanos trabajan muy duro y deben contar con la salud física necesaria para hacer este tipo de trabajo día tras día. No es un trabajo manual pero es agotador. Cada sacerdote puede dar fe de que celebrar tres misas el domingo es agotador. No sólo preparar y predicar la homilía en cada Misa, sino también estar atento a muchas otras necesidades: saludar a la gente después de la Misa, escuchar una confesión rápida justo antes de la misa, solucionar un problema en el coro, salir corriendo hacia el hospital, o simplemente arreglar el aire acondicionado. ¡Todo esto deja a un sacerdote agotado al caer la noche del domingo! Una buena salud es necesaria. Si un hombre tuviera un impedimento físico, este no debería ser tan limitante como para impedirle hacer las tareas normales diarias del sacerdote. Ser capaz de conducir un coche es casi siempre esencial.

He conocido a sacerdotes que sufrían enfermedades muy difíciles y muy dolorosas pero que siguieron haciendo su trabajo sacerdotal de manera increíble. Conozco a un sacerdote que es casi ciego, pero que es uno de los sacerdotes más enérgicos y eficaces de su diócesis. No obstante, admite que es muy difícil para él. Conozco a otros que se ven abrumados con artritis, algunos que tienen diabetes, y otros que viven en constante dolor. Una notable obesidad en el sacerdote es un factor debilitante que debe abordarse desde la misma formación en el seminario.

Todo director vocacional exige un amplio examen físico como parte del proceso de admisión para determinar si un hombre tiene la capacidad y resistencia física para hacer lo que un sacerdote común hace todos los días.

Si bien la salud física es una importante cualidad, la salud emocional y psicológica es igualmente importante en la vida de un sacerdote. Debido a nuestra cultura, muchos hombres llegan hoy al seminario acarreando grandes equipajes psicológicos y emocionales. Las familias de hoy están fracturadas en proporciones asombrosas y el divorcio ha tocado casi a todos los seminaristas de una manera u otra. Muchos de nuestros seminaristas en la actualidad crecieron en hogares monoparentales o en lo que los sociólogos llaman "familias mixtas." Algunos de nuestros seminaristas en estos días sufren importantes "heridas causadas por sus padres", ya sea por padres ausentes o abusivos. El abuso pudo haber sido físico, verbal, emocional o sexual. Otros sufren depresión o ansiedad. Estas dificultades pueden arrastrarles hacia el fondo e impedirlos que se conviertan en los sacerdotes generosos que Dios quiere que sean.

No estoy sugiriendo que la mayoría de los jóvenes que entran en el seminario de hoy tienen este tipo de problemas. De hecho, en mi experiencia, la verdad es todo lo contrario: la mayoría de los seminaristas de hoy son emocional y psicológicamente estables cuando llegan. Pero hay un número de jóvenes que necesitan ayuda para hacer frente a uno o más de estos temas. Ésta es su cruz. Ellos no la eligen. No es un pecado. No es su culpa, pero es su problema. Si un hombre quiere vivir su vida como sacerdote, que es una vida de atención a los demás, tendrá que hacer frente a esta confusión interna antes de la ordenación. Si es grave, tendrá que ser evaluado y recibir la terapia apropiada antes de entrar al seminario.

12. Un buen candidato para el sacerdocio diocesano debe ser alegre y tener un buen sentido del humor.

Lidiar con la naturaleza humana pecadora (la nuestra y la de otros) puede ser frustrante a veces, por lo que un sacerdote debe tener un buen sentido del humor. Tiene que ser capaz de reírse de sí mismo y estar contento con la Buena Noticia de Jesucristo, aun cuando él esté lidiando con la triste realidad del pecado y la muerte. La personalidad humana del sacerdote es muy importante porque es un puente a Cristo. Los sacerdotes que nunca se ríen y sonríen no son atractivos a la gente y a menudo se les considera intocables. Oliver Wendell Holmes dijo una vez: "Yo podría haber sido sacerdote si no hubiera conocido a tantos que actuaban como agentes de funeraria."[26]

Leí una vez que el adulto promedio se ríe aproximadamente diecisiete veces al día, mientras que el niño promedio se ríe más de doscientas veces al día. Estoy seguro de que esta es al menos una de las razones por las que nuestro Señor Jesús nos exhortó a ser como niños para entrar en el Reino de Dios. Como director vocacional generalmente remarco: "En el contrato de trabajo del sacerdote, la alegría es necesaria." La beata Madre Teresa de Calcuta, escribe en la Constitución de las Misioneras de la Caridad: "La alegría es una red de amor con la que puedes atrapar muchas almas y llevarlas a Dios."[27]

Llamamos al Evangelio la Buena Noticia de Jesucristo. ¡Un sacerdote debe actuar como si las noticias que proclama son realmente buenas! Él es el mensajero de las mejores noticias que el mundo jamás haya conocido:

> Tanto amó Dios al mundo que le dio a su Hijo único, para que todo el que crea en él no perezca, sino que tenga vida eterna. - Juan 3, 16

En mi papel como vice-rector de seminario, a veces es necesario llamar a un joven a mi oficina para charlar. Si un muchacho es muy intenso, nunca sonríe o se ríe y camina como encerrado en su propio mundo, rara vez mirando hacia arriba y sin hacer contacto visual con quienes lo rodean, lo llamo y le digo: "Como vicerrector te tengo un consejo teológico sofisticado y muy importante." "Sí, Padre, ¿cuál es?" Le digo, "¡*Relájate*! ¡Y comienza ahora!"

A veces el joven dice: "Pero, Padre, soy así. Soy una persona intensa." Y yo le respondo, "¡No! Tu personalidad va más allá de ti mismo. El sacerdote no se pertenece a sí mismo. Si quieres ser sacerdote de Jesucristo, entonces tendrás que cambiar este aspecto de tu personalidad con la gracia de Dios. Tienes que aprender a relajarte y sonreír."

Un hombre agrio no se hace accesible a las personas en la parroquia, a menos que aprenda a mirar a la cara a la gente, tenga una sonrisa, sepa reír, y demuestre que tiene la alegría de Cristo. Esto es lo que una persona verdaderamente humana hace. Recuerdo el famoso documental sobre la Beata Madre Teresa de Calcuta creado por Malcolm Muggeridge, la primera película que hizo famosa a la Madre Teresa. En un momento mostró a la Madre Teresa entrando en un coche cuando salía de uno de sus conventos. Ella bajó la ventanilla, y dirigiéndose a una cierta hermana dijo: "¡Alguien haga reír a esa hermana!" Ella sin duda comprendió la importancia de la alegría para vivir la vida religiosa. Muchos conventos de las Misioneras de la Caridad tienen un letrero en la pared con una cita de la Madre Teresa: "La alegría es el signo infalible de la presencia de Dios."

El Papa Benedicto XVI dijo recientemente: "La mayor pobreza en el mundo es la incapacidad de vivir nuestras vidas con alegría." Y Santa Juliana de Norwich, una vez escribió: "El mayor honor y gloria que puedes darle a Dios todopoderoso, mucho mayor que todos tus sacrificios y ofrecimientos, es vivir la vida con alegría, con felicidad, porque conoces su amor."[28]

En el seminario, observamos con atención si nuestros seminaristas ríen, sonríen a menudo y si muestran alegría. A la luz del dolor psicológico y emocional mencionado, algunos hombres tienen más dificultades para hacer esto que otros. Sin embargo, la risa es una buena medicina.

13. Un buen candidato para el sacerdocio diocesano tiene "un corazón de sacerdote."

Cuando digo "corazón" en este contexto, estoy describiendo lo que también se conoce como alma. Recuerdo que cuando era director vocacional y daba charlas sobre las vocaciones después de la charla, casi siempre se me acercaba un joven y me decía algo así: "¡Padre, esta fue una gran charla sobre las vocaciones! Cuando usted hablaba, mi corazón estaba realmente en llamas." Yo siempre respondía: "Si tu corazón estaba en llamas, no fue a causa de mi charla. El Espíritu Santo es el único que hace que el corazón del hombre se sienta en llamas, y lo hace sobre todo cuando está llamándolo a algo grande. Podrías estar siendo llamado a ser sacerdote".

En el relato del evangelio cuando Cristo se aparece después de la resurrección en el camino a Emaús, los apóstoles describen exactamente esta sensación: "¿No ardía nuestro corazón mientras nos hablaba en el camino y nos explicaba las Escrituras?"(Lucas 24, 32) ¡Estos eran apóstoles y sacerdotes! Un hombre que está siendo llamado a ser sacerdote siente esta sensación de "corazón ardiente" en más de una ocasión.

El corazón de un sacerdote sigue el modelo del Sagrado Corazón de Jesús, lleno de bondad y compasión por los demás, como el Buen Pastor. En la Escritura leemos que Jesús sintió compasión por la gente porque "eran como ovejas sin pastor" (Marcos 6, 34). A pesar de lo cansado que el Señor estaba, curó a los enfermos, alimentó a los hambrientos, y enseñó a la gente acerca de Dios. Jesús siempre se sacrificó por la gente que amaba.

Tú puedes saber mucho sobre el corazón de una persona simplemente al observarla, escucharla, y prestando atención a lo que dice y hace. Si un hombre es demasiado estricto consigo mismo y con los demás, o si parece que le falta la misericordia y la bondad para con los pecadores, o si su discurso es cínico y cáustico, entonces hay razón para creer que su corazón no está listo para el sacerdocio. Creo que "el corazón de sacerdote" es uno de los mejores indicadores de que el joven está considerando el sacerdocio por las razones correctas. La gente de este mundo necesita desesperadamente la bondad, el amor y la misericordia de Jesús, especialmente cuando están sufriendo. Esto es el sacerdocio. El propósito de un sacerdote es llevar a la gente a Jesús y Jesús a la gente. ¡Los sacerdotes pueden dar ese Bien mejor que nadie!

El candidato al sacerdocio debe preguntarse a sí mismo ¿Realmente amo al pueblo de Dios? ¿Siento verdadera compasión por ellos en sus sufrimientos y en sus pecados? ¿Estoy dispuesto a abandonarme a mí mismo, a darlo todo, a fin de perdonar, curar y bendecir?

San Isaac Jogues, SJ, fue torturado y martirizado por los indios Mohawk en 1646 cerca de la actual Auriesville en Nueva York, porque insistió una y otra vez en llevarles a Jesús. ¡Había sido capturado y torturado antes, pero finalmente se escapó y regresó a Francia, donde fue considerado héroe! Sin embargo, su corazón no le permitiría mantenerse alejado. Sabiendo que probablemente iba a morir, volvió a Estados Unidos y de inmediato volvió a la gente que Dios le había enviado a servir. Esta vez no se escapó. Los indios americanos que lo mataron estaban muy conmovidos por su valentía y amor, aun en medio de la tortura. Después de matarlo, comieron su corazón con la esperanza de recibir su fuerza y valentía.[29] Ellos reconocieron el corazón de sacerdote.

14. Un buen candidato para el sacerdocio diocesano tiene autocontrol y dominio de sí mismo.

La mayoría de los sacerdotes en el ministerio parroquial reconocerán algunos aspectos de esta historia.

> Había terminado de celebrar una boda por la tarde y me detuve en el salón parroquial para hacer una breve aparición en la recepción matrimonial. Todo el mundo parecía estar pasándola de maravilla. Comencé a charlar con un hombre que había estado celebrando con más de un par de copas. Estaba muy hablador y balbuceando un poco me dijo: "Padre, yo solía ser católico, pero hace treinta y cinco años, cuando mi madre se estaba muriendo de cáncer, llamé a un sacerdote para que viniera a darle los últimos sacramentos. Este sacerdote me gritó porque lo llamé a casa después de las nueve. Nunca he vuelto a Misa en estos treinta y cinco años ni tampoco lo ha hecho mi familia.

No sé los detalles de esta situación. No tengo ni idea de quién era ese sacerdote o lo que estaba pasando en su vida hace treinta y cinco años. No sé qué otra cosa había ocurrido entre este sacerdote y esta familia en particular. Tal vez el hombre parado delante de mí no había sido correcto. No conozco las circunstancias. Pero sí sé que la fe de este hombre era obviamente muy débil en ese momento, pendía de un hilo, y que la falta de bondad del sacerdote y su falta de autocontrol dañaron a la Iglesia.

Un sacerdote es un *alter Christus* y la gente espera mucho de él. Ellos esperan que sea como Cristo, y la verdad es que tienen derecho a ello. Es por eso que Jesús nos llama y nos equipa para convertirnos en sacerdotes, en primer lugar. Como un maestro de retiros dijo en uno de nuestros retiros anuales del seminario, "Las tres cualidades más importantes en la vida de un sacerdote son: Sé amable. Sé amable. Sé amable." La gente siempre va a estar en lugares muy diferentes espiritualmente. Algunos tienen una fe muy fuerte, y una palabra desagradable o antipática de su párroco después de la Misa será fácilmente perdonada: "El padre debe estar teniendo un mal día. Jesús, por favor, acompáñalo hoy." Pero la misma palabra a la gente con fe más débil puede alejarlos enojados y amargos. Ellos le contarán a por lo menos otras diez personas sobre la grosería del sacerdote, y te puedo asegurar que no estarán en la Misa del próximo domingo.

El dominio de sí mismo puede hacer una gran diferencia en el trabajo de un sacerdote. Así se puede ver en esta historia de San Clemente María Hofbauer, patrono de Viena.

> San Clemente fundó orfanatos para recoger a los niños de la calle. Tuvo que pedir dinero para comprar comida para los niños. Un día entró en un salón donde unos ateos groseros jugaban al póker y bebían whisky. Se acercó a una mesa de póker donde había un enorme montón de dinero y quitándose el sombrero rogó, "¿Podrían darme algo para mis huérfanos?" Uno de los hombres se volvió hacia él, lo maldijo de mala manera y lo escupió en pleno rostro. San Clemente Hofbauer con calma sacó su pañuelo, se limpió la cara y luego dijo: "Eso fue para mí. Ahora, por favor, ¿Podrían darme algo para mis huérfanos?" Los hombres en la mesa se pusieron muy nerviosos. No sabían cómo responder a tal auto-dominio. Nunca antes habían visto tanto autocontrol. Uno de los hombres se echó a reír, cogió el enorme fajo de billetes y se los dio al sacerdote. El autocontrol de San Clemente había ganado la batalla.[30]

El dominio de sí mismo significa que un sacerdote tiene buen control de sus impulsos y es capaz de controlar su ira y todas sus emociones. Tiene control de lo que dice y cómo lo dice, consciente de que las personas son muy sensibles. Entiende el proverbio, "Una palabra es como un pájaro. Una vez que se va volando, ya no puede recuperarse."

La autodisciplina y autodominio también indican si un hombre es confiable. Él es capaz de despertarse a tiempo, cumplir con las citas programadas, y en general hacer las cosas que se esperan de él. La desidia, la pereza y la falta de responsabilidad son señales de que un hombre todavía no posee el necesario dominio de sí mismo para ser sacerdote.

Muchas veces durante mis años como director vocacional he trabajado con hombres que de repente no devolvían mis llamadas o faltaban a las citas. Tampoco llamaban para cancelar la cita o para pedir disculpas por haber faltado a ella. Simplemente no aparecían. Esto era un buen indicio de que este joven todavía carecía del dominio de sí mismo. Es cierto que probablemente la causa de su comportamiento podría haber sido el miedo o el echarse atrás. Después de todo, hablar con el director vocacional o el rector del seminario por primera vez acerca de la posibilidad del sacerdocio puede causar considerable ansiedad o estrés. Sin embargo, el hombre con dominio de sí mismo tiene la cortesía de devolver las llamadas telefónicas o de cancelar las citas.

La vida espiritual es una batalla y exige el total dominio sobre la voluntad de uno. Un director vocacional y el seminario no esperan que el joven sea perfecto en estas características para ser aceptado. La formación sacerdotal es un proceso de trabajo diseñado para ayudar a un hombre a crecer en el dominio de sí mismo, su altruismo y su santidad.

15. Un buen candidato para el sacerdocio diocesano debe demostrar estabilidad en su estilo de vida.

El sacerdocio es un compromiso de por vida. El sacramento del Orden confiere una marca indeleble y ontológica en el alma que dura para siempre. La Iglesia necesita sacerdotes que vayan donde sean asignados y permanezcan ahí en su lugar de batalla, por así decirlo al cuidado del pueblo de Dios. Walker Percy, el gran escritor católico, escribió una vez de un cura de la parroquia: "Es uno de los héroes de la era moderna."[31] Él podía ver al sacerdote de pie en su puesto de batalla al frente, luchando fielmente por Cristo y su pueblo contra el ataque del mundo, la carne y el diablo. Podía ver a los sacerdotes bendiciendo y fortaleciendo a la gente a través de la predicación, la enseñanza, y los sacramentos.

Un hombre que cambia de puestos de trabajo, lugares y parroquias muy a menudo, sin ninguna buena razón, es motivo de preocupación. Si hace estas cosas y luego trata de justificarse culpando al jefe o al párroco excepto a sí mismo esto es señal de que será incapaz de comprometerse con la vida de sacerdote diocesano.

Recuerdo haber oído de un joven que había asistido a cinco universidades diferentes en cinco años. Todavía no se había graduado. Cuando se le preguntó acerca de esto, entró en una explicación larga e insatisfactoria. La verdad es que no podía estar quieto. Su director vocacional explicó que el seminario duraba seis años y en el mismo lugar y el sacerdocio requiere de una estabilidad aún mayor. La diócesis necesita algunas pruebas de que él podría quedarse tanto tiempo. Se le pidió que vuelva (con su título universitario en mano) cuando pudiera demostrar que había vivido en el mismo lugar y haciendo lo mismo por lo menos durante dos años. Nunca regresó.

El pueblo de Dios necesita curas y necesita párrocos. Ellos necesitan y merecen un padre que sea confiable, cariñoso, fuerte, y presente. El mundo es inestable y hay muchas personas que no son confiables y dignas de confianza. Un sacerdote tiene que ser como una roca.

Un buen candidato para el sacerdocio no puede vivir con el ansia de "ver el mundo." A veces escucho a la gente hablar de su párroco, diciendo: "Nunca está aquí. Él siempre está guiando alguna peregrinación aquí o haciendo algún retiro por allí. Parece que siempre está haciendo cosas buenas en otros lugares, pero necesitamos un sacerdote aquí con nosotros, para quedarse y cuidar de nosotros día tras día." Los sacerdotes diocesanos deben hacer lo que necesitan hacer y lo que prometieron hacer, no sólo lo que quieren hacer.

El desarrollo de esta virtud de estabilidad sin duda puede mejorarse pero debe estar substancialmente presente antes de comenzar los estudios en el seminario.

16. Un buen candidato para el sacerdocio diocesano debe ser un caballero cristiano.

Para ser el sacerdote más eficaz, un hombre debe tener un cierto grado de educación social. Él debe ser un hombre con excelentes modales y de apariencia limpia; siempre vestido apropiadamente, pero no espléndidamente con el fin de llamar una atención indebida sobre sí mismo; tiene una buena higiene, es amable y paciente con los demás, y utiliza correctamente la gramática al hablar. Él entiende y mantiene el debido respeto en sus relaciones con hombres y las mujeres. En una palabra: es un caballero.

La "*Presentación apropiada*" es el término que utilizamos a menudo en los seminarios para referirnos a un hombre que entiende lo que es apropiado y adecuado en esta cultura y en esta sociedad.

Recuerdo a una familia en una de mis parroquias que me habló de la noche que invitaron a su párroco a una cena familiar muy agradable. Tenían porcelana fina sobre la mesa, copas de champán, una deliciosa comida y varios invitados no católicos de la familia. Aproximadamente en la mitad de la cena, el sacerdote tomó la servilleta de lino (que no estaba colocada en sus rodillas) ¡y con gran ruido se sonó la nariz mientras estaba sentado a la mesa! La familia estaba muy mortificada. En la cultura en general, esto es considerado de mala educación y vulgar y un caballero nunca debería hacerlo. La familia estaba terriblemente avergonzada de su párroco delante de sus familiares no católicos. Ellos nunca lo olvidaron y nunca realmente volvieron a apreciar a ese sacerdote como antes. El sacerdote era en realidad muy santo y sus homilías eran magníficas, pero su falta de modales y de decoro público disminuyó la eficacia de su ministerio.

En algunas culturas hoy en día, muchos jóvenes se crían en familias donde nunca se les enseñaron estas cosas. Esto no quiere decir que sean malas personas, pero la deficiencia debe ser subsanada. La personalidad y la presencia personal en general del sacerdote deben ser un puente hacia Jesucristo. Si un hombre no ha aprendido buenos modales, una higiene adecuada y las normas generales de comportamiento social, él debe tomarse el tiempo para hacerlo de inmediato. Se verá muy beneficiado en la vida, llegue o no llegue a ser sacerdote.

17. Hay hechos en la vida de un buen candidato que a veces lo señalan para el sacerdocio.

Tal vez hayas oído la expresión: "A veces en los cambios de viento, nos encontramos con nuestra verdadera dirección."

Recuerdo haber conocido a un sacerdote que me dijo que fue reclutado por el Ejército de los EE.UU. en la década de 1970 y enviado a Vietnam durante la guerra de Estados Unidos y Vietnam. Ni siquiera estaba practicando su fe, aunque sí se confesaba y comenzó a rezar una vez que llegó allí. Él recordaba el día en que se encontraba en una trinchera con dos de sus mejores amigos y un mortero explotó cerca de ellos. Él estaba en el medio de sus dos amigos. Ambos murieron, sin embargo, él sobrevivió con lesiones mínimas. Más tarde, le preguntó al Señor: "¿Por qué? ¿Por qué ambos murieron ese día y yo, sin embargo, aquí estoy todavía vivo? ¿Qué quieres de mí?" Esta fue la primera vez que le había hecho a Dios esa pregunta y finalmente obtuvo una respuesta. Terminó en el seminario y hoy día es sacerdote.

Como parte del comité de admisiones del seminario, cada año tengo el privilegio de leer las autobiografías de muchos de los nuevos seminaristas, y siempre me asombra el modo con que Dios ha dirigido los acontecimientos en sus vidas. Estos eventos pueden ser la muerte de un ser querido, el nacimiento de un hermano o hermana con discapacidad, la pérdida inexplicable de un trabajo en un momento crítico, el doloroso divorcio de sus padres, o retiros espirituales, peregrinaciones, y viajes misioneros.

Una de las historias más inusuales que he escuchado fue la de un hombre joven que había considerado el sacerdocio, pero decidió convertirse en guardabosques. Como no se decidía entre ser sacerdote o aceptar un trabajo de guardabosques, le dijo al Señor, "Señor, tú sabes que yo siempre he querido ser guardabosques y todas las puertas se han abierto para mí. Si no quieres esto, y quieres que sea sacerdote, entonces envíame una señal clara." Tenía que tomar una prueba de detector de mentiras como parte de la solicitud porque se trataba de una posición para hacer cumplir la ley. Le habían dicho que el polígrafo era realmente un procedimiento rutinario y básicamente ya lo habían admitido en el programa. ¡Pero no pasó la prueba del detector de mentiras! Él me dijo: "¡Padre, yo no mentí en nada!" Estaba absolutamente sorprendido cuando no pasó la prueba, como así también lo estaban los otros guardabosques. A causa de esto tenía que esperar un año, volver a aplicar, y tomar la prueba del detector de mentiras otra vez. Pero él dijo: "No, gracias. Voy a solicitar la entrada al seminario".

Yo llamo a estos sorprendentes eventos "señales a prueba de tontos." Hay historias de conversiones increíbles como aquellas de pecador a sacerdote santo, que son historias dramáticas de vocación. Muchos hombres, sin embargo, no son llamados de esta manera. Muchos hombres no vivieron ni un solo evento o incidente que los ayudara a darse cuenta de su vocación. Más bien, el Señor los guió con suavidad para que dieran pequeños pasos hacia ese camino. Por ejemplo, un joven estaba fascinado por la obra de su párroco, y así se convirtió en un monaguillo. Su vida espiritual se profundizó a través de la oración y la participación en los sacramentos. Su fe se incrementó en la escuela secundaria a través de los viajes misioneros y los retiros. Cada vez más deseaba estar en oración y regularmente pensaba en Jesús. Le gustaba estar cerca de la parroquia y se sentía realizado allí. Comenzó a leer sobre apologética y sus ideas religiosas se hicieron más fuertes y mejor informadas. Él empezó a ir a dirección espiritual, enseñó en la escuela bíblica cada verano y comenzó a dar clases de catecismo. Este hombre no puede individualizar un solo evento significativo que le hubiera ayudado a darse cuenta de su vocación. Pero los muchos pequeños pasos que él tomó, en cooperación con la gracia de Dios, se sumaron para darle "la señal a prueba de tontos".

Precaución: ¡ten cuidado en buscar demasiado una señal para ser sacerdote! Es más prudente recurrir a los diversos signos que se presentan a lo largo de tu proceso de discernimiento.

"No hay, sin embargo, que esperar que esta voz del Señor que llama llegue a los oídos del futuro presbítero de una forma extraordinaria. Más bien hay que captarla y juzgarla por las señales ordinarias con que a diario conocen la voluntad de Dios los cristianos prudentes."[32]

Presbyterorum Ordinis

---

18. Un buen candidato para el sacerdocio diocesano es capaz de aceptar serenamente tanto el éxito como el fracaso.

En primer lugar, *éxito* no es una palabra del Evangelio. La madre Teresa de Calcuta insistió en que su llamada era a la fidelidad, no al éxito. Esto es cierto para todos los que trabajamos en la viña del Señor.

Sin embargo, como humanos que somos, nos gusta ver los buenos frutos procedentes de nuestros esfuerzos. Conocí a un director espiritual del seminario que solía decir: "No hay nada peor que un sacerdote orgulloso." Algunos hombres han recibido importantes dones pastorales y con gran éxito han realizado obras apostólicas con su predicación y su enseñanza. Ellos reciben elogios sobre su homilía e incluso esperan esos elogios de la gente. Estos sacerdotes deberían prestar atención al famoso dicho, "La prosperidad es la situación más peligrosa para el hombre." Es importante para un sacerdote, aprender a aceptar el éxito con tranquilidad y humildad. Los hombres con notables dones pastorales deben trabajar muy duro espiritualmente para depender de la gracia de Jesucristo en todo momento y no de sus dones naturales. A fin de cuentas, no podemos hacer nada sin la gracia de Dios.

Por otro lado, trabajar con Jesús para salvar almas es un negocio arduo y muchos de nuestros esfuerzos pastorales no tendrán éxito. Recuerdo que una vez hablé con un sacerdote que se lamentaba de que había intentado arduamente promover las vocaciones sacerdotales en sus parroquias. Oró públicamente por las vocaciones, invitó a los jóvenes constantemente a considerar el sacerdocio, y se esforzó por cooperar con los proyectos de la oficina de vocaciones diocesana. Sin embargo, ni un hombre había ido al seminario de alguna de sus parroquias en treinta años. Era un sacerdote muy bueno y su pueblo lo amaba. Estaba comprensiblemente decepcionado por esta falta de "éxito".

El buen candidato se da cuenta de que Jesús ya ha ganado la guerra. Él trabaja duro por el Reino y utiliza los dones que Dios le ha dado, pero cuando algunas cosas fallan, no pierde la paz. Esto requiere humildad, confianza en Dios y purificación constante de sus motivaciones. Él siente que es un privilegio trabajar por la gloria de Dios, dé o no frutos palpables con sus esfuerzos pastorales.

19. Un buen candidato para el sacerdocio diocesano debe tener una sana orientación y un sano desarrollo psicosexual.

Aquí trataré sólo brevemente el tema del desarrollo psicosexual ya que lo menciono en mayor detalle en el capítulo 13. Un hombre sano debe tener una atracción sexual normal por las mujeres adultas y esta atracción debe estar bajo el control de la voluntad. Es preferible que tuviera algunas experiencias normales de noviazgo, aunque esto no es absolutamente necesario. Un hombre no debe ser adicto a la pornografía, la masturbación, o cualquier tipo de comportamiento sexual aberrante. Si alguna vez ha tenido relaciones sexuales con una mujer, entonces debe tener un período largo de sobriedad sexual antes de solicitar la entrada al seminario. Que un hombre haya tenido cierta atracción a personas del mismo sexo no significa automáticamente la exclusión del sacerdocio. Sin embargo, debido a que la atracción al mismo sexo es una atracción desordenada, es necesario un análisis más cuidadoso del desarrollo psicosexual y de su identidad. En general, un buen candidato debe dar prueba de su capacidad de vivir una vida casta y célibe.

20. Un buen candidato para el sacerdocio diocesano abre verdaderamente su vida a la voluntad de Dios.

Un buen candidato anhela hacer la voluntad de Dios. Piensa en Jesús y reflexiona sobre la voluntad de Dios al tomar decisiones en su vida. Él realmente cree que la felicidad es hacer la voluntad de Dios, dondequiera que ésta pueda llevarle. Llegar a esta actitud espiritual no es fácil. Por el contrario, se trata de una larga batalla espiritual en el interior del corazón del hombre. Como dijo un seminarista: "Padre, todas las mañanas me abandono completamente a la voluntad perfecta de Dios. ¡Luego paso el resto del día arrepintiéndome!"

Como joven sacerdote puedo recordar mis visitas periódicas a los salones de nuestra escuela católica y mis enseñanzas a los niños sobre la vocación. Firmemente los invité a orar diariamente sobre esta decisión importante en sus vidas y a escuchar atentamente la voz de Dios. Durante la semana de concienticiación sobre las vocaciones, los Caballeros de Colón patrocinaron un concurso de posters para los niños más pequeños y un concurso de ensayos para los mayores. Fui seleccionado para leer los ensayos y juzgar a los ganadores. Nunca olvidaré lo que una niña de quinto año escribió al final de su ensayo.

> En conclusión, yo todavía no sé cuál es mi vocación. Le he preguntado a Jesús pero no me ha dicho todavía. No sé si

quiere que me case o sea una hermana religiosa pero no me importa. Yo amo tanto a Jesucristo y confío en él tanto que voy a hacer lo que me pida. Fin.

¡Casi me caigo de la silla! Pensé: "¡Esta es la clase de fe, de amor y de confianza que va a transformar el mundo por Cristo!" Y sí, ella ganó el concurso.

Ejercicio de Discernimiento

Esta autoevaluación que utiliza veinte cualidades o signos es una buena manera de comenzar tu discernimiento al sacerdocio, pero no debes hacerlo sin un contexto. Hay muchas otras maneras de discernir. Tu director vocacional o el rector necesitan ser parte de este proceso.

En cada uno de los veinte puntos de abajo, autoevalúate en una escala de 0 a 5. La calificación de 0 significa que no posees esta característica en absoluto. La de 5 indica que esta característica es muy evidente en tu vida. La puntuación más alta posible es 100. Necesitas ser completamente honesto contigo mismo y evaluarte sinceramente.

____ 1.Amo a Jesucristo y tengo sed de llevar a Jesús y sus enseñanzas al mundo.

____2. Me esfuerzo por ser un creyente católico practicante de mi fe.

____3. Estoy tratando de vivir una vida de oración y deseo tener una vida de oración.

____4. Estoy tratando de servir a los demás y deseo una vida de servicio a los demás.

____5. Siento el deseo de ser sacerdote, aunque a veces éste es más fuerte en unos que otros momentos.

____6. Otros me han dicho que debo ser sacerdote o que sería un buen sacerdote.

____7. La lectura de la Sagrada Escritura en oración me lleva a creer que podría estar llamado a ser sacerdote.

____8. Estoy tratando de vivir virtuosamente.

____9. Me gusta estar rodeado de gente y tengo suficientes habilidades sociales para socializar con otros.

____10. Tengo suficiente inteligencia para completar los cursos de nivel universitario y ejercer como sacerdote.

____11. Creo que tengo la estabilidad física, emocional y psicológica para ser sacerdote.

____12. Soy alegre y tengo un buen sentido del humor.

____13. Creo que tengo un "corazón de sacerdote," como se describe en este capítulo.

____14. Creo que tengo el dominio de mí mismo para ser un buen sacerdote.

____15. En general, he demostrado tener un estilo de vida estable.

____16. La gente que me conoce diría que soy educado.

____17. He tenido algunos acontecimientos en mi vida que parecen indicar el camino al sacerdocio diocesano.

____18. Normalmente soy capaz de aceptar tanto el éxito como el fracaso sin perder mi paz.

____19. Creo que tengo una sana orientación y desarrollo psicosexual.

____20. Estoy tratando de estar realmente abierto a la voluntad de Dios en mi vida.

_____Total

Suma tu puntaje y envíalo por correo a tu director vocacional, al rector y al obispo para pedir sus opiniones. Te prometo que será un placer saber de ti y estarán felices de saber que estás considerando el sacerdocio. Pero recuerda: esto es sólo un instrumento de discernimiento que se utilizará en conjunción con muchas otras herramientas descritas en este libro.

Te animo a tratar de desarrollar aquellas cualidades que deben reforzarse. Habla con tu director espiritual sobre ellas. Esto te hará un mejor católico, incluso si no estás llamado a ser sacerdote.

"Se hizo más y más claro para mí que la vocación sacerdotal es mucho más que disfrutar de la teología. En efecto, el trabajo en la parroquia a menudo puede llevarte muy lejos de eso y demandarte cosas completamente diferentes ... El sí al sacerdocio significaba que tenía que decir sí a toda la tarea, incluso en sus formas más simples.

"Como era más bien tímido y poco práctico, como no tenía talento para los deportes o la administración u organización, tuve que preguntarme si yo sería capaz de relacionarme con la gente. Si, por ejemplo, como un capellán sería capaz de liderar e inspirar a la juventud católica, yo sería capaz de dar instrucción religiosa a los más pequeños, si podría llevarme bien con los ancianos y enfermos, y así sucesivamente. Tuve que preguntarme si yo estaría dispuesto a hacer esto toda mi vida y si era realmente mi vocación.

"Junto con todas estas dudas, naturalmente, también estaba la cuestión de si sería capaz de permanecer célibe, soltero, toda mi vida ... A menudo reflexionaba sobre estas preguntas mientras caminaba en el hermoso parque de Fürstenried y, naturalmente, en la capilla, hasta que finalmente en mi ordenación diaconal en el otoño de 1950 tuve la oportunidad de pronunciar un convencido sí."

Benedicto XVI

CAPÍTULO 6

TRAZANDO UN PLAN DE VIDA ESPIRITUAL

"No se adapten a los criterios de este mundo; al contrario, transfórmense, renueven su interior, para que puedan descubrir cuál es la voluntad de Dios, qué es lo bueno, lo que le agrada, lo perfecto."

Romanos 12, 2

Conocí a un hombre que estuvo discerniendo el sacerdocio por varios años. Trabajó como gerente de un restaurante de comida rápida y se destacó en su trabajo. También era muy brillante y terminó una maestría. No tenía novia y no la había tenido desde hacía tiempo. Él y yo habíamos hablado muchas veces sobre el sacerdocio y siempre admitía que era probable que Dios lo estuviera llamando. Pero no quiso ir al seminario. No podía decidirse a llenar la solicitud y dar el siguiente paso. Y no podía explicarme por qué no quería ir. Un día, su jefe, que era dueño de varios restaurantes, lo llamó con una propuesta. Le dijo que había otro restaurante en una ciudad a una hora de distancia y a este restaurante no le estaba yendo muy bien. Él quería que este hombre se mudara a esta nueva ciudad y asumiera la gestión de este restaurante, por un aumento de sueldo. El hombre, que estaba en proceso de discernimiento en realidad no quería alejarse de su propia ciudad, ya que tenía muchos amigos y ya estaba bien situado en ella. Así que aceptó hacerse cargo del nuevo restaurante, pero decidió que iba a conducir una hora cada mañana y una hora cada noche. Al cabo de unos meses, este hombre me llamó para decirme que estaba listo para ir al seminario. Llenó una solicitud, fue aceptado, y comenzó el seminario ese mismo otoño. Le pregunté, "¿Qué pasó? ¿Qué pasó que finalmente te decidiste a dar el paso?" Me dijo que durante su largo viaje había decidido rezar el rosario para descubrir su vocación, una vez en la mañana y otra por la noche. Me dijo: "Padre, yo no había estado orando. Por eso yo no podía dar el primer paso. Una vez que empecé a rezar con fe y constancia, supe que no podía retrasar más el seminario."

El Arzobispo Robert Carlson, cuando fue obispo de Sioux Falls, en Dakota del Sur, dijo una vez: "El mayor problema en mi Diócesis no es entre los sacerdotes que son liberales y sacerdotes que son conservadores. Es entre los sacerdotes que rezan y los sacerdotes que no lo hacen." Si un sacerdote no reza todos los días, entonces muy pronto se desviará por el mal camino. Su pueblo verá claramente que no está orando por la forma en que se comporta, la forma en que predica, celebra la Santa Misa, y la forma en que interactúa con los demás. De la misma manera, si un joven no ora todos los días, no está realmente discerniendo su vocación. Muchos hombres han cometido este error. El desarrollo de un plan de vida espiritual es esencial cuando se discierne el sacerdocio diocesano.

Obviamente, cuanto más conoce y ama a Dios un joven, más claramente verá cómo servir a Dios en esta vida. Por lo tanto, la mejor preparación de toda vocación es siempre la formación cristiana base que recibe (o debería haber recibido) siendo niño. Tratar de discernir tu vocación secundaria antes de aprender y vivir tu primera vocación es como tratar de hacer álgebra o geometría antes de aprender la matemática elemental. Debes saber sumar, restar, multiplicar y dividir para poder utilizar estas habilidades en la matemática más avanzada. Del mismo modo, debes aprender a practicar las virtudes cristianas básicas de la fe, la esperanza, el amor, la obediencia, la fortaleza, la confianza y la generosidad antes de discernir una vocación que requiere estas virtudes. Sin esta base, no se puede entender lo que es una vocación, y mucho menos libremente elegirla y vivirla.

El concepto es simple, pero eso no significa que sea fácil de implementar. El conocimiento de nuestra vocación secundaria siempre llega cuando estamos viviendo nuestra vocación primaria. Tal como un joven me dijo una vez: "Padre, yo no practico el cristianismo en serio como para discernir el sacerdocio." Yo respondí: "¡Bien dicho! ¡Y ahora sabes exactamente lo que Dios te está llamando a hacer!"

Jesús es la perla de un gran tesoro

> De camino hacia la región de Cesarea de Filipo, Jesús preguntó a sus discípulos: "¿Quién dice la gente que es el Hijo del hombre?" Ellos le contestaron: "Unos, que Juan el Bautista, otros que Elías; otros que Jeremías o uno de los profetas." Jesús les preguntó: "Y según ustedes, ¿quién soy yo?" Simón Pedro respondió: "Tú eres el Mesías, el Hijo del Dios vivo." Jesús le dijo: "Dichoso tú, Simón, hijo de Juan, porque eso no te lo ha revelado ningún mortal, sino mi Padre que está en los cielos. Yo te digo: tú eres Pedro, y sobre esta piedra edificaré mi iglesia, y el poder de la muerte no podrá con ella. Te daré las llaves del reino de los cielos; lo que ates en la tierra quedará atado en el cielo, y lo que desates en la tierra quedará desatado en el cielo.
>
> Mateo 16, 13-19

¿Quién dices que es Jesús? Simón Pedro tuvo que responder a esta pregunta con convicción desde lo profundo de su corazón antes de que Jesús le diera su vocación. ¿No estás de acuerdo que nuestro primer Papa tuvo que estar convencido de que Jesucristo es Dios antes de que pudiera comenzar su ministerio sagrado? Jesús es la perla del gran tesoro. Como el Papa Juan Pablo II dijo hablando en el Día Mundial de la Juventud, "Jesús es la respuesta a la pregunta de todo corazón humano." Pero, ¿Crees en esto? ¿Te has enamorado tanto de Jesús que estás listo y dispuesto a dar la vida por él? Hasta que el hombre no esté completamente convencido de que Jesús es la perla del gran tesoro, no va a tener la fe y la generosidad para responder a su llamada.

He hablado con muchos hombres a través de los años acerca del sacerdocio. Ellos inmediatamente comienzan a hablar de los sacrificios: "Bueno, yo no creo que pueda renunciar al sexo. No estoy seguro de que deseo hacer todos los sacrificios que hacen los sacerdotes." Cuando Jesús se levantó y declaró solemnemente "Yo soy el Camino, la Verdad y la Vida" (Juan 14, 6), Él era muy consciente de que muchos responderían, "¡No! Yo quiero hacerlo a mi manera. Esta es mi vida." Obviamente, un hombre que responde de esta manera no está todavía convencido de que Jesús es el Señor de los Señores y el Rey de los Reyes.

¡El que está constantemente haciendo cuentas en realidad se está preguntando si vale la pena pagar ese precio!

¿Sabes quién es Jesús? ¿Crees que Él es la respuesta a la pregunta de todo corazón humano? ¿Crees que Jesús es digno de todos los sacrificios necesarios?

¿Estás convencido de esto?

El método dual para aprender sobre Cristo

Si estuviera enseñando un curso sobre la vida de George Washington, te asignaría diez libros para leer que describan todo lo que sabemos acerca de este padre fundador de los Estados Unidos. El plan de estudios requiere leer los diez libros en su totalidad y tú serías responsable de saber toda la información que se encuentra en ellos. Habría exámenes periódicos para confirmar tus conocimientos. Así, aprenderías acerca de los padres de George Washington, su nacimiento, su educación, su carrera militar, su carrera política y sus creencias religiosas.

Bueno, llega el final del año, y si leyeras los diez libros y vinieras a clase todos los días, ¿conocerías a George Washington? No. Sabrías mucho sobre él, pero no lo conocerías. Pero ¿qué pasaría si pudieras resucitar a George Washington de entre los muertos y él participara de nuestra clase todos los días durante un año? Podrías hablar con él, hacerle preguntas sobre lo que había leído, y escuchar sus respuestas. Al final del año, conocerías a George Washington bastante bien. Podrías entender mucho más sobre su personalidad, su carácter y sus creencias. Lo conocerías como una persona, no sólo como una figura histórica de un libro.

Jesucristo es el Hijo de Dios, y está vivo. Es posible conocerlo *como una persona*. Esto significa que no sólo debemos estudiar y leer sobre Él. Como a veces decimos, "el conocimiento hace sudar sangre." Requiere esfuerzo. Tenemos que saber todo lo que se pueda sobre su vida y sus enseñanzas, empezando por los Evangelios. San Jerónimo escribió: "La ignorancia de las Escrituras es ignorancia de Cristo."[33] Debemos conocer las enseñanzas de Jesucristo como nos las han contado nuestros antepasados, tenemos que estudiar y conocer el Catecismo de la Iglesia Católica. Por último, hay que pasar un tiempo de oración en silencio con Él todos los días. De esta manera, vamos a conocer no sólo los hechos y las historias sobre Jesús, sino a Jesús mismo.

Al igual que en la analogía con George Washington, es importante hablar con Jesús acerca de las cosas que hemos estado aprendiendo sobre Él y sobre su Iglesia. En el seminario, a menudo les decimos a los seminaristas, "es importante rezar tu teología." Esto significa que el joven debe llevar lo que aprende en clase a la capilla durante su Hora Santa y hablar con Jesús al respecto. En el seminario, en caso de vayas allí, dedicarás una cantidad enorme de tiempo a estas dos actividades: el estudio y la oración. ¡Pero debes comenzar ahora, o nunca lo conseguirás!

¿Conoces tu fe católica? ¿Conoces a Jesús de una manera personal? ¿Estás pasando una cantidad significativa de tiempo tratando de comunicarte con Dios en silencio todos los días? Enamorarse de Jesucristo es la esencia del cristianismo. Y no puedes enamorarte de alguien si no lo conoces. Tal vez te hagas esta pregunta: ¿si la gente supiera los detalles de tu relación con Jesús, dirían que eres su mejor amigo?

Recomiendo a todos los jóvenes que disciernen su vocación que comiencen a enseñar la fe a los demás. Ofrécete como voluntario para dar catecismo, para ayudar en la escuela bíblica durante las vacaciones, o para preparar a adultos para recibir los sacramentos. Ofrécete para liderar un grupo de estudio bíblico en tu parroquia. ¡Estar delante de los demás y enseñarles acerca de Jesús es una gran motivación para aprender más acerca de Él! Articular las enseñanzas de la Iglesia Católica y contestar preguntas sobre estas enseñanzas te ayudará a interiorizarlas.

Experiencia religiosa

La verdad de Jesús resuena en nuestras almas. A medida que aprendemos la verdad, comenzamos a amarla y a tener el deseo de vivirla. A menudo los hombres que son llamados a ser sacerdotes pueden recordar el momento cuando Dios llegó a ser muy real para ellos. Yo lo llamo una "Experiencia religiosa." Cuando escucho las historias de vocación de los seminaristas, me maravillo de las extraordinarias experiencias religiosas que han tenido. Por lo general, una de las tres experiencias trascendentales toca el alma de un hombre: el bien, la verdad, o la belleza. A veces él experimenta el amor de Cristo, y si está sumido en el pecado, su gran misericordia y perdón.

Mi primera experiencia religiosa inolvidable sucedió en la escuela secundaria. Nuestro párroco llevó a cinco monaguillos a pasar el fin de semana en el Monasterio del Espíritu Santo, el Monasterio Trapense de Conyers, Georgia. Yo realmente no quería ir. Hubiera preferido quedarme en casa y jugar con mis amigos. ¡Pero mi madre nos dijo a mi hermano y a mí que íbamos a ir! Fue la primera vez que presencié la vida monástica y me impresionó mucho. Siempre me acuerdo de estar en la iglesia temprano en la mañana cantando los salmos con los monjes. Me llamaron la atención sus hábitos de aspecto impresionante, con las cabezas calvas y barbas largas, y su bondad. En la noche del sábado, después de la cena, volví a la iglesia para pasar unos minutos en oración. Estaba vacía. Los monjes se habían ido a la cama, ya que tenían que levantarse a las 4 de la mañana para los maitines. Quería pretender ser un monje, sentirme de su tamaño, y me subí a las sillas del coro para sentarme donde ellos se sientan. Recuerdo una sensación de paz profunda y, aunque completamente despierto, simplemente me sentí en la presencia de Jesús sin decir una palabra. Muy solemnemente sentí que Dios me amaba mucho y que me había creado para hacer un trabajo especial en Su Reino. Podía sentir a Jesús, llenando todo mi ser. El tiempo pasó sin darme cuenta, y cuando miré el reloj, ¡dos horas habían pasado! Yo nunca había rezado durante dos horas seguidas en mi vida. Esa noche me di cuenta de que no sólo Dios me amaba profundamente, sino que también yo lo amaba profundamente. Me había dejado sentir una pequeña muestra de su bondad y esta me cautivó. Yo aún no conocía mi vocación pero le dije al Señor antes de salir de la iglesia: "Está bien, Jesús. Sea lo que sea que quieras de mí, cuenta conmigo."

Hayas o no tenido una "experiencia religiosa" dramática como la mía o simplemente hayas llegado a conocer a Jesús y su amor por ti poco a poco, es esencial que desarrolles una relación personal y amorosa con Cristo a medida que avanzas en el discernimiento de tu vocación. El propósito del sacerdote es llevar a la gente a Jesús y a Jesús a la gente. Como decimos a menudo en el seminario, "*Nemo dat quod non habet*" (No se puede dar lo que no se tiene). Un sacerdote no puede llevar a Jesús a los demás si no lo conoce.

He visto a jóvenes ir a retiros y volver transformados. Me dicen con gran entusiasmo que Dios se hizo real para ellos y que experimentaron su amor y bondad. Recuerdo que algunos de nuestros estudiantes de secundaria pasaron un verano sirviendo en el Bronx con las Misioneras de la Caridad. Pasaron el verano ayudando a las hermanas en una colonia de vacaciones para los niños del centro de la ciudad. No había aire acondicionado y era una zona fea de la ciudad. La juventud siempre volvía de esa experiencia y decía: "¡Eso fue lo más difícil que yo he hecho y la mejor experiencia de mi vida! Conocí a Jesús."

Me parece que estas experiencias religiosas ocurren más a menudo cuando una persona ha renunciado a un fin de semana o a una cantidad significativa de su tiempo para tratar de acercarse más a Jesús. Con mayor frecuencia ocurre en un retiro, una peregrinación, o un viaje de misión. Dios no se deja ganar en generosidad, pero impone su presencia en nuestra vida. Debemos invitarlo.

No estoy sugiriendo que todos deben tener una experiencia emocional, espiritual y catártica con el fin de tener una relación personal con Jesús, a pesar de que un buen número de personas empieza de esa manera. Muchos hombres simplemente desarrollan esta relación con Jesús con el tiempo y poco a poco llegan a tener un amor más profundo y un compromiso con el Señor. Sus experiencias religiosas son la síntesis de un caminar silencioso con Jesús durante toda su vida, no un evento de purificación individual.

"Pidan y Dios les dará, busquen y encontrarán, llamen y Dios les abrirá. Porque todo el que pide recibe, el que busca encuentra, y al que llama, Dios le abre."

Mateo 7, 7-8

Si no eres capaz de recordar una experiencia significativa de Jesús en tu vida, no te preocupes. Si no estás seguro de tener una relación personal de amor con el Señor, te recomiendo hacer un retiro. Pero ten cuidado: no todos los retiros son iguales. Habla con un sacerdote en quien confías o pídele a tu director vocacional que te recomiende un retiro. Luego, asiste a este retiro y pídele a Jesús que se revele a ti. Jesús vendrá y se revelará a sí mismo si se lo pides, ya sea en un momento emocional muy fuerte o en el pasar silencioso del tiempo.

Trazando un plan de vida espiritual

Llegar a conocer a Jesús con este método dual ya descrito requiere el desarrollo de un plan de vida espiritual. ¿Qué es esto? Los seres humanos somos criaturas de hábitos. A veces nuestros hábitos son buenos y a veces son malos, pero nos gustan los hábitos. Aristóteles observó una vez que los hábitos a veces pueden ser más fuertes que la propia naturaleza.[34] Todos tendemos a ir a la cama, levantarnos, comer, trabajar y orar a una hora determinada todos los días. Podemos llamar a esto un plan general de vida. Las personas funcionan mejor cuando este plan es estable. Es importante tomar el control de tu plan de vida y asegurarte de que es sano, equilibrado, y *bien dirigido*. Un famoso proverbio chino dice: "Si no cambias tu dirección, es muy probable que termines donde te diriges." ¡Nuestro plan de vida debe movernos en la dirección donde queremos acabar!

De la misma manera tendrás que establecer un plan espiritual de vida muy específico y bien orientado. Este plan estará dirigido principalmente a dos cosas: crecer en tu santidad y discernir tu vocación. Un plan espiritual de vida debe ser razonable y alcanzable, de acuerdo a las exigencias de tu estado presente en la vida. Recuerdo a un joven que vino a mí una vez para dirección espiritual. Después de darle algunas ideas básicas, le pedí que escribiera algunas cosas que le gustaría hacer cada día como plan de vida espiritual. Volvió con esta lista: voy a levantarme todas las mañanas a las 4:00 am para comenzar mis oraciones. Rezaré veinte décadas del santo rosario. Ayunaré tres días a la semana. Rezaré en la Iglesia dos horas al día. Leeré un libro de la Biblia todos los días... "

La lista seguía y seguía. Por un lado admiraba el entusiasmo de este joven, pero su lista era completamente irreal. Estaba en el último año de la escuela secundaria, estudiando mucho, haciendo deportes, y participando en muchas otras actividades saludables. Si le hubiera permitido intentar ese plan de vida, habría fracasado rápidamente en muchos de los ejercicios espirituales, se habría desanimado y probablemente habría abandonado todo el asunto. Satanás puede tentar a la gente a vivir una vida de virtud y oración heroica antes de haber vivido una vida de virtud y oración básica. Satanás quiere que intentes correr antes de que puedas caminar. Él hace esto, sabiendo que te desanimarás y dejarás de intentarlo. Satanás quiere que la gente vea la santidad como imposible.

Ayudé a este joven a elaborar un plan espiritual mucho más realista y con el que tuvo bastante éxito. ¿Cuál sería un buen plan de vida espiritual para un joven en la escuela secundaria?

~ Rezar por 20-30 minutos cada día en su habitación.

~ Durante el tiempo de oración, leer las lecturas de la Misa del día.

~ Rezar cinco décadas del rosario todas las noches antes de acostarse.

~ Ir a misa diaria tres veces por semana, según lo permita tu agenda.

~ Reunirse con tu director espiritual mensualmente y confesarse al menos una vez al mes.

~ Rezar ante el Santísimo Sacramento en la iglesia (o ir a una capilla de adoración a orar) durante una hora cada semana.

~ Rezar tres Ave Marías todos los días para descubrir y aceptar tu vocación.

~ Asistir a los retiros de discernimiento vocacional patrocinados por la oficina de vocaciones de la diócesis.

Tus objetivos deben ser muy específicos. Por ejemplo, necesitas escribir "Yo rezaré de 09:00-9:30 de la tarde, sentado en la silla azul cerca de la ventana con el teléfono, la computadora y la televisión apagados. Voy a hablar con Jesús con mis propias palabras y pasar por lo menos la mitad del tiempo tratando de escucharle a Él." Ten en cuenta que cada objetivo describe el tiempo, el lugar y otros aspectos logísticos. La especificidad aumenta la responsabilidad. Cuando este joven venía a dirección espiritual, y le preguntaba si había sido fiel a su oración el mes pasado, él sabía que responder. A menudo, la respuesta era algo como: "Recé mis 30 minutos, y mantuve mi cita con Dios aproximadamente el 85 por ciento del tiempo desde nuestra última reunión." Le respondí: "¡Buen trabajo! Sé que Jesús está contento. ¡Ahora el mes que viene, vamos a hacerlo al 100 por ciento!"

¿Cómo puedo pasar este tiempo de oración?

Tu director espiritual trabajará contigo sobre las diferentes formas de orar y te ayudará a encontrar los mejores caminos. Durante las sesiones de dirección vocacional yo siempre recomiendo hablar con Jesús con tus propias palabras. La oración es una conversación, no una conferencia. Una conversación involucra tanto hablar como escuchar. Recuerda que Dios ya sabe lo que vas a decirle a Él en oración, pero tú no sabes lo que Él quiere decirte a ti. "Este es mi Hijo amado; escúchenlo"(Marcos 9, 7).

Cómo tener una conversación con Cristo

Las palabras siguientes han sido impresas muchas veces en folletos y citadas otras tantas veces en las páginas de Internet. El autor se desconoce, pero la sabiduría es eterna. Ten en cuenta esta guía para conversar con Jesús.

~ No tienes que ser inteligente para agradarme, todo lo que tienes que hacer es querer amarme. Sólo háblame como si hablaras con alguien a quien quieres mucho.

~ ¿Hay algunas personas por las cuales deseas orar? Dime sus nombres y pídeme todo lo que quieras. Yo soy generoso y conozco todas sus necesidades, pero quiero que demuestres tu amor por ellos y por mí confiando que yo haré lo mejor por ellos.

~ Háblame de los pobres, los enfermos y los pecadores, y si has perdido la amistad o el cariño de alguien, cuéntame eso, también.

~ ¿Hay algo que quieras para tu alma? Si lo deseas, puedes escribir una larga lista de tus necesidades. Ven y léemelas.

~ Cuéntame acerca de tu orgullo, tu susceptibilidad, egoísmo, avaricia y pereza. No te avergüences, hay muchos santos en el cielo que tuvieron los mismos defectos que tú. Ellos me rogaron y, poco a poco, sus defectos se corrigieron.

~ No dudes en pedir bendiciones para el cuerpo y la mente, para la salud, el dinero, el éxito. Yo puedo darte todo, y siempre doy todo lo necesario para que las almas sean más santas.

~ ¿Cuáles son tus necesidades actuales? Dime, porque tengo un gran deseo de ayudarte. ¿Cuáles son tus planes? Hábleme de ellos. ¿Hay alguien a quien deseas ayudar? ¿Qué quieres hacer por ellos?

~ ¿Y no quieres hacer nada por mí? ¿No quieres hacer un poco de bien a las almas de tus amigos que tal vez se han olvidado de mí? Háblame de tus fracasos y yo te mostraré la causa de ellos. ¿Cuáles son tus preocupaciones? ¿Quién te ha causado dolor? Cuéntame todo, y añade que vas a perdonar y olvidar, y te bendeciré.

~ ¿Tienes miedo de algo? ¿Tienes algo que te atormenta, miedos irracionales? Entrégate por completo a mí. Estoy aquí. Lo veo todo. Yo no te abandonaré.

~ ¿No tienes alegrías que contarme? ¿Por qué no compartes tu felicidad conmigo? Dime lo que te alegró y te consoló ayer. Fuera lo que fuera, por grande, por pequeño que sea, me gustaría saberlo. Fui yo quien lo preparó para ti.

~ Pídeme que te muestre tu verdadera vocación. Ora para saber mi voluntad en tu vida y ora con plena confianza. Dime que sí cada vez que hago la pregunta. Te prometo que te voy a responder a la pregunta de tu vocación claramente, cuando sea el momento adecuado.

~ Bueno, continúa en tu camino. Sigue con tu trabajo. Trata de ser un poco más tranquilo, humilde, amable y sumiso y vuelve pronto. Siempre estoy aquí, ansioso y feliz de hablar contigo.

Tu director espiritual te ayudará a rezar y a desarrollar un plan coherente de vida espiritual. Y porque te reunirás con él y le contarás sobre tu vida de oración, él te ayudará a ser responsable con tus deberes espirituales. Recuerda que si no estás orando fielmente todos los días, entonces no estás discerniendo realmente.

¡Estoy constantemente sorprendido por el número de hombres que son sacerdotes que hicieron todo lo posible por no ser sacerdotes! Al igual que el hombre en la historia de este capítulo, si un hombre no reza, está haciendo todo lo posible para no ser sacerdote. Satanás será capaz de alejar a este hombre no sólo de su vocación, sino también de su trabajo hacia una vida de santidad.

"Perder el camino señalado no es más que el abandono de la oración. Quien no reza no necesita que el diablo lo aleje del camino marcado. La persona misma saldrá del camino y se dirigirá al infierno."

Santa Teresa de Ávila

CAPÍTULO 7

LA IMPORTANCIA DE UN DIRECTOR ESPIRITUAL

En mi experiencia, los hombres que entran al seminario con experiencias previas de dirección espiritual están más preparados para la vida del seminario. Aquellos que nunca han tenido un director espiritual comienzan de inmediato a su llegada al seminario.

El Programa de Formación Sacerdotal hace hincapié en que la dirección espiritual es un aspecto esencial del discernimiento durante el seminario (#127-135). San Bernardo de Claraval destacó la necesidad de tener un director espiritual cuando dijo: "¡El que es amo de sí mismo es discípulo de un tonto!"[35]

Al leer las casi cincuenta nuevas inscripciones al seminario y las autobiografías de los nuevos seminaristas que inician sus estudios en el otoño, he notado un hilo conductor: aquellos hombres que *si tuvieron* un director espiritual regularmente experimentaron un crecimiento espiritual y un gran progreso en su discernimiento. He aquí una historia típica.

> En mi segundo año de universidad, siguiendo el consejo de mi director vocacional, conocí a un gran sacerdote que se convirtió en mi director espiritual. Empecé a reunirme con él una vez al mes. ¡Mi vida espiritual se transformó de inmediato! Mi vida de oración creció, comencé a servir a los demás más consistentemente, y mis pecados comenzaron a disminuir. Él me enseñó a orar, me dio buenos libros para leer acerca de Jesús y el sacerdocio, y consejos sobre el crecimiento en la santidad. Me emocioné acerca de la santidad cuando empecé a verla como realmente posible. La voz de Dios comenzó a hablarme con mayor claridad. Tener a alguien con quien hablar de mis miedos e incertidumbres me trajo paz. También aprendí

sobre el diablo. El discernimiento no es fácil y Satanás estaba tratando activamente de confundirme y frustrarme. Una vez que empecé a reunirme con un director espiritual, aprendí a reconocer lo que Satanás estaba haciendo y pude contrarrestarlo.

El discernimiento puede ser complicado y confuso, y Satanás está muy involucrado en el intento de desalentar las vocaciones sacerdotales. Por esta razón, cualquier hombre que está seriamente pensando en el sacerdocio (sobre todo si es de edad universitaria o más) debe tratar de encontrar un director espiritual.

El primer objetivo del director espiritual es ayudar a construir un plan de vida espiritual y ayudar a cumplirlo. Una vez que el joven está orando fielmente, recibiendo los sacramentos, y creciendo en la virtud, el discernimiento de la vocación se convierte en un tema habitual de conversación. También se le recomienda buenos libros o recursos para ayudar en su proceso de discernimiento.

A menudo los jóvenes que dirijo espiritualmente me preguntan, "Padre, ¿cómo sé si mi oración está funcionando? ¿Cómo puedo estar seguro de que lo estoy haciendo bien?" La caridad es la prueba de fuego de la oración. Yo siempre les pregunto: "¿Eres más amable? ¿Más gentil? ¿Más humilde? ¿Más paciente? ¿Piensas más en Jesús durante el día? ¿Están disminuyendo tus pecados?" Si el joven puede responder, "Sí, creo que estoy creciendo en la caridad. Yo me veo cada vez mejor", entonces el plan espiritual de vida está funcionando.

Recuerda que la oración no cambia a Dios. Él es inmutable. El propósito de la oración es para que *nosotros* cambiemos, y esto suele suceder en pequeños pasos. San Agustín escribió: "El alma piadosa no ora para informar a Dios, sino para hacer Su voluntad."

Foro interno vs foro externo

La relación de dirección espiritual está en el foro interno, lo que significa que es extremadamente confidencial. Un hombre desnuda su corazón y alma a su director espiritual con la confianza de que lo que él dice nunca se repetirá. El foro interno de la dirección espiritual no es lo mismo que el secreto o "sigilo" de la confesión, el cual es absolutamente inviolable en todos los casos, pero es también sacrosanto.

Un hombre que está discerniendo el sacerdocio debe ir a la confesión, preferentemente con su director espiritual, por lo menos una vez al mes. No cometas el error que muchos jóvenes piadosos hacen. Ellos quieren *sobresalir* tanto con su director espiritual que se confiesan con él sólo cuando no han cometido ciertos pecados, cuando están "orgullosos de sus pecados", por así decirlo. Tienen otro confesor en una parroquia lejana para cuando ellos caen, por ejemplo, en el ámbito de la pornografía o la masturbación. ¡No juegues este juego! Dile todo a tu director espiritual. ¡Si hay algo que no quieres decirle, díselo primero! Él tiene que conocer tus virtudes y tus vicios en su totalidad con el fin de ayudarte. No le ocultes nada. La relación es totalmente confidencial y segura.

Por favor, recuerda que tu director vocacional opera en el foro externo, por lo que no debe ser tu director espiritual o escuchar tu confesión. Esto puede ser decepcionante para algunos hombres, debido a que su director vocacional es probable que sea un sacerdote con quien *desean* guiarse espiritualmente. En muchos sentidos, tu director vocacional es muy apropiado para la tarea: ama el sacerdocio, reza mucho y es santo, entiende el proceso de discernimiento, es alegre y accesible. ¡Por ello, el obispo lo nombró director vocacional en primer lugar! Pero, sin embargo, no debe ser tu director espiritual.

Déjame explicártelo. Si decides entrar al seminario, el director vocacional es el responsable de evaluar y enviar tu informe al obispo y al seminario. Al completar esta evaluación y hacer el informe, es muy difícil distinguir lo que aprendió en el foro interno (confesión y dirección espiritual) de lo que aprendió en el foro externo (la entrevista y el proceso de inscripción). Por lo tanto, como él necesita hablar con el obispo acerca de ti, lo mejor es que sólo opere en el foro externo.

Por el contrario, tu director espiritual no habla con nadie acerca de ti, ni siquiera con el director vocacional. La única excepción es que tú le des permiso a tu director espiritual para escribirte una carta de recomendación en caso de que apliques al seminario. Pero sin tu permiso, él no dirá nada.

Quiero ser claro. Tú debes hablar con tu director vocacional de cosas sensibles. Debes ser completamente honesto con él para que pueda tomar la mejor decisión con respecto a tu idoneidad. Cuando llegue el momento de entrar, dile todo. ¡No ocultes nada! Eso sí, no te confieses con él.

Encontrando un director espiritual

"Padre, le he pedido a cuatro diversos sacerdotes que sean mi director espiritual y todos se han negado. ¿Cómo puedo discernir la vocación al sacerdocio diocesano, si no puedo conseguir un sacerdote diocesano que me ayude?"

Muchos jóvenes me han contado lo frustrante que es encontrar un buen director espiritual. La razón es que la mayoría de los sacerdotes, sobre todo los buenos, ya están muy ocupados. La dirección espiritual lleva una gran cantidad de tiempo, y sus deberes parroquiales a veces tienen prioridad. Un buen director espiritual es un gran regalo de Dios y creo que el Espíritu Santo le ayudará a un hombre a encontrar el mejor director espiritual para él. Pero tendrá que orar por esta persona, y luego iniciar la búsqueda. Dios no puede conducir un auto estacionado, tienes que empezar a moverte. Pero, ¿cómo puedes encontrar un director espiritual?

En primer lugar, identifica las posibilidades. Si estás en el proceso de discernimiento, lo ideal es que trates de encontrar un sacerdote que trabaje contigo. Podrías comenzar con tu propio párroco o uno de los sacerdotes de tu parroquia. Una de las mejores maneras de encontrar un director espiritual es contactar a tu director vocacional y pedirle consejo. Él conoce a los sacerdotes en la diócesis que están más cualificados para esta área. La verdad es que algunos sacerdotes simplemente no son muy buenos para dar dirección espiritual, especialmente para acompañar a personas en proceso de discernimiento. ¡Un hombre puede frustrarse mucho si va a dirección espiritual y no se siente guiado! Esto puede hacerle renunciar a todo el proceso. Así que ten cuidado. Pregúntale a tu director vocacional los nombres de varios sacerdotes que son buenos directores espirituales para el proceso de discernimiento al sacerdocio. Pregúntales a los seminaristas y sacerdotes los nombres de los sacerdotes conocidos que son buenos para el proceso de discernimiento al sacerdocio. Pregúntales a los seminaristas quiénes son sus directores espirituales. Pregunta cuáles son los sacerdotes que tienen reputación de hacer germinar muchos seminaristas en su parroquia. Una vez que hayas identificado varios sacerdotes que podrían ser buenos directores espirituales, el siguiente paso es entrevistar a estos sacerdotes. ¿Cómo se puede hacer esto?

Aquí hay algunos consejos sobre cómo *no* hay que empezar. No llames al sacerdote y le digas: "Padre, ¿quieres ser mi director espiritual?" Muchos sacerdotes responderán: "No, no puedo guiarte espiritualmente ahora mismo. Tengo demasiadas obligaciones." En cambio, llama al sacerdote y dile: "Padre, estoy tratando de crecer en la santidad y conocer la voluntad de Dios en mi vida. Puede ser que esté llamado a ser sacerdote. ¿Podríamos vernos para hablar de esto? Necesito un poco de orientación." La mayoría de los sacerdotes te concederán solo una cita en respuesta a tu solicitud. Durante esta cita, puedes honestamente discutir tus puntos fuertes, debilidades, pecados y el discernimiento vocacional. Pídele su sabiduría para saber cómo tienes que proceder. Él te hará muchas preguntas y te entrevistará para saber cómo asesorarte. La verdad es que tú también lo estás entrevistando con el fin de determinar si él es el director espiritual adecuado para ti (y él es muy consciente de que lo estás haciendo). ¿Sentiste confianza y una buena impresión durante la sesión? ¿Te dio consejos que te ayudaron? ¿Es este sacerdote el tipo de sacerdote que te gustaría llegar a ser si fueras llamado a ser sacerdote? ¿Es alegre y fervoroso, fiel al Magisterio y las enseñanzas de la Iglesia? Este es el tipo de director espiritual que deseas.

Al final, si sientes que podría ser un buen candidato, pregúntale si consideraría volver a verte para conversar de estas cosas en el futuro. No hagas una cita inmediatamente pero simplemente deja la puerta abierta. Obtén su dirección de correo electrónico para hacer otra cita más adelante. Luego, haz una cita con otro sacerdote y repite el proceso. Desarrollar este tipo de relación con un sacerdote durante una primera cita a menudo puede persuadir a aquel sacerdote a aceptarte como dirigido. Sé que esto funciona bien porque he sido persuadido de esta misma manera en muchas ocasiones para ser director espiritual de muchos jóvenes en su proceso de discernimiento vocacional.

He descrito aquí cómo encontrar el director espiritual "ideal", pero tenemos que recordar que "los mendigos no pueden elegir." A menudo tenemos que aceptar a aquella persona que está dispuesta a ser nuestro guía espiritual, y esta persona puede no ser sacerdote. Una vez que un hombre va al seminario, la Iglesia insiste en que un sacerdote sea tu director espiritual y estos sacerdotes son especialmente seleccionados y entrenados para este fin. Un seminarista no puede tener una persona laica, una hermana religiosa, o nadie, excepto un sacerdote, una vez que comienza su formación en el seminario. Pero mientras tanto, recuerda que un director espiritual no ideal es mejor que ningún director espiritual.

Dios te guiará hacia la persona que realmente te ayudará, pero debes hacer el esfuerzo para encontrar a esta persona.

Conozco a un hombre que trató sin éxito de encontrar a un sacerdote como su director espiritual por casi un año. Las puertas se cerraban. Los sacerdotes que él quería no pudieron aceptar y no había muchos sacerdotes a una distancia razonable. Por último, le pidió una cita al diácono permanente en su parroquia y recibió una dirección espiritual excelente todos los meses durante varios años hasta que entró al seminario. A menudo digo que el Espíritu Santo te guiará hacia la gente adecuada para ayudarte a encontrar tu vocación. Pero tienes que hacer el esfuerzo para encontrar a esas personas. ¡Dios no puede conducir un automóvil estacionado! ¡Muévete!

Guiar no mandar

En mi opinión, el trabajo de un director espiritual es orientar, asesorar, enseñar, perdonar y alentar. Su trabajo no es mandar o presionar a un joven para que vaya al seminario creándole un complejo de culpa. El director espiritual no debe pedir nada a cambio de sus servicios, excepto que el hombre rece con fidelidad. Algunos hombres me han dicho que su director espiritual les había mandado bajo obediencia hacer una cosa o aquella. Si bien puede haber habido un tiempo en la Iglesia cuando los directores espirituales esperaban este tipo de obediencia ciega, no creo que esto sea saludable.

Si tu director espiritual habla todo el tiempo y nunca te escucha o te hace preguntas, si él no está hablando acerca de Jesús o si te hace sentir incómodo a través de una dirección excesivamente agresiva, algo anda mal. Si no es bueno para ti, entonces, cambia y no te sientas culpable por el cambio. Si te sientes incómodo en una relación de dirección espiritual, presta atención a tus instintos. ¡Pero no abandones a tu director espiritual solo porque te está diciendo la verdad! He visto a algunas personas cometer el error de pensar, "Este director espiritual realmente me está desafiando a que yo crezca espiritualmente y eso me hace sentir incómodo." Si esta es la incomodidad que sientes, hazle frente y dale gracias a Dios por un buen director espiritual.

¿Sobre qué hablo en la dirección espiritual?

Si nunca has tenido regularmente dirección espiritual puede ser que te preguntes cómo funciona. "¿Qué puedo decir? ¿Sobre qué hablamos?" Estos son temas que se tratan durante la dirección espiritual.

- ~ Tu director espiritual te ayudará a desarrollar un plan de vida espiritual, como se indica en el capítulo anterior
- ~ Él te ayudará a rastrear tu historia espiritual y moral y tu historia familiar. El autoconocimiento es importante para tu discernimiento.
- ~ Habla acerca de tu oración. ¿Qué estás experimentando? ¿Es tu oración seca y difícil o es excitante y estimulante? Pídele consejos sobre cómo orar mejor.
- ~ Habla acerca de tus puntos fuertes y debilidades, de tus virtudes y tus vicios. Identifica tu mayor defecto y trabaja para corregirlo. Acude a la confesión con tu director espiritual con regularidad.
- ~ ¿Hay algo sobre ti mismo que sospechas que no está del todo bien y que será importante en el discernimiento? ¿Eres escrupuloso acerca de tus pecados? ¿Estás deprimido o ansioso con frecuencia? ¿Tienes obsesiones o compulsiones? ¿Tienes algún un problema con la ira? ¿Sufres de crisis interna que afecta tu capacidad de vivir tu vida en paz?

~ Cuéntale todo sobre tu sexualidad a tu director espiritual. ¿Has cometido actos impuros y tienes pensamientos impuros? ¿Tienes alguna atracción hacia el mismo sexo o cualquier otra tendencia aberrante? ¿Ves pornografía? ¿Alguna vez has tenido relaciones sexuales? ¿Las estás teniendo ahora? ¿Alguna vez fuiste víctima de abuso sexual o has abusado de otro? No te sientas avergonzado o temeroso. Cuéntale todo y serás capaz de avanzar en paz.

~ Habla acerca de lo que te hace feliz en la vida, lo que sueñas, lo que piensas la mayoría del tiempo, lo que te aterroriza y por qué. Describe tus miedos y pregunta cómo orar para afrontar tus miedos.

~ Habla acerca de tus relaciones con otras personas: tu familia, amigos, mujeres, etc. ¿Son estas relaciones sanas y apropiadas? ¿Qué puedes hacer para mejorarlas?

~ Fíjate si la prueba de fuego de la oración está funcionando. ¿Estás creciendo en la caridad? ¿Eres más paciente, más amable, más atento, misericordioso, y más tolerante con los demás? ¿Confías más en Jesús? ¿Estás creciendo en generosidad? ¿Podría la mayoría de las personas que te conocen decir que eres una persona amable? ¿Notan los demás que cada vez eres más amable y desinteresado?

~ ¿Amas más a Jesús, piensas más en Él y piensas en su Reino?

~ ¿Hay alguien a quien no has perdonado? ¿Hay alguien a quien hayas herido u ofendido y necesitas pedir su perdón? ¿Tienes dificultad para perdonar a los demás con facilidad o para pedir perdón?

~ ¿Cómo estás sirviendo a los demás? Pregúntale a tu director espiritual si piensa que estás haciendo lo suficiente en este respecto.

~ Pídele a tu director espiritual que te enseñe diferentes maneras de orar con el fin de encontrar los mejores caminos para ti. Pídele que te enseñe cómo hacer la *lectio divina* (cómo orar y meditar en la Sagrada Escritura). Pídele que te recomiende libros para lectura espiritual.

~ Por último, habla con tu director espiritual sobre tu discernimiento vocacional. ¿Qué vocación parece ser más atractiva para ti ahora? ¿Cuáles son tus miedos? ¿Has recibido algún signo o ha ocurrido algo en tu vida que te hace pensar que eres llamado al sacerdocio? ¿Hacia el matrimonio? ¿Hacia la vida religiosa? ¿Estás confundido o estás comenzando a ver las cosas con mayor claridad? ¿Cómo estás orando acerca de tu vocación? ¿Qué estás haciendo concretamente para discernir? ¿Estás realmente "abierto" a todo lo que Dios pueda pedirte que hagas o estás teniendo problemas para entregarte a su voluntad? ¿Estás considerando tu vocación por las razones correctas? ¿Estás luchando contra Dios o huyendo de Él? ¿Qué quiere Dios que hagas ahora?

Vivir una vida de oración

Tu director espiritual siempre debe preguntarte primero sobre tu vida de oración. Te preguntará si has sido fiel a tu plan de vida espiritual y si estás hablando con Jesús cada día. Recuerda, si no estás hablando con Jesús, no estás realmente discerniendo.

Las siguientes observaciones acerca de la oración fueron escritas originalmente por el Padre Tony Manochio, ex director espiritual en el Seminario de Mount St. Mary's.

~ Para ser un buen cristiano, es necesario orar diariamente. Nuestro Dios es un Dios vivo con quien tenemos que conversar.

~ La oración real comienza cuando la cosa más difícil de hacer es orar.

~ Cuando se trata de la oración, todos somos principiantes, no importa cuánto tiempo hemos estado orando.

~ El secreto de una vida de oración es la perseverancia, todos los días, no importa cuán difícil o seca sea.

~ Uno de los obstáculos de la oración es la impaciencia, la ansiedad de convertirte en una persona de oración al instante.

~ La oración no cambia a Dios. Él es inmutable. La oración es para cambiarte a ti mismo.

~ Puedes leer todos los libros del mundo acerca de la oración, pero un espíritu de oración requiere mucha oración y paciencia.

~ Es muy importante respetar el mismo lugar y hora todos los días para orar, y ser muy fiel a tu cita con Dios.

~ La mañana es el mejor momento para la oración (especialmente para los sacerdotes), pero requiere disciplina y el irse a la cama a una hora razonable. Por supuesto, algunos hombres simplemente no son gente mañanera, y su horario de oración debe ser discernido con su director espiritual.

~ Nunca juzgues tu oración por los sentimientos. Ve a la oración por Dios, no por sus dones. Las sequías en la oración son vitales para una vida de oración más madura. Simplemente tienes que ser fiel, no importa cómo te sientas.

~ Nunca acortes el tiempo de oración. Quédate todo el tiempo. Veinte a treinta minutos es lo mínimo. Eventualmente necesitarás más tiempo. No seas tacaño con el Señor en lo que se refiere al tiempo de oración.

~ Sé totalmente honesto en la dirección espiritual. Sé honesto acerca de tus pecados, tu relación con Dios y con los demás.

~ Una buena dirección espiritual sólo puede funcionar cuando eres fiel a la oración. De lo contrario, puede convertirse en una sesión de quejas o una reunión social.

~ La dirección espiritual es un evento lleno de gracia, guiada por el Espíritu Santo, que es el verdadero director. Los corazones de ambos, el director y la persona que está siendo guiada, deben estar siempre abiertos al Espíritu.

~ El director espiritual debe orar cada día por ti y tú debes hacer lo mismo por él.

~ Para acercarnos más a Jesucristo es esencial tener una relación cercana y amorosa con María, su Madre y nuestra Madre.

~ Todo joven que toma en serio la santidad y está seriamente considerando la vocación al sacerdocio diocesano necesita un buen director espiritual. ¡El que es amo de sí mismo es discípulo de un tonto! No te demores más. Contacta a tu director vocacional y pídele los nombres de buenos sacerdotes, ruégale al Espíritu Santo que te guíe a la persona adecuada, y a continuación haz una cita. Si Dios quiere que llegues a ser sacerdote, Él te ofrecerá las personas y recursos adecuados para ayudarte.

CAPÍTULO 8

ESCUCHANDO LA VOZ DE DIOS

"El Señor le dijo: "Sal y quédate de pie ante mí en la montaña. ¡El Señor va a pasar!" Pasó primero un viento fuerte e impetuoso, que hacía temblar las montañas y quebraba las peñas, pero el Señor no estaba en el viento. Al viento siguió un terremoto, pero el Señor no estaba en el terremoto. Al terremoto siguió un fuego, pero el Señor no estaba en el fuego. Al fuego siguió una suave brisa. Elías, al oírla, se cubrió el rostro con su manto y, saliendo afuera, se quedó de pie a la entrada de la gruta."

1 Reyes 19, 11-13

Ahora que hemos discutido el desarrollo de un plan de vida espiritual y la búsqueda de un director espiritual, hay que hablar de quién debemos escuchar. Muchas voces demandan nuestra atención así que tenemos que ser capaces de distinguir entre ellas. Dios casi siempre habla con una voz suave y tenue, como lo hizo con Elías, aunque haya algunas excepciones. San Pablo fue derribado y dejado ciego. Sólo entonces pudo escuchar la voz de Cristo diciéndole: "Saúl, Saúl, ¿por qué me persigues?" (Hechos 9, 4) Dios le habló a Moisés en el trueno y el relámpago de la montaña y los israelitas se llenaron de temor. Le dijeron a Moisés: "Háblanos tú y te escucharemos, pues si nos habla el Seños moriremos" (Éxodo 20, 19). Yo prefiero, al igual que los israelitas, la voz tenue y suave.

Yo tenía un amigo que fue a Tierra Santa hace muchos años en una peregrinación. Él me contó esta historia.

> Un día, estaba parado en la calle principal de un pequeño pueblo, mirando hacia el campo. Vi a un pastor que llegaba a la ciudad con unas veinticinco ovejas blancas que le

> seguían. Yo nunca había visto a un pastor de verdad, auténtico, así que miraba el espectáculo con interés. Entonces miré en la dirección contraria y vi a otro pastor que venía a la ciudad. También tenía unas veinticinco ovejas blancas que le seguían. Los dos pastores se conocían y se saludaron con una sonrisa. Los dos comenzaron a caminar lado a lado por la calle principal en dirección a la Iglesia en una conversación animada. ¡Por supuesto, sus ovejas se mezclaron! Yo estaba muy preocupado y quería gritarles, "¿No ven que las ovejas son blancas y cada vez se mezclan más entre sí? Nunca serán capaces de separarlas." Pero no dije nada. Me limité a ver y a aprender. Al final de la calle, los dos pastores se saludaron y se fue uno a la izquierda y el otro a la derecha. Empezaron a llamar a sus ovejas con una voz determinada, un sonido que yo nunca había escuchado antes. Las dos llamadas eran muy distintas. Y así vi con asombro como cada oveja se separaba y seguía a su propio pastor. Los pastores nunca miraron hacia atrás. ¡Ellos sabían que sus ovejas seguirían su voz!

Mi amigo me dijo que por primera vez comprendió las enseñanzas de Jesús en el Evangelio de Juan: "Yo soy el Buen Pastor; conozco a mis ovejas y ellas me conocen a mí" (Juan 10, 14). El pasaje también dice: "Cuando han salido todas las suyas, se pone al frente de ellas y las ovejas lo siguen, pues conocen su voz. En cambio nunca siguen a un extraño, sino que huyen de él, porque su voz les resulta desconocida"(Juan 10, 4-5).

¿Por qué las ovejas de la historia conocen la voz de su amo? El pastor ha dedicado una enorme cantidad de tiempo a las ovejas. Los pastores solían pasar hasta semanas en el desierto con sus ovejas. De la misma manera, para reconocer la voz de Jesús, nuestro Buen Pastor, tenemos que pasar mucho tiempo con Él, tanto en la oración en silencio como con su Palabra, la Sagrada Escritura.

En pocas palabras, el discernimiento vocacional es un proceso donde le haces a Dios una pregunta y escuchas pacientemente la respuesta. "Jesús, ¿qué quieres que haga? ¿Quieres que sea sacerdote? Quiero querer lo que tú quieres. Jesús, ¿estás hablándome a mí? "Ten en cuenta, sin embargo, que Dios puede responderte a estas preguntas de muchas maneras diferentes.

Las cuatro voces del discernimiento

Tenemos que aprender a distinguir la voz de Dios de las muchas voces y otros ruidos del mundo. Hay cuatro voces principales del discernimiento: la voz de Dios, la voz del mundo, nuestra propia voz, y la voz de Satanás. Estas tres últimas corresponden a la descripción tradicional de los enemigos de Dios: el mundo, la carne y el demonio. Porque por lo general Dios prefiere hablar con voz *suave y apacible,* tendremos que encontrar el momento y el lugar en el silencio si queremos oírlo. No es que Dios no pueda hablar en voz alta y clara, por encima de cualquier obstáculo. ¡Es obvio que el habló en voz alta a los israelitas en el libro del Éxodo! Pero por lo general prefiere hablar en voz baja y suave, especialmente cuando se trata de la vocación. ¿Por qué? La vocación es una invitación, no un mandato. Se trata de una petición. Una voz fuerte y terrible sería un mandato, no una invitación, haciendo que la persona respondiera por miedo, no por amor. Dios no quiere esto. Él quiere que tú quieras escuchar Su voz y conocer Su voluntad. Él no quiere forzarte, y no te forzará.

El ruido es un gran obstáculo para escuchar a Jesús, que es manso y humilde de corazón. Encontrar el tiempo cada día para rezar en silencio y escuchar en silencio, es fundamental. El deseo de Jesús de indicarnos nuestra vocación es mucho mayor que nuestro deseo de saber, pero hay que estar dispuesto y ser capaz de escuchar. Debemos mostrarle al Señor a través de nuestra fidelidad en la oración que deseamos conocer Su voluntad con respecto a nuestra vocación. Analicemos estas cuatro voces más de cerca.

La voz de Dios siempre irradia confianza, amor y paz. Te dirá: "Te amo infinitamente, no importa lo que hagas o lo que decidas." Como Santo Tomás de Aquino señala, Dios no nos ama porque somos buenos, Él nos ama porque Él es bueno.[36] Su voz nos insta a desear la bondad, a aborrecer el mal, a amar a otras personas, a arrepentirnos cuando pecamos, y a mostrar compasión y misericordia hacia los demás. Muchas veces en mi vida, he oído la voz de Dios a través de un pensamiento súbito e inesperado, "¿Por qué no vas a visitar a Margaret Jones? Ella ha estado muy mal últimamente y realmente necesita aliento y oración." Yo no había pensado en Margaret en mucho tiempo, pero el Señor me estaba diciendo que necesitaba visitarla.

Cuando yo era director vocacional, el Espíritu Santo a veces me hablaba de repente llenando mi mente con el pensamiento de ponerme en contacto con un joven que estaba discerniendo. "¡Llámalo ahora mismo!", el Señor parecía decirme. Cuando el joven respondió el teléfono, me dijo, "No lo puedo creer, Padre. Estaba orando a Dios para que me enviara una señal que debía ir al seminario, y aquí me está llamando." O un hombre me decía que había recibido una carta de la oficina de vocaciones invitándole a un retiro el mismo día en que terminó su novena a Santa Teresita de Lisieux, una novena preguntando a Dios si debía ir al seminario. Tales eventos sucedieron una y otra vez durante mis diez años como director vocacional.

La voz de Dios puede hacerse oír en diferentes momentos del día, y no sólo durante la oración. Podemos reconocer Su voz fácilmente cuando nos dice que nos ama, que quiere que lo amemos, que amemos a los demás, que sirvamos a los demás, y nos arrepintamos de nuestros pecados. ¡Estas son las cosas que esperamos que Dios nos diga! El desafío es cuando nos dice cosas inesperadas. Es difícil estar seguro de la respuesta cuando le preguntamos cosas como:

~ ¿Debo pedirle una cita a esa chica?

~ ¿Qué debo hacer para ayudar a mis padres con sus problemas matrimoniales?

~ ¿A qué universidad debo ir?

~ ¿A quién debo pedirle que sea mi director espiritual?

~ ¿Cuándo debo llamar a mi director vocacional diocesano?

~ ¿Cuál es mi vocación?

Sigue haciendo este tipo de preguntas y continúa *escuchando activamente* las respuestas. A veces Dios no responde inmediatamente a nuestras preguntas por motivos importantes: porque aún no estamos listos para escuchar la respuesta, porque todavía no estamos en condiciones de actuar, o porque simplemente no ha llegado el momento de conocer esta información. Esto puede ser frustrante. ¡Pero sé paciente!

La mínima información necesaria

A menudo digo a los seminaristas que Dios nos da la información como en el ejército: "la mínima información necesaria." Si estás diligentemente haciendo la voluntad de Dios en tu vida, te prometo que Dios te proporcionará la información claramente en el momento adecuado. Tu trabajo consiste en estar abierto a la voz del Señor y preparado para cuando Dios te hable acerca de tu vocación. Dios sabe cuándo es el momento adecuado. Solo síguele diciendo a Jesús: "Habla Señor, que tu siervo escucha. Quiero querer lo que quieres."

"Existen tres tipos de personas: los que han buscado a Dios y lo han encontrado, esos son sensatos y felices; los que han buscado a Dios y no lo han encontrado, esos son sensatos pero infelices; y los que ni le han buscado a Dios y ni lo han encontrado, esos son insensatos e infelices."[37]

Blaise Pascal

Una vez hablé con un seminarista que me dijo que, mientras estaba en la universidad, cada vez que rezaba se ponía a pensar en el sacerdocio. Le pregunté, "¿Qué hiciste?" Él respondió: "¡Dejé de rezar!" Durante varios meses este joven siguió asistiendo a misa el domingo pero se negaba a rezar. Él tenía una novia y estaba haciendo planes para casarse con ella. Pero evitar la oración no le funcionó por mucho tiempo; no podía permanecer lejos de Jesús. Él lo quería demasiado. Así que con el tiempo empezó a rezar de nuevo y una vez más comenzó a pensar sobre el sacerdocio. Con el tiempo entró en el seminario. Muchos jóvenes entran a este tipo de juego. ¡Gracias a Dios, nuestro Dios es un Dios muy paciente!

¿Es realmente Dios quien me habla?

¿Qué pasa con las otras tres voces? Muchos jóvenes me han preguntado: "Padre, cuando estoy orando y haciéndole preguntas a Dios, ¿cómo puedo saber si es realmente Dios quien me habla o si es sólo mi propia mente?" Es una pregunta muy buena. Mi recomendación es que cuando un nuevo pensamiento se produce durante la oración, te preguntes: "¿Quién me está hablando a mí ahora? ¿Dios, el mundo, yo mismo, o Satanás?" Usa el proceso de eliminación. Por ejemplo, puedes tener con frecuencia el pensamiento de ser rico, famoso y poderoso. Pero sabes que Jesús nos enseña lo contrario: "Bienaventurados los pobres de espíritu, los mansos, los humildes, porque heredarán la tierra" Está claro que el deseo de dinero y poder no es la voz de Dios, entonces esto te deja tres posibilidades.

Recuerda que Satanás ha sido descrito como el príncipe de este mundo, por lo que su voz siempre tendrá eco en la voz del mundo. Nosotros oímos esta voz del mundo y del diablo y vemos su mensaje por todas partes. Esta es la razón por las que las Misioneras de la Caridad a menudo citan a la Beata Madre Teresa de Calcuta cuando dijo que la televisión es el "tabernáculo de Satanás en nuestras casas." Tantas personas se sientan delante de este tabernáculo cinco a seis horas al día escuchando la voz de Satanás y del mundo. Esto puede hacer que la voz suave y apacible de Dios sea casi inaudible. ¡Dale a Dios su tiempo en silencio y le oirás hablar con claridad! Pídele al Espíritu Santo por el regalo del "discernimiento de voces."

Satanás, el mentiroso

La voz de Dios es más fácil de identificar cuando te dice que te ama y que quiere que confíes en Él. Esto te hace sentir en paz. La voz de Satanás muy a menudo te hará sentir ansiedad y miedo. Recuerda que Satanás es muy malo y astuto. San Ignacio de Loyola, en su artículo catorce del discernimiento de espíritus, ofrece una visión atinada de las tácticas contra Satanás.

> El enemigo que anda siempre rondando la naturaleza humana examina todas nuestras virtudes teologales, cardinales y morales, y por donde nos hallamos débiles y más necesitados para nuestra salvación eterna, por allí nos ataca y procura agarrarnos.[38]

Al igual que un comandante militar observa la línea enemiga y encuentra el punto más débil, Satanás estudia tus debilidades y sabe exactamente cuándo y dónde atacar. Por ejemplo, si eres una persona a quien le resulta difícil confiar, tal vez debido a un problema familiar en tu pasado, Satanás te hablará constantemente acerca de este problema. Él te empujará a desconfiar de todo el mundo, sobre todo de Dios: "Mira lo que ha sucedido. No se puede confiar en Dios. Confía en ti mismo solamente. Haz lo que creas que sea mejor. No le preguntes nada a Dios."

Esta incapacidad de confiar en Dios es un serio obstáculo en el discernimiento y Satanás la usa a menudo. Reconoce esta voz y recházala. Por ejemplo, puede que te encuentres pensando y sintiendo temor sobre el sacerdocio, "no puedo hacer esto. Me gustan demasiado las chicas. Yo nunca podría levantarme y predicar una homilía frente a todas esas personas. Temo que yo no sea lo suficientemente santo." Esta es probablemente la voz de Satanás, quien utiliza el miedo como su arma más poderosa. Él tratará de camuflarse en tu propia voz desordenada.

Es normal que te inquietes si piensas que serás sacerdote contando solo con tus propias fuerzas. ¡No es así! Sólo se puede vivir la vocación al sacerdocio a través de la gracia de Dios. Estos tipos de pensamiento demuestran que te estás buscando a ti mismo y no a Jesús (primer error) y que estás escuchando tu propia voz y no la voz de Cristo (segundo error). Es por eso que no estás seguro y que estás lleno de temor. San Pablo dice: "Todo lo puedo en Cristo que me da la fuerza" (Filipenses 4, 13). Dios nunca te enviará a donde su gracia no te pueda sostener.

Recházala, corrígela, u obedécela

Cuando una persona identifica la voz que le está hablando debe hacer una de estas tres cosas: rechazarla, corregirla u obedecerla. Si es la voz de Dios, obedécela. Si es la voz de Satanás o del mundo, recházala. Pero si es tu propia voz, tienes que decidir si está diciendo la verdad. A veces será cierta y otras veces te engañará. Si tu propia voz te está diciendo, "Nunca seré feliz siendo sacerdote. Siempre estaré triste porque no me puedo casar y porque no puedo hacer lo que quiero", entonces necesitas corregir esta voz. La verdad es que nunca serás tan feliz como haciendo nada más y nada menos que la voluntad de Dios en tu vida, sea la que fuese.

Si verdaderamente quieres oír la voz de Dios, especialmente con respecto a tu vocación, es necesario reducir al mínimo otras voces y maximizar la voz de Dios, que habla en un tono bajo y tranquilo. ¡La Santísima Virgen María no estaba escuchando su iPod cuando el Arcángel Gabriel se acercó a ella con un mensaje de Dios! Mujer de silencio, ella oyó claramente la voz de Dios.

Una vez, al compartir esta idea en un retiro un joven respondió: "Bueno, si un ángel viene a mí como Gabriel lo hizo con la Virgen María, esta voz sería muy clara. Yo respondería a la llamada de Dios y aceptaría su voluntad." Le recordé las palabras de Jesús en la parábola de Lázaro y el rico. Cuando el hombre rico que estaba en el infierno le pedía a Abraham que enviara a alguien de entre los muertos para advertir a sus hermanos, Abraham respondió: "Si no escuchan a Moisés y a los profetas, tampoco harán caso aunque resucite un muerto"(Lucas 16, 31). Los ángeles vienen a ti todo el tiempo. ¡Jesús ha resucitado de entre los muertos! La voz de Dios viene a ti todo el tiempo. Con el tiempo debes dar una respuesta. Lo hizo María: "He aquí la esclava del Señor. Hágase en mí según tu palabra."

"Señor Jesucristo, Pastor bueno de nuestras almas, tú que conoces a tus ovejas y sabes cómo llegar al corazón del hombre,... Sacude el alma de los jóvenes que quisieran seguirte, pero no saben vencer las dudas y los miedos, y acaban por escuchar otras voces y seguir otros callejones sin salida. Tú, que eres la Palabra del Padre, Palabra que crea y salva, Palabra que ilumina y sostiene los corazones, vence con tu Espíritu las resistencias y vacilaciones de los espíritus indecisos; suscita en aquellos a quienes llamas valor para dar la respuesta de amor: "¡Heme aquí, envíame!""[39]

Beato Papa Juan Pablo II

Oración frente al Santísimo Sacramento

> El joven Samuel estaba al servicio del Señor con Elí. La palabra del Señor era rara en aquel tiempo y no eran frecuentes las visiones. Un día estaba Elí acostado en su habitación. Sus ojos comenzaban a debilitarse y apenas podía ver. La lámpara de Dios todavía no se había apagado. Samuel estaba durmiendo en el santuario del Señor, donde estaba el arca de Dios. El Señor llamó a Samuel: "¡Samuel, Samuel!" Samuel respondió: "Aquí estoy." Fue corriendo a donde estaba Elí y le dijo: "Aquí estoy, porque me has llamado." Elí respondió: "No te he llamado, vuelve a acostarte. Y Samuel fue a acostarse. Pero el Señor lo llamó otra vez: "¡Samuel!" Samuel se levantó, fue a donde estaba Elí y le dijo: "Aquí estoy, porque me has llamado." Respondió Elí: "No te he llamado, hijo mío, acuéstate de nuevo. (Samuel no conocía todavía al Señor. No se le había revelado aún la palabra del Señor.) Por tercera vez llamó el Señor a Samuel; este se levantó, fue donde estaba Elí y le dijo: "Aquí estoy, porque me has llamado." Comprendió entonces Elí que era el Señor quien llamaba al joven, y le aconsejo: "Vete a acostarte, y si te llaman, responde: Habla, Señor, que tu siervo escucha." Samuel fue y se acostó en su sitio. Vino el Señor, se acercó y lo llamó como las otras veces: "¡Samuel, Samuel!" Samuel respondió: "Habla que tu siervo escucha."
>
> 1 Samuel 3, 1-10

Esta maravillosa historia del Antiguo Testamento nos enseña por lo menos tres cosas muy importantes sobre la voz de Dios. En primer lugar, todo hombre que está discerniendo el sacerdocio diocesano debe pasar periódicamente un tiempo en silencio ante el Santísimo Sacramento. Así como Dios le habló a Samuel en el templo, donde el arca de Dios estaba presente Él te hablará con fuerza ante el Santísimo Sacramento. Este es el "Santo de todos los Santos", la presencia misma de Jesucristo, en cuerpo, sangre, alma y divinidad. ¿No te parece que oirás su voz con mayor claridad allí?

En segundo lugar, aprender a escuchar y distinguir la voz de Dios es un arte, que se adquiere sólo a través del esfuerzo. "Samuel no conocía todavía al Señor. No se le había revelado aún la palabra del Señor." Tenemos que practicar la oración en silencio y escuchar a Dios.

Por último, cuando un joven está aprendiendo a discernir la voz de Dios, necesita especialmente una persona con más experiencia para guiarlo. Elí fue como un director espiritual para Samuel: "Vete a acostarte, y si te llaman, responde: Habla, Señor, que tu siervo escucha."

Yo siempre recomiendo que un hombre que está discerniendo el sacerdocio pase como mínimo una hora continua a la semana delante del Santísimo Sacramento. Busca una capilla que tenga adoración eucarística y donde la Santa Eucaristía está expuesta en la custodia e inscríbete a un turno de una hora. Si encuentras uno disponible para ti, entonces sólo tienes que ir y sentarte en la iglesia delante del tabernáculo. ¡Pídele al Espíritu Santo para que aumente el volumen de la voz de Dios y para que ensordezca todas las otras voces!

¡Te digo que no te conozco!

San Vicente de Paúl nació de padres campesinos en un pequeño pueblo cerca de Dax, Francia. Él tuvo tres hermanos y dos hermanas. Su padre, dándose cuenta que era piadoso e inteligente, hizo todos los sacrificios necesarios para enviarlo a la escuela para que llegara a ser sacerdote. En aquellos días, la vida de un sacerdote era muy privilegiada. San Vicente fue enviado a París para estudiar para el sacerdocio y pasó allí algunos años, disfrutando mucho de todo lo relacionado con esa vida. Un día, su padre llegó de forma inesperada. Había recorrido todo el camino de Dax (dos horas en autobús, incluso hoy en día). Él había venido a visitar a su hijo, y tenía hambre y estaba agotado;

su ropa ordinaria de campesino estaba cubierta con el polvo del viaje. Otro seminarista abrió la puerta y no podía creer que este campesino sucio fuera el padre de Vicente. Subió a la habitación de San Vicente y le dijo: "Hay un campesino en la puerta que dice que es tu padre. ¿Pero esto no puede ser verdad, no?" San Vicente estaba enamorado de la educación, el prestigio y sus vestidos finos, así que cuando vio lo sucio y mal vestido que estaba su padre, dijo "Yo no lo conozco." A su propio padre, que había hecho muchos sacrificios por él, que lo amaba tanto y que había viajado muy lejos para verlo, San Vicente le dijo: "Yo no te conozco." Su pobre padre estaba devastado y se alejó con tristeza.

San Vicente fue ordenado sacerdote a la edad extraordinaria de veinte años y poco después, entró en una crisis de fe. Admite que, al comienzo, su ambición fue vivir cómodamente, lo que logró. Fue capellán de la reina Margarita de Valois y recibía el ingreso de una pequeña abadía. Un día, mientras celebraba la Santa Misa y levantaba el cáliz, oyó muy claramente una voz que le decía: "Te digo, yo no te conozco." Su crisis de fe, sin duda provenía del maltrato a su padre y su experiencia en la Misa pero sobre todo la crisis fue causada por *la forma en que vivía su sacerdocio*. Había estado estudiando para ser un eclesiástico, no un sacerdote de Jesucristo. Él no conocía la voz de Cristo y no estaba escuchándola ya que había otras tantas voces que hablaban en voz alta. Él estaba vacío y deprimido. Como más tarde reconoció, no hay nada peor que un sacerdote que conoce la teología, pero no conoce a Jesús.[40]

Durante esta crisis de fe, San Vicente de Paul desapareció durante tres años. Sufrió mucho durante ese tiempo y cuando regresó a París ya era un sacerdote diferente. De inmediato viajó a Dax a pedir perdón a su padre por haberlo negado. Comenzó a vivir toda su vida al servicio de los pobres, ya no como un eclesiástico. San Vicente de Paúl más tarde hizo un gran trabajo en la formación de seminarios. Él escribió: "No hay nada más perfecto que la formación de un buen sacerdote."[41]

Creo que una de las razones por las cuales San Vicente se centró en la formación sacerdotal se debió a que inicialmente no se formó como un buen sacerdote. Él nunca había aprendido a escuchar la voz de Jesús, hasta que oyó esas palabras horribles ese día en la Misa "Te digo, yo no te conozco." Aprender a reconocer la voz de Dios no es un ejercicio opcional para el sacerdote.

El pecado nos ensordece a la voz de Dios

La Beata Madre Teresa de Calcuta siempre decía que el alma es la ventana por donde podemos ver a Dios y oír su voz. Si una persona vive su vida en pecado grave, entonces esta ventana no estará limpia. Se necesita limpiar la ventana. Si un hombre tiene dificultades para oír la voz de Dios, yo siempre le pregunto cuánto tiempo ha pasado desde la última vez que fue a confesarse.

Esfuérzate por vivir una vida de virtud cristiana, Confiésate con regularidad y mantén esa ventana de comunicación abierta y limpia. La voz de Dios será mucho más perceptible.

Revelación privada

El lugar principal de la revelación privada es el corazón humano. La Revelación Pública (con un R mayúscula) terminó con la muerte del último apóstol, e incluye la Sagrada Escritura, la Sagrada Tradición y las enseñanzas del Magisterio de la Iglesia Católica. Es una revelación viva ya que el Espíritu Santo sigue guiando a su Iglesia a través del Santo Padre y los obispos del mundo. Pero la revelación privada, el tipo de la revelación necesaria para el discernimiento de la vocación sacerdotal es diferente. Tú no puedes abrir el Evangelio de Mateo y leer directamente de los labios de Cristo, "Ah, y por cierto, Thomas O'Malley, de Arlington, Virginia, te estoy llamando para ser sacerdote diocesano." Aunque tu propia vocación sin duda puede serte indicada en las Escrituras, se siente por primera vez en el corazón. Estoy usando la palabra "corazón" y "alma" en el mismo sentido más o menos: el más profundo refugio de la persona humana, donde habita el Espíritu Santo. Esta es la razón por la cual tu director espiritual te preguntará de vez en cuando, "¿Qué estás sintiendo y pensando en el fondo de tu alma?"

Sé consciente de que tu propia voz a veces puede ser erróneamente motivada por el egoísmo, el orgullo o la pereza. Necesita ser corregida, sobre todo cuando tu propia voz es autocrítica: "No eres capaz de hacer eso. Eres un pecador. Nadie te ama. Eres un fracaso. Nunca has tenido éxito en nada. Nunca llegarás a nada." Pensamientos como estos puede surgir de una baja auto-estima, pero Satanás ciertamente construirá sobre esta tendencia negativa. Corrige esta voz mirando hacia Cristo y haciendo un acto de confianza. Tus fracasos anteriores y la historia personal de pecado no deben eclipsar tu discernimiento. Deja que tu director espiritual y director vocacional te ayuden en esta parte del discernimiento. La pregunta esencial sigue siendo la misma. ¿Me llama Dios a ser sacerdote y está mi corazón en paz con esta decisión?

Sin embargo, las revelaciones privadas deben ser examinadas. Lo que tú crees que Dios te está diciendo siempre debe ser verificado a través de estas preguntas:

~ ¿Está mi revelación privada en conformidad con la enseñanza de la Iglesia?

~ ¿Está de acuerdo con la Revelación Pública de la Iglesia?

~ ¿Es compatible con los talentos que Dios me dio, con sus deseos y las circunstancias de la vida?

Una señora me dijo una vez que Dios le había hablado claramente diciendo que ya no era necesario que ella asistiera a misa o recibiera los sacramentos. Lo único que necesitaba era el

Espíritu Santo y la oración carismática. Yo le informé que ella no estaba escuchando la voz de Dios, sino la voz de Satanás. ¡Dios nunca nos manda hacer lo contrario de lo que ya ha ordenado que hagamos!

No estoy diciendo que la voz de Dios nunca nos llame a hacer cosas que dan miedo. Su llamado es a veces muy aterrador. Por esto, tantos hombres huyen de la llamada al sacerdocio durante largo tiempo. Es un llamado a confiar en Él, incluso cuando se te pide hacer algo que será muy difícil. Esta es la forma en que crece nuestra fe.

La elección entre el bien y lo mejor

A menudo, en el discernimiento vocacional, el conflicto radica en tener que elegir entre dos cosas buenas, por lo general entre el matrimonio y el sacerdocio. La voz que escuchas en el fondo podría decirte: "Quiero ambas cosas." Pero esta no es la voz de Dios. Él te está llamando a una sola de estas dos cosas buenas. Los griegos llaman a esto "la trágica exclusión." Al elegir una vocación, que es un compromiso de por vida, trágicamente debes renunciar a otra vocación maravillosa, a la que te sientes también muy atraído. El discernimiento no es una elección entre el bien y el mal, pero a menudo una elección entre el bien y lo mejor. Lo mejor para ti es tu vocación. La voz de Satanás, porque él conoce tu bondad y tu deseo de hacer la voluntad de Dios, a veces usará una táctica diferente. Él nos tienta a no hacer el mal, pero a aceptar sólo lo bueno, no lo mejor. Rebajar la voluntad de Dios es una táctica muy eficaz de Satanás.

"La mayor de las tentaciones humanas es conformarse con muy poco."[42]

Thomas Merton

No aceptes nada menos que la perfecta voluntad de Dios para ti. La voz de Dios resonará con tu propia voz, cuando estés pensando en tu verdadera vocación. En otras palabras, si estás pensando con la mente en Cristo, entonces la voz que escucharás será siempre la de Él.

Una manera de practicar el discernimiento de voces es llegar a ser consciente de tus pensamientos cuando tu mente está libre. ¿A dónde vaga tu mente cuando no estás ocupado, cuando estás acostado en tu cama a solas en la noche, sin nadie a quien tener que causar una buena impresión? Pregúntale a Dios, "Señor, ¿por qué pienso en esto tanto? ¿De quién es la voz? ¿Qué me estás diciendo a través de esta voz o atracción?"

La palabra "discernimiento" significa "distinguir entre diferentes cosas." Aprender a distinguir la voz de Dios de entre todas los demás es una parte esencial de discernir una vocación al sacerdocio diocesano. "Habla, Señor, que tu siervo escucha".

CAPÍTULO 9

LAS SIETE ETAPAS DE UN DISCERNIMIENTO DILIGENTE

Con los años, y a través de mi experiencia de trabajo con los hombres que están discerniendo el sacerdocio diocesano, he desarrollado siete etapas de discernimiento. Creo que la mayoría de los hombres pasan por estas etapas en un grado u otro. Te será útil examinar estas etapas y tratar de colocarte en una etapa en particular. Al hacerlo, sabrás lo que debe suceder en la próxima etapa a fin de seguir avanzando. Ten en cuenta que toda vocación es un misterio, y por lo tanto cada hombre pasa a través de estas etapas de manera diferente en el camino al sacerdocio. Algunos pasan a través de las primeras etapas sólo para discernir que Dios *no* los está llamando al sacerdocio. Otros siguen todo el camino hasta la ordenación.

Etapa 1: La llamada inicial

Un hombre en la etapa 1 ha experimentado recientemente la atracción al sacerdocio por primera vez. Esta etapa inicial de discernimiento a menudo se produce durante la infancia, tal vez en la Misa, en un aula de la escuela católica, o cuando un sacerdote invita a considerar el sacerdocio. Por lo general, es una atracción fascinante que no se entiende bien, y lo deja a uno con una sensación de admiración. Tal vez por eso muchos jóvenes católicos "juegan a la misa" de niños.

Sin embargo, para algunos hombres esta llamada inicial ocurre en la edad adulta, y puede ser una experiencia disonante. Puede suceder después de un buen retiro, una homilía, o un tiempo de oración. Puede suceder después de que otra persona mencione la posibilidad del sacerdocio. Por lo general, implica ser atraído por un sacerdote especialmente santo o ejemplar. He visto provocarse esta atracción al asistir a una Misa de

Ordenación, al ser invitado personalmente por el obispo, al leer un libro, ver una película o soportar una tragedia. He leído en las autobiografías de algunos seminaristas que pensaron por primera vez en ser sacerdotes cuando leyeron acerca de un escándalo que involucraba a algún sacerdote. Ellos pensaron, "La Iglesia necesita sacerdotes buenos. Tal vez debería considerarlo."

En esta etapa, el joven siente una misteriosa atracción inicial al sacerdocio. Es misteriosa porque en esta etapa él no tiene información sobre el sacerdocio, el discernimiento, o el seminario. Las emociones primarias son el entusiasmo y el asombro. "¿Podría Dios realmente estar llamándome a ser sacerdote?"

Etapa 2: Período de estado latente

Un hombre en la etapa 2 ha estado pensando sobre el sacerdocio durante algún tiempo, por lo general por un par de años, dependiendo de cuándo entró en la etapa 1. Él sin embargo no piensa en esto cada día. Por lo contrario, pasan muchos días en los cuales no se piensa en esto en absoluto. La idea sale a flote de vez en cuando, normalmente en la misa, mientras reza en la noche o cuando otra persona lo menciona. No se ha convencido de que el sacerdocio es una posibilidad real. A veces un hombre en la etapa 2 prematuramente "decidirá" que no está llamado al sacerdocio.

No obstante, esta persona ha reunido más información al hablar con sacerdotes o seminaristas, visitando sitios web vocacionales o leyendo materiales vocacionales. Por lo general, se trata de un "discernimiento al estilo ciber," se busca información de forma anónima en Internet. También puede que esté orando por su vocación y pidiéndole a Dios que le dé una señal, pero la oración es esporádica. Por lo general, este hombre nutre la esperanza de que la idea del sacerdocio sea un capricho pasajero, y que un día será capaz de casarse y olvidarse de todo. Si es un adulto, puede salir con mujeres con la esperanza de enamorarse. Él puede estar orando: "Dios, por favor dime que el sacerdocio no es lo que quieres de mí." Las emociones primarias son un creciente temor y negación. "¿Por qué sigo pensando en esto?" Un hombre en la etapa 2 no es está muy contento con la idea del sacerdocio.

Etapa 3: Período de evaluación

Un hombre en la etapa 3 se da cuenta de que su atracción por el sacerdocio no va a desaparecer, a pesar de que ha tratado de evitarla. Este hombre está haciendo un esfuerzo más serio para crecer en su fe y su vida de oración. Puede ser que encuentre un director espiritual, porque se da cuenta de que necesita ayuda en el proceso de discernimiento. Él comienza a pelear la batalla espiritual de rendirse a la voluntad de Dios, y algunos días gana esta batalla, y otros días la pierde. El amor de este hombre por Dios está madurando y comienza a entender la alegría de poner su vida a disposición de Jesús y de su Iglesia. Su deseo de servir a los demás es cada vez mayor, como también lo es la felicidad que experimenta al servir.

Un hombre en esta etapa está evaluando temores específicos: el temor al celibato, el temor de no ser un santo sacerdote, el miedo a la soledad y el miedo a predicar delante de la gente. Con la ayuda de su director espiritual, comienza a evaluar sus cualidades para ver si tiene la capacidad de convertirse en sacerdote. Él ahora está reuniendo información mucho más específica sobre el sacerdocio y la vida del seminario. ¡Un hombre en la etapa 3 podría leer un libro como éste, mientras que un hombre en la etapa 2 probablemente no!

A pesar de que sigue siendo discreto sobre su discernimiento al sacerdocio, puede contactar a su director vocacional y darle a conocer que ya se encuentra en el proceso. Puede que vaya a un retiro de discernimiento patrocinado por la oficina de vocaciones, pero quizás con la esperanza de "excluirse del sacerdocio". Quisiera ser capaz de mirar a Jesús a los ojos y decirle: "Yo realmente he discernido el sacerdocio y me has hecho saber que esta no es mi llamada. Yo he sido generoso; estaba dispuesto a sacrificar algo muy preciado (el matrimonio y la familia) y me alegro de que no me hayas pedido hacer este sacrificio."

Este hombre a menudo todavía está saliendo con chicas, con la esperanza aún más desesperada de enamorarse de su futura esposa y de darse cuenta que el sacerdocio no podría estar en el plan de Dios para él. Está tratando de mantenerse sexualmente puro, consigo mismo y con las jóvenes con que sale. Está tratando de determinar específicamente si él puede vivir una vida de castidad, de celibato. La emoción primaria sigue siendo el miedo, aunque hay un creciente amor y confianza en Dios. A pesar de que aún puede tener la esperanza de que Dios no le esté llamando al sacerdocio, un hombre en la etapa 3 comienza a ver que podría ser feliz siendo un sacerdote. Por primera vez, se siente, en una pequeña medida, contento.

Etapa 4: Giro en el discernimiento

Un hombre en la etapa 4 se está moviendo rápidamente hacia la entrega y la aceptación de la voluntad de Dios. Él ha sido fiel a la oración, ha asistido a los retiros, ha reunido la información y ha llegado a la conclusión de que Dios está, probablemente, llamándolo a ser sacerdote. Siente una sensación de paz hacia esta vocación predeterminada por Dios. Su director espiritual y director vocacional le dicen que tiene los signos y las cualidades. Todavía puede tener la esperanza que Dios sólo lo llame al seminario por un año o más, pero no al sacerdocio.

Un hombre en la etapa 4 ha tomado la decisión de que ya no puede salir con chicas durante este tiempo. Se da cuenta de que esto no es justo para la mujer o para Dios. Debe abstenerse de salir, al menos hasta que discierna si Dios no le está llamando al sacerdocio. Él está hablando seriamente con su director espiritual o confesor sobre el celibato y la evaluación de su capacidad para vivir la castidad como sacerdote.

El elemento esencial de la fase 4 es el conocimiento de que su discernimiento no puede seguir adelante fuera del seminario. Él está girando en círculos: sabe que debe transferir su discernimiento del mundo común a un ambiente de seminario. Entiende que ir al seminario no es una decisión final para ser sacerdote, sino sólo el siguiente paso necesario en el proceso. Este hombre les comunica a su familia y amigos cercanos que está pensando en probar el seminario. Sin duda tiene algunas ansiedades y miedos, pero también tiene un amor más fuerte y confianza en Dios. Él ha visto las señales, ha sentido la llamada, la llamada es persistente, está creciendo en paz interior, y su director espiritual le ha recomendado que vaya al seminario. Este hombre está pensando: "No lo puedo creer. En realidad podría llegar a ser un sacerdote. ¡Y creo que incluso podría ser feliz como un sacerdote!" Por último, le pregunta a su director vocacional si pudiera comenzar el proceso de solicitud.

Etapa 5: Discernimiento en el seminario

El hombre en la etapa 5 ha sido aceptado como seminarista por su Obispo, y el Obispo lo ha asignado a un seminario específico. Por lo general asocio la etapa 5 con los dos primeros años de seminario. Esta es una etapa muy importante en el discernimiento. Ahora tiene un plan de desarrollo espiritual de la vida: va a misa todos los días, reza ante el Santísimo Sacramento, y estudia seriamente la fe. Vive en el seminario, rodeado de otros jóvenes que también están discerniendo el sacerdocio diocesano. Él está muy entusiasmado con su fe, pero aún no está seguro de que llegará a ser ordenado sacerdote. Le dice a la gente: "El seminario es a donde Dios me está llamando en este momento, pero no estoy seguro de que voy a terminar siendo sacerdote."

En los primeros años de seminario, este hombre está enamorado de Jesús y la fe católica. Ora, va a dirección espiritual, estudia y sirve; habla con sus compañeros de seminario acerca de su discernimiento vocacional. Le pide a Dios todos los días una mayor certeza de que debe ser sacerdote. Ora sobre si debe asistir al seminario otro año. Este hombre acepta en paz el sacerdocio y tiene una creciente convicción de que va a terminar como sacerdote, aunque aún mantiene sus opciones abiertas. Sus amigos, familiares y conocidos saben que él está en el seminario y él está contento de contestar a sus preguntas. Su foto está en el póster de los seminaristas diocesanos.

Etapa 6: Una paz consistente

Este hombre ha estado en el seminario de dos a cuatro años y ha crecido enormemente en la fe, la oración, el conocimiento y la generosidad. Este hombre conoce a Jesús personalmente. Ha pasado incontables horas en la oración y el estudio y es muy capaz de enseñar a otros acerca de Cristo. La emoción de los primeros años en el seminario ha pasado y ahora está haciendo el trabajo duro de la formación sacerdotal a través de la oración diaria y el estudio. Este hombre está acostumbrado a la idea de que es muy probable que llegue a ser sacerdote.

Él se conoce a sí mismo mucho mejor ahora y sabe que puede cumplir con los deberes del sacerdote. Ha trabajado varios veranos en las parroquias y descubre que realmente le encanta vivir en una parroquia y hacer trabajo parroquial. Piensa y siente que Dios quiere que sea sacerdote, y experimenta paz y felicidad. Él todavía está hablando con su director espiritual sobre el celibato y la castidad y reza para que Dios le dé el don de vivir el celibato con paz en el alma. Está recibiendo el apoyo del equipo de formación en el seminario, de su director espiritual, de su director vocacional y de su Obispo. Este hombre está dejando la etapa de discernimiento. Él, y todos los demás, asumen que va a ser sacerdote. Está muy entusiasmado con esto y espera con ansias su ordenación.

Etapa 7: Certeza moral

La etapa 7 comienza *a más tardar* cuando un hombre llega al seminario para iniciar el tercer año de teología. Esta no es realmente una etapa de discernimiento sino el final del discernimiento. Un hombre en la etapa 7 ya no le pregunta a Dios si debiera llegar a ser sacerdote o si él tiene el don del celibato. Se está preparando para ser ordenado diácono al final del tercero de teología y, a continuación, un año más tarde, será ordenado sacerdote. Este hombre ha alcanzado la certeza moral de que esta es la voluntad de Dios. No está absolutamente seguro, porque eso no es posible, pero ha recibido todas las indicaciones que debe ser sacerdote. Este hombre todavía podría estar orando para que Dios lo detenga si no quisiera que él llegue a ser sacerdote. Pero él dice: "Señor, a menos que me envíes una clara señal de que quieres que me detenga, voy a seguir adelante."

Un hombre en la etapa 7 no le pregunta a Dios si debiera convertirse en sacerdote, sino que le pide que le ayude a ser un buen y santo sacerdote. Este hombre no tiene más miedo a la idea de ser sacerdote. Él confía, por la gracia de Jesucristo y de su amplia formación, que puede hacer lo que un sacerdote hace y ser lo que es un sacerdote. La emoción primaria asociada con la etapa 7 es la felicidad.

Envíale un correo electrónico a tu director vocacional y cuéntale acerca de tu actual etapa de discernimiento. Él te aconsejará cómo proceder.

Haciendo un discernimiento diligente

Con el fin de pasar a través de estas siete etapas, tendrás que hacer un *discernimiento diligente*. La palabra "diligente" viene de una palabra latina *diligere* que significa amar y elegir, o responder de manera apropiada, después de un cuidadoso estudio. La palabra "discernimiento" viene de la palabra latina *discernere* que significa escudriñar, o distinguir entre varias cosas.

Por lo tanto, definiré un discernimiento diligente como un proceso de oración y de estudio cuidadoso que tiene lugar durante un período de tiempo adecuado. Se requiere información precisa sobre el sacerdocio, la guía del Espíritu Santo, un buen director espiritual, y de un director vocacional. Una vez que un hombre ha discernido con diligencia de esta manera, puede estar seguro que Dios lo ama demasiado como para dejar que él cometa un error. Un discernimiento diligente incluye:

~ Un plan diario y espiritual de vida, que incluya por lo menos treinta minutos privados de oración en silencio. ¡Si no oras, no estás discerniendo!

~ Vivir una vida moral cristiana coherente e ir a la confesión con regularidad.

~ Obtener información buena y precisa sobre el sacerdocio diocesano y sobre cómo discernir tu vocación.

~ Ver a un director espiritual sabio y santo al menos cada mes (o tan a menudo como sea posible) y ser abierto y honesto con él sobre todo.

~ Un contacto regular con el director vocacional diocesano y el Obispo. ¡No puedes discernir el sacerdocio diocesano sin la Iglesia!

~ La asistencia a grupos regulares de discernimiento, a las horas santas y a retiros vocacionales.

~ Servir a los demás con generosidad en forma regular y continua.

~ Hacer todo lo anterior fielmente durante un período prolongado de tiempo (generalmente por más de un año).

~ Tener el coraje de tomar la decisión de moverte en una dirección u otra, una vez que hayas realizado un discernimiento diligente.

Un discernimiento diligente conduce a una generosa decisión de pasar a la siguiente etapa del discernimiento e ir al seminario. Por supuesto, también podría llevar a un hombre a tomar la decisión correcta de que Dios no lo llama al sacerdocio diocesano. Ahora puedes excluir esta posibilidad y continuar el discernimiento de la voluntad de Dios con respecto a tu vocación.

He conocido a hombres que vieron un solo vídeo sobre el sacerdocio en un sitio web, oraron unos días, y luego me anunciaron con certeza, "Padre, Dios no me está llamando al sacerdocio. Le pregunté y me dijo que no." Esto es prematuro, inmaduro e irresponsable. Esto no significa estar abierto a la voluntad de Dios y no es un discernimiento diligente. ¡Por otro lado, he conocido a hombres que han pasado por el proceso de discernimiento durante veinte años y todavía están "discerniendo" hoy! Todavía no han tomado una decisión. Pero, en realidad, sí han tomado una decisión-la decisión de no hacer nada. ¡El discernimiento no es una vocación! Un discernimiento diligente significa que un hombre discierne durante un período *suficiente de tiempo* y luego toma una decisión valiente y actúa sobre ella.

CAPÍTULO 10

IDEAS PRÁCTICAS PARA DISCERNIR LA VOCACIÓN SACERDOTAL DIOCESANA

Hasta ahora, he cubierto algunos de los requisitos previos para discernir la vocación al sacerdocio diocesano, que a veces se conoce como "una preparación remota." En este capítulo, voy a ofrecerte algunas ideas prácticas para el discernimiento, o lo que a veces se conoce como "una preparación próxima." He visto dar fruto a muchas de estas prácticas, pero todas ellas no serán aplicables para todo el mundo. No pienses que tienes que hacer todas estas cosas antes de poder ir al seminario.

"Incluso si estás en el camino correcto, *te atropellarán si sólo te sientas allí."*[43]

Will Rogers

---

1. Dios no puede conducir un auto estacionado. ¡Es tiempo de moverte!

Si un hombre se está moviendo, recopilando información, orando, creciendo en la santidad, investigando en sitios web sobre las vocaciones, leyendo libros, hablando con su director espiritual, entonces el Señor puede guiar sus movimientos. Él cerrará algunas puertas para que cambie su curso en diferentes maneras. Él abrirá otras puertas para que el hombre pase. Algunos simplemente se sientan en sus habitaciones y oran: "Jesús, por favor dime cual es mi vocación." Y el Señor dice, "Lo haré pero Dios no puede conducir un auto estacionado. ¡Muévete!" ¿Has hecho todo lo que necesitas hacer a fin de conocer la voluntad de Dios? Si no es así, entonces tal vez Jesús está esperándote a *ti*.

2. Deja el mundo secreto del ciber-discernimiento

Un hombre no puede discernir correctamente el sacerdocio diocesano sentándose solo frente a su computadora todo el día, leyendo sitios web sobre la vocación sacerdotal. Existen maravillosos recursos disponibles en la red, tales como pruebas de aptitud que miden si una persona tiene las características para ser sacerdote. Si bien estos sitios proporcionan información útil, también pueden llevar a la confusión si se usan solos, sin la guía de un director espiritual y director vocacional. La mayoría de los hombres comienzan su discernimiento a través de Internet, ya que pueden permanecer en el anonimato, pueden "pasar por desapercibidos". Sin embargo, el ciber-discernimiento es más útil en las etapas 1, 2 y 3 de discernimiento (como se explica en el Capítulo 9). Pero la información en Internet tiene sus limitaciones.

Recuerdo que le envié un correo electrónico a un hombre para preguntarle si él se había contactado con su director vocacional y me respondió: "He mantenido correspondencia con un director vocacional en Australia." No tenía ningún deseo de ser sacerdote en Australia, pero tenía miedo de ponerse en contacto con su propio director vocacional. Tenía miedo que el director vocacional local vaya a visitarlo y "descubra su escondite." El ciber-discernimiento está bien al principio, pero finalmente el hombre debe discernir cara a cara con aquellos a quienes la Iglesia ha puesto a cargo de este apostolado.

Como regla general, un hombre debe hacerle saber a su párroco local que está considerando el sacerdocio, sobre todo si ya está en contacto con el director vocacional de la diócesis. El párroco respetará tu petición de confidencialidad. ¡No va a poner tu nombre en el boletín junto a una imagen de un sacerdote! Otra buena razón para compartir tu discernimiento con tu párroco es para evitarle, tanto a él como a ti, un momento vergonzoso. Sería extraño si el director vocacional le menciona a tu párroco que uno de sus feligreses está considerando ser sacerdote, pero el párroco no tenía ni idea. En el trabajo de sacerdote estás continuamente tratando con gente y que debes discernir con la gente. Al final tendrás que darlo a conocer y decir: "Bueno, lo admito. El sacerdocio es una posibilidad para mí."

3. Ponte en contacto con tu director vocacional o rector

No importa en qué etapa de discernimiento te puedas encontrar, nunca es demasiado pronto para ponerte en contacto con el director vocacional de la diócesis o el rector de tu seminario local. No tengas miedo de dar este paso. ¡No se puede hacer un discernimiento diligente sin uno de ellos! No es posible discernir el sacerdocio diocesano sin la diócesis, representada por el director vocacional, el rector y el obispo. Ve a la página web de la diócesis, y envía un correo electrónico para comenzar la correspondencia. Si deseas mantener tus conversaciones confidenciales, simplemente dilo y se respetará tu deseo de confidencialidad. Él no enviará correo dirigido a tu casa con el logo impreso de la oficina de vocaciones de la diócesis.

4. Asiste a retiros y grupos de discernimiento vocacionales

Nunca he visto la obra del Espíritu Santo actuar con mayor fuerza en un candidato como en los retiros vocacionales. He organizado muchos retiros vocacionales y he predicado muchos más. El axioma de que "la generosidad de Jesús es infinita" se demuestra en los retiros vocacionales. Cuando un hombre ofrece varios días para ir a un retiro vocacional, se irá de ese retiro habiendo recibido gracias significativas y se sentirá alentado al escuchar que otros hombres tienen las mismas preguntas y temores que él. Conocer a otros hombres en la diócesis que están en el mismo proceso de discernimiento es emocionante.

Algunos directores vocacionales también patrocinan grupos de discernimiento por el mismo propósito. Estos grupos de jóvenes se reúnen con el director vocacional una vez al mes, tal vez para rezar juntos la Hora Santa, y luego comer algo y tener una discusión. El director vocacional, básicamente, guía una discusión sobre los diferentes aspectos de un discernimiento al sacerdocio diocesano.

Los directores vocacionales de algunas las diócesis normalmente patrocinan este tipo de eventos un par de veces al año y el obispo a menudo está presente en algunos de ellos. Si estás seriamente pensando en hacer la voluntad de Dios y estás ansioso por descubrir tu vocación, asiste a algunos de estos eventos. Ve a la página web, anota las fechas para los eventos próximos, inscríbete, y ponlos en tu agenda. ¡Hazlo ahora!

5. Reza tres Ave Marías cada día

Es una práctica antigua, pero muy eficaz. Reza tres Ave Marías cada día, pidiendo a la Santísima Virgen María que ore por ti y tu vocación. Agrega esto a tu plan de vida espiritual y se fiel a este plan. Este pequeño ejercicio te recuerda que pienses y ores sobre tu vocación todos los días. Encontrar tu vocación es el descubrimiento más importante que harás en tu vida. Requiere reflexión y oración diaria.

6. Busca un entorno espiritual nutritivo

Tus amigos con los cuales solías salir "de bares" probablemente no son las mejores personas para ayudarte a descubrir la voluntad de Dios. Muchos hombres necesitan cambiar de ambiente a fin de discernir su vocación correctamente. Cuando leí las autobiografías de los seminaristas, me di cuenta que muchos decidieron pasar tiempo con otras personas que aman al Señor Jesús y algunos hasta decidieron asistir a una universidad católica, participar activamente en los grupos de jóvenes o en el grupo de pastoral universitaria.

Muchos seminaristas hicieron trabajos pastorales y participaron de maravillosos grupos de evangelización o en viajes de misión para servir a los pobres. Si un hombre decide permanecer inmerso en una cultura secular y pagana, le será difícil vivir una vida santa y conocer y aceptar su vocación, porque estamos influenciados con fuerza, tanto para lo bueno y lo malo por nuestra cultura y entorno.

Un viejo adagio dice, "Si siempre haces lo de siempre, siempre obtendrás lo que siempre has obtenido." Tal vez tus viejos hábitos y tu estilo de vida no te lleven a ningún lugar. Tal vez el Señor está esperando a que madures, a que hagas un cambio, antes de que Él te revele tu vocación. No te estoy sugiriendo que vayas al desierto y te conviertas en un ermitaño, pero tal vez algunos cambios en tu estilo de vida sean necesarios. Habla con tu director espiritual acerca de esto.

Dios no puede conducir un automóvil estacionado. ¡Muévete!

7. Ayuda en tu parroquia y aprende a amar la sagrada liturgia

Una vez celebré una misa fúnebre de un niño que había muerto en un accidente. La iglesia estaba llena y muchas personas no católicas habían llegado para apoyar a la familia del niño. Después de la misa, un hombre de aspecto distinguido y elocuente se presentó y me dijo: "Padre, yo no soy católico, pero este fue el funeral más hermoso al que he asistido. Así es como quiero ser enterrado." Le dije: "¡Bueno, conviértete al catolicismo y te enterraremos de la misma manera!" Se rió y dijo que lo consideraría. Con el tiempo, se convirtió al catolicismo y hoy es un miembro muy destacado de su parroquia.

La liturgia católica tiene una belleza extraordinaria, y cuando es celebrada con reverencia y auténticamente, cultiva las vocaciones sacerdotales. Cada vocación sacerdotal se centra en la Sagrada Eucaristía, por lo que los jóvenes que están involucrados en la vida litúrgica de la Iglesia, experimentan una apreciación más profunda por el don de la Eucaristía. Como es natural, ellos se imaginan celebrando la sagrada liturgia.

Casi todos los seminaristas que he conocido a través de los años han participado activamente en sus parroquias antes de venir al seminario ya sea sirviendo como monaguillos, lectores, ministros de la Eucaristía, sacristanes o como directores de grupos de jóvenes. Algunos hasta enseñaron catequesis dominical o clases para formación de adultos y otros visitaron a los enfermos o encarcelados. Un hombre llamado al sacerdocio diocesano normalmente se siente atraído por la vida parroquial. ¡Si tú no estás involucrado en tu parroquia, la liturgia es el mejor lugar para comenzar!

8. Reza ante el Santísimo Sacramento

La mayoría de los seminaristas que conozco pasaron mucho tiempo en oración ante el Santísimo Sacramento antes de entrar en el seminario. Orar frente a nuestro Señor Eucarístico siempre atrae el corazón del hombre hacia Jesús, especialmente si está siendo llamado hacia el sacerdocio. Ve a rezar en una Capilla del Santísimo o durante la Hora Santa cuando la Eucaristía está expuesta en la custodia, o simplemente ante el sagrario en la iglesia. ¡La presencia real del Señor Jesús en la Sagrada Eucaristía es "la fuente y la cumbre" de la fe católica y es accesible sólo a través de las manos de un sacerdote! Esto es obvio cuando un joven está de rodillas ante el Señor eucarístico orando acerca de su vocación. Él podría pensar "Jesús está aquí. Este es Dios. ¡Y los sacerdotes existen para llevar a Dios sacramentado a los fieles!"

Si hay una Capilla del Santísimo en tu parroquia o en las cercanías, anótate por lo menos por una hora por semana. Si no, al menos haz que rezar regularmente ante el Santísimo Sacramento, forme parte de tu plan de vida espiritual.

9. Sirve a los pobres

Recuerdo a un hombre que había estado discerniendo por varios años, pero nunca había recibido una respuesta clara de parte del Señor. Finalmente, dejó su trabajo y se fue a Sudamérica para servir a los pobres por un año, pidiendo a Dios que le mostrara su vocación de una vez por todas. Nunca regresó. Encontró su vocación, sirviendo y viviendo su vocación de soltero. Muchos otros han servido de esta manera, luego regresaron e inmediatamente se fueron al seminario. Jesús y el Reino de Dios se viven muy fuertemente en los más pobres. Ve a buscar a Jesús allí. Al encontrar a Jesús allí, conocerás tu vocación.

Un hombre me contó una vez acerca de un maestro increíble que tuvo en el octavo grado en la escuela católica. Un día, el maestro le dio esta frase a sus alumnos para escribir cien veces: "La única manera de ser feliz en la vida es servir a los demás y dar la vida por los demás." Me dijo que él y los otros estudiantes pensaron que esto era lo más estúpido y una gran pérdida de tiempo. Completó la tarea de mala gana y la entregó al día siguiente, bastante desprolija. Como adulto, me dijo, "No te imaginas cuántas veces en mi vida, en las que yo no estaba feliz o satisfecho, me acordé de esta tarea. ¡Entonces busqué y encontré la oportunidad de servir a los demás e inmediatamente me transformó el espíritu!"

Abandonar la escuela o tu trabajo para pasar un año de tu vida al servicio de los pobres es una decisión radical. No todos están llamados a hacerlo. Pero los pobres se pueden encontrar en todas partes. Tal vez puedas servir a los pobres por un verano o durante un viaje de misión de una semana. Esta decisión te traerá muchas gracias y bendiciones, y tal vez la claridad que necesitas con respecto a tu vocación. Esta estrategia ha funcionado para muchos otros antes, incluso para aquellos que no estaban buscando activamente su vocación. Te lo recomiendo, pero pídele consejos a tu director espiritual y director vocacional acerca de dónde debes ir y lo que debes hacer.

10. Visita un seminario

No trates de discernir el sacerdocio diocesano sólo leyendo libros, escuchando conversaciones vocacionales, y analizando sitios web. Visita un seminario. Muchos seminarios tienen días en los que puedes visitar las clases, participar de la oración de la mañana, ir a misa y a la adoración eucarística. Vas a comer con los seminaristas y podrás hacerles preguntas. Incluso podrías tener la oportunidad de reunirte con el rector, el decano académico, y otros miembros del seminario. Te puedo asegurar que vas a regresar de esta experiencia con la mejor información para tu discernimiento. La mayoría de los hombres piensan que el seminario es como un monasterio, donde todo el mundo anda en silencio, con la cabeza rapada, leyendo la Biblia. Sin embargo, descubrirás algo muy diferente. Te pondrás de rodillas en la capilla del seminario y te harás preguntas como: ¿Podría yo estar aquí algún día? ¿Pertenezco aquí? ¿Estoy contento en este lugar? ¿Cuáles son mis temores? ¿Qué dice mi corazón? ¿Me llama Jesús a venir al seminario?

Te recomiendo que llames a tu director vocacional o al rector del seminario y le pidas una cita. Normalmente lo mejor es visitar el seminario que se utiliza en tu diócesis, ya que probablemente será el seminario que vayas a asistir, si este es tu camino.

Dios no puede conducir un automóvil estacionado. ¡Muévete!

11. Asiste a una ordenación sacerdotal y a una Misa Crismal en tu diócesis

La ordenación de un sacerdote es una de las liturgias más bellas y poderosas en la Iglesia Católica. Si nunca has asistido a una, pon esto en tu lista de tareas de inmediato. He leído en las autobiografías de muchos seminaristas que asistir a una ordenación enriqueció en gran medida su discernimiento, o incluso provocó el inicio de su discernimiento.

Un momento especialmente de gran alcance se produce cuando el ordinandus (el hombre que está siendo ordenado) se postra con el rostro en el suelo de la catedral, mientras que la gente canta las letanías de los santos. ¡Este hombre está ofreciendo su vida, literalmente, espiritualmente, y en sentido figurado, por Jesucristo y su Iglesia! Todos los demás en la catedral, entre ellos el obispo, están de rodillas, rezando con los santos del cielo para que este hombre sea un fiel y santo sacerdote. Una vez completada la letanía de los santos, el hombre se dirige al obispo y se arrodilla delante de él. El obispo impone las manos sobre la cabeza del hombre en silencio y luego reza la oración de la consagración. El coro canta a menudo el *Veni Creator Spiritus* (Ven Espíritu Creador). Este hombre es ahora un sacerdote para siempre.

¡Ve a la próxima ordenación sacerdotal en tu diócesis! Se suelen celebrar en mayo o junio, pero puede variar de una diócesis a otra y de un país a otro. La fecha exacta se encontrará en la página web de la diócesis. Puede ser que tu director vocacional necesite reservarte una entrada, ya que el espacio en muchas catedrales es limitado, así que asegúrate de pedírselo con anticipación. Y en el momento de la ordenación, cuando el obispo impone las manos sobre la cabeza del hombre y el Espíritu Santo desciende sobre él, pregúntale al Espíritu Santo si te está llamando a ser sacerdote.

Asistir a la Misa Crismal es otra gran oportunidad para tu discernimiento. Esta es la Misa durante la Semana Santa cuando el obispo bendice los santos óleos que se usarán en todas las parroquias de la diócesis para la administración de los sacramentos. Cada sacerdote en la diócesis (idealmente) está presente, y juntos renuevan sus promesas sacerdotales ante el obispo. Ver esta unidad y hermandad del sacerdocio puede ser muy inspirador y estimulante.

12. Haz una confesión general

El conocimiento de ti mismo. Es decir, una evaluación honesta y total de lo que eres delante de Dios, es esencial si quieres correctamente discernir tu vocación. Una práctica útil es hacer una confesión general de toda tu vida. Te recomiendo que lo hagas con tu director espiritual, si es un sacerdote. Si no es así, encuentra un buen sacerdote en quien confíes. ¡Este no es el tipo de confesión que haces antes de la misa! En tu lugar, haría una cita de por lo menos una hora.

Para ayudarte a recordar tu pasado, San Ignacio de Loyola-recomienda que revises tu vida en incrementos de siete años. Por ejemplo, a los siete años, ¿qué pecados habías cometido, o qué pecados fueron cometidos en tu contra? ¿Qué sabías de Dios, del pecado, de la bondad? ¿Cómo era tu relación con Jesús? Describe tus vicios y virtudes durante ese período de tiempo. ¿Qué te ha pasado de bueno o perjudicial en tu búsqueda de la santidad? ¿Qué pensabas de tu vocación a los siete años? A continuación, revisa tu vida desde la edad de ocho hasta los catorce años. En esos momentos, ya estarías en plena latencia sexual, así que tus pecados y tus luchas probablemente incluirán este proceso de integración sexual. Los años de emancipación e individuación de los catorce a los veintiún son los que, en general, más miedo provocan en la confesión. Relájate y cuéntalo todo. Continúa con la confesión de tus pecados, especialmente tus pecados habituales, y describe tu vida en incrementos de siete años hasta el presente.

Una confesión general es mucho más que confesar los pecados de tu vida. Es una evaluación completa de lo que eres ante Dios. Por esta razón, es importante incluir tus virtudes, tus buenas obras, y tus buenas cualidades. Esto es lo que diferencia una confesión general de una simple confesión. Habla sobre el bien que has hecho, lo que has aprendido, personas a las que has servido y las virtudes que has desarrollado.

Por favor, recuerda que probablemente ya has confesado tus pecados en una confesión anterior y que ya han sido perdonados. El objetivo de una confesión general no es hacerte sentir mal acerca de estos pecados pasados, sino ayudarte a revisar tu vida entera. Puedes descubrir que hay personas a las que todavía tienes que perdonar. Puedes descubrir que necesitas pedir perdón a alguien. Una vez que veas con claridad dónde has estado, serás capaz de ver más claramente a dónde vas.

Yo te recomiendo una confesión general como una técnica eficaz para tu discernimiento, pero por favor no te rindas en este proceso. A medida que recuerdas y confiesas tus pecados, hazlo con un espíritu de gratitud a Dios por su bondad, amor y misericordia. Recuerda que incluso San Pablo persiguió a la Iglesia y mandó matar a varios cristianos antes de convertirse en uno de los grandes santos de la Iglesia. Esta historia le causó a San Pablo un gran dolor. ¡Al igual que San Pablo, tu historia personal de pecado no es un obstáculo para tu futura grandeza! Piensa en tu pasado, como el Antiguo Testamento de tu vida, y piensa en los próximos años como el Nuevo Testamento, una nueva vida centrada en Jesús.

Una advertencia: algunos hombres se acercan a su director vocacional y le expresan su interés en el sacerdocio precisamente porque han cometido pecados terribles y se sienten profundamente culpables. Tienen la idea equivocada de que ser sacerdote de alguna manera disminuirá sus pecados ante Dios. Recuerdo haber escuchado de un joven que programó una cita con su director vocacional. Cuanto más hablaba el director vocacional con él, más se daba cuenta de que este joven no tenía realmente los signos de un buen candidato y que en realidad no tenía el deseo de ser sacerdote ya que no estaba muy emocionado al respecto y no podía explicar por qué se sentía atraído hacia el sacerdocio. Por último, el director vocacional le preguntó directamente, "No tienes que responder a esta pregunta si no quieres, pero ¿has cometido algún pecado grave que está realmente atormentándote?" El joven se echó a llorar. Dijo que había embarazado a su novia un año antes y la había llevado a tener un aborto. Desde entonces, no había sido capaz de perdonarse a sí mismo. A pesar de que había ido a confesarse, no podía dormir ni comer. Estaba deprimido y se había alejado de todos sus amigos. Estaba buscando desesperadamente algo para sentirse mejor y esperaba que al hacerse sacerdote, todo se mejore. Por supuesto, esta es una razón insuficiente para querer ser sacerdote.

"No hay mayor equivocación, ni mayor traición, que hacer lo correcto por la razón equivocada."[44]

T.S. Eliot

---

13. Anota los pros y los contras del matrimonio y el sacerdocio

La mayoría de los hombres que están discerniendo sobre el sacerdocio están tratando de hacer una elección entre los dos "sacramentos vocacionales" del matrimonio y el sacerdocio. Están decidiendo lo que los griegos se refieren a "la exclusión trágica", la decisión de seguir un bien lo que significa renunciar a otro gran bien. Un ejercicio muy útil es ir delante de Jesús en el Santísimo Sacramento y anotar los pros y los contras de cada una de estas vocaciones, como tú los ves. Escribe con detalle las bendiciones y los sacrificios, a continuación, ponlos en orden de importancia para ti. Ora con esta lista y pídele a Jesús que te muestre lo que es más importante. Muéstrale las dos listas a tu director espiritual y habla sobre ellas.

Tal vez tendrás que ir a visitar a una familia católica santa para aprender más sobre el matrimonio sagrado. Muchos hombres de hoy no han crecido en familias católicas practicantes y estables. Es posible que hayan experimentado el divorcio, la lucha contra el alcoholismo y una falta general de estabilidad. ¡Un hombre con esta experiencia negativa no puede descartar el santo matrimonio en favor del sacerdocio porque no conoce lo que es un matrimonio santo! Él nunca ha visto uno. Ve a visitar a una buena familia católica recomendada por tu director vocacional o párroco. Debe ser una familia con varios hijos, una familia que reza unida, todos los días, una familia que asiste a la misa dominical y es un ejemplo de una "comunidad íntima de vida y amor."[45] Haz preguntas al marido y la mujer sobre las alegrías y las penas de la vida familiar. Pasa tiempo con ellos para ver cómo crían a sus hijos, con esa mezcla maravillosa de gracia y amor, disciplina, fe, bondad, trabajo y sacrificio. Con esta información, Dios puede hablarte con mayor claridad sobre el matrimonio sagrado.

¿Tienes suficiente información para discernir el sacerdocio diocesano? ¿Tienes suficiente información acerca de estas dos vocaciones? Si no es así, necesitas más. Pregúntale a tu director espiritual si la lista es precisa y realista. No se puede tomar una buena decisión sin buena información. Si tienes mala información, es probable que tomes una mala decisión.

14. Meditación: "¿Con cuál puedo prescindir?"

Un ejercicio, en particular, fue muy útil en mi propio discernimiento de la vocación sacerdotal. A pesar de que tenía todas las señales de que estaba siendo llamado al sacerdocio diocesano, mi corazón estaba muy atraído por el matrimonio y la familia. Yo estaba continuamente yendo y viniendo entre las dos vocaciones y me encontré en un punto muerto. Por último, mi director espiritual, un santo monje trapense, me sugirió un ejercicio muy creativo. Él me dijo que rezara ante Jesús en el Santísimo Sacramento durante dos días consecutivos, cada vez durante una hora continua. El primer día tenía que imaginarme una "fantasía santa" sobre el matrimonio y la vida familiar. El segundo día debía imaginarme una "fantasía santa" sobre el sacerdocio.

El primer día, después de pedir la inspiración del Espíritu Santo, me pasé la hora pensando e imaginándome mi vida de casado con una mujer santa y católica. Me imaginé el programa de preparación matrimonial con el sacerdote local y el día de la boda. Pasé mucho tiempo pensando en la luna de miel y el regreso a casa a la vida conyugal normal. Me imaginé mi profesión y el trabajo para mantener a mi familia. Pasé mucho tiempo pensando en las alegrías y las tristezas de la vida matrimonial. Durante esta fantasía santa, mis seis hijos nacieron y comenzaron a crecer. Celebramos el bautismo de nuestros hijos y los llevábamos a misa todos los domingos. Rezábamos todos los días en familia y leíamos la Biblia. Enseñábamos a nuestros hijos acerca de Jesús y los llevaba conmigo a la iglesia para visitarla, pasando luego a tomar un helado. Asistía y entrenaba en sus juegos de pelota y me sentaba en sus conciertos de piano. Íbamos de vacaciones en el verano y visitábamos a nuestra familia política durante la celebración de Acción de Gracias y la Navidad. Me imaginaba disciplinando a los niños cuando tomaban malas decisiones, y amándolos a pesar de todo. Mi esposa y yo tuvimos un par de peleas a través de los años, pero después siempre hacíamos las paces. Pasamos por algunas enfermedades, accidentes y lesiones, y hubieron algunas crisis en la familia. Traté de imaginar lo bueno y lo malo, las alegrías y las tristezas. Pasé tiempo imaginando a mi esposa y yo envejeciendo juntos. Asistí a la boda (y ordenaciones) de mis propios hijos. ¡Qué interesante! Mi fantasía santa terminó con mi muerte, cuando yo estaba delante de Jesús en mi juicio final. Tuve una muerte feliz, rodeado de mi esposa e hijos y nietos, después de haber recibido los sacramentos de la Confesión, Unción de los enfermos y el Viático. Me paré delante del Señor y lo miré a los ojos intensamente y le pregunté: "¿He tomado la decisión correcta?

¿Era el matrimonio mi vocación?" El Señor no me respondió, pero yo estaba muy emocionado por esta oración. Fue una poderosa meditación y cuando la terminé, pensé: "El matrimonio es la vocación para mí."

Al día siguiente, volví a la iglesia para hacer el mismo ejercicio para el sacerdocio. Le pedí al Espíritu Santo que me ayude a hacer bien esta oración y comencé mi "fantasía santa" de ser sacerdote. Me imaginaba el proceso de solicitud y aceptación por parte del obispo (aunque yo no sabía mucho sobre esto en ese momento). Traté de imaginar cómo era el seminario, a pesar de que era difícil ya que nunca había visitado uno. Me imaginaba el día de mi ordenación y mi primera misa. Miré fijamente el Cuerpo y la Sangre de Jesucristo en mis manos, porque acababa de decir las palabras de la consagración. "Jesús es Dios, y Él ha descendido, por mi bien y por el bien de esta gente, porque soy un sacerdote." Empecé a oír confesiones y predicar sermones poderosos. Habían muchas conversiones, también. (¡Era una fantasía, así que me la imaginé realmente muy buena!) Me imaginaba la vida en una casa parroquial y el trabajo con otros sacerdotes. Celebré bautismos y funerales. Celebré la Santa Misa en Navidad y Semana Santa. Visité la escuela de los niños y lo pasé muy bien enseñándoles acerca de Cristo y la Iglesia. En mi fantasía, ellos realmente escucharon seriamente de todo corazón lo que les decía. Rezaba una hora santa en la Iglesia todos los días como sacerdote y llegué a ser (en mi imaginación) más y más santo. Visité a los enfermos y a los que sufren. Aconsejé a las personas con cruces pesadas y problemas matrimoniales. Comencé a predicar retiros y a alentar a los hombres jóvenes a ser sacerdotes, ya que yo era tan feliz como sacerdote. Traté de ser realista, por lo que también me imaginé algunas noches solitarias en la rectoría deseando tener una esposa y compañera. La gente se enojó conmigo por predicar acerca de algunas de las enseñanzas morales difíciles de la Iglesia. Mi obispo me trasladó varias veces y me gustaron algunas tareas pastorales más que otras. Celebré diez años como sacerdote y luego los veinticinco años. Tuve unas pocas enfermedades y tuve que cargar con esas cruces. Traté de imaginarme cómo sería a la edad de cincuenta y otra vez a los setenta y cinco años. Me imaginé lo que el pueblo de Dios pensaba sobre mí.

La fantasía terminó con mi santa muerte en la cual estaba delante de Jesús en mi Juicio Final. Tuve una muerte feliz después de haber sido un sacerdote fiel por más de cincuenta años. Había bautizado a cientos de bebés y celebrado miles de misas y había oído tantas confesiones que no podía contarlas. Estaba muy tranquilo en mi lecho de muerte, rodeado de mi familia, mis hermanos y hermanas y mis muchos sobrinos y sobrinas. Todos estaban de rodillas alrededor de la cama, rezando el rosario. Había recibido todos los sacramentos y no tenía remordimientos. Me había pasado mi vida trabajando para Dios de una manera maravillosa. ¡Yo era un sacerdote de Jesucristo y mi tesoro estaba en el cielo! Mi parroquia celebraba una vigilia para mí en la iglesia. Había adoración del Santísimo Sacramento durante todo el día. La gente estaba orando por su párroco mientras me estaba muriendo. Después de morir, fui ante el Señor y lo miré a los ojos intensamente y le pregunté: "¿He tomado la decisión correcta? ¿Era mi vocación ser sacerdote?" Una vez más, la respuesta no fue clara. Si era así, no fue un sí rotundo, pero fue más de lo que había conseguido después de la meditación del matrimonio.

Al final del segundo día, pensé: "Esto no me está realmente ayudando. Sólo hace que quiera el matrimonio y el sacerdocio aún más." Entonces me acordé de los consejos del santo trapense, que me dijo: "Considera con cual puedes prescindir." Empecé a pensar que si me hiciera sacerdote, yo nunca tendría mi propia esposa y mis hijos. Nunca tendría todos esos momentos maravillosos que Dios da a una persona en la vocación matrimonial. Los extrañaría mucho. Yo deseaba mucho esas experiencias.

Entonces empecé a pensar que si me casaba y tenía una familia, nunca sería un sacerdote. Nunca celebraría la Santa Misa y alimentaría a mis feligreses con la Eucaristía. Nunca oiría una confesión y lavaría los pecados con las palabras de la absolución.

La gente nunca me llamaría "Padre". Cuando pensé esto, sentí como si una espada cortara mi alma. Fue un gran momento de gracia. Fue el día en que me di cuenta que podía vivir sin el matrimonio y la familia, pero no podría vivir sin el sacerdocio. Fue una exclusión trágica, pero fue el momento de la verdad.

15. Hacer los ejercicios espirituales de San Ignacio de Loyola

Hacer un retiro con los Ejercicios Espirituales de San Ignacio de Loyola es una de las mejores maneras de discernir tu vocación. Te recomiendo los Ejercicios Espirituales pero te advierto que funcionan mejor con la espiritualidad de ciertas personas. Son muy exigentes y no son para todos.

Los Ejercicios Espirituales fueron escritos por San Ignacio de Loyola, el fundador de la Compañía de Jesús (los jesuitas), durante un período de doce años, de 1521 a 1533. En sus propias palabras, los Ejercicios Espirituales son "un método cuidadosamente planificado de examen de conciencia, de meditación y oración vocal y mental entre otras actividades espirituales."[46] Su objetivo es muy claro: ayudar a una persona a eliminar sus adicciones pecaminosas, para disponerlo a aprender lo que Dios espera de él, y luego de descubrirlo, poder hacerlo. En otras palabras, para ayudar a una persona a llegar a ser santo.

Históricamente, hay un tremendo poder santo en los Ejercicios Espirituales: más de cuatrocientos cincuenta santos canonizados han atribuido a ellos su progreso espiritual y más de cuarenta Papas han aprobado formalmente y elogiado a los Ejercicios Espirituales, y se los recomiendan a sus fieles. Beata Madre Teresa de Calcuta los hizo cuando tenía dieciséis años y cambió su vida. ¡Una vez escuché a un sacerdote decir que los Ejercicios Espirituales de San Ignacio de Loyola son tan poderosos que podrían ser considerados como un sacramento, y ni siquiera era un jesuita!

¿Cómo funcionan los Ejercicios Espirituales? Fueron escritos para ser observados durante un período de treinta días en silencio. Normalmente, la persona no asiste a conferencias o charlas, como se espera en un retiro típico. Por el contrario, en un retiro ignaciano, el retirista se reúne durante una hora cada día con el maestro de retiro, que asigna ciertas oraciones o meditaciones. El retirista se reúne de nuevo al día siguiente para informar sobre las experiencias de su oración. Basándose en este informe, se le da las nuevas meditaciones o se le pide que repita una de las anteriores. Si el plan de San Ignacio se sigue correctamente, al retirista se le pedirá que haga cuatro o cinco meditaciones de una hora por día.

Treinta días de silencio, con largos períodos de tiempo de oración es muy intenso. No es para todos. Pero no dejes que esto te asuste demasiado rápido. La mayoría de los maestros de retiro recomendamos que comiences con una versión de fin de semana del retiro ignaciano. Entonces, si esto va bien, es posible que desees inscribirte en un retiro de ocho días. La mayoría de los maestros de retiros ni siquiera permiten que una persona intente el retiro de treinta días hasta que experimente el retiro de ocho días. Si esto es algo que crees que el Señor quiere que hagas, consulta con tu director espiritual o el director vocacional. Ellos pueden recomendarte cómo proceder. Elegir el centro de retiro correcto y el maestro de retiros correcto es muy importante para tener la mejor experiencia.

Dios no puede conducir un automóvil estacionado. ¡Muévete!

16. La Agonía de la incertidumbre-el ruego por una señal diferente

Recuerdo haber oído a un sacerdote dar una charla vocacional hace muchos años. Él dijo, "Si parece un pato, camina como un pato y grazna como un pato, y tras una investigación completa, descubres que tiene los pies palmeados, ¿por qué te sigues preguntando si es un pato?" Él estaba recalcando que algunos hombres tienen todas las señales que están siendo llamados a ser sacerdotes, pero no quieren que sea verdad. Están luchando para no entregar su voluntad a Dios y aún no confían que "en su voluntad está nuestra paz".[47]

El discernimiento es una agonía. La palabra *agonía* tiene su origen en los antiguos juegos olímpicos griegos cuando la lucha libre a veces duraba horas, agotando a los combatientes hasta el punto del colapso. El estado de los dos hombres en este partido era descrito como una *agonía*. Es esta misma palabra griega que se usa en el evangelio para describir la agonía en el huerto, la noche antes de la muerte de Jesús cuando se esforzaba por hacer la voluntad de Dios: "Padre mío, si es posible, aleja de mí este cáliz de amargura; pero no se haga como yo quiero, sino como quieres tú" (Mateo 26, 39).

Muchos hombres han rezado muchas veces esta oración agonizante de Jesús para discernir su vocación. "Padre, aleja de mí este cáliz de amargura. Prefiero no ser sacerdote pero no se haga como yo quiero, sino como quieres tú." Creo que la mayoría de los hombres desean certeza acerca de su vocación precisamente porque el discernimiento trae agonía. En otras palabras, un hombre razona: "Si voy a hacer algo por Dios, tan heroico como llegar a ser sacerdote, quiero estar seguro de que es realmente la voluntad de Dios." Así que este hombre quiere una clara señal a la que llamo "señal a prueba de idiotas".

Pero a veces, cuando Dios envía señales, los hombres siguen teniendo dificultades para verlas. Un hombre que conozco, que ahora es sacerdote, me contó una conversación que tuvo con su director vocacional:

> Se trataba de la enésima vez que estábamos hablando sobre esto, y él estaba comprensiblemente perdiendo la paciencia conmigo. Le dije: "Si Dios sólo me enviara una señal, entonces iría al seminario y me haría sacerdote. Necesito una señal clara." Y él me respondió con exasperación:

"Dios ya te ha enviado una señal. ¡Él te ha enviado miles de señales! Simplemente no quieres aceptar la verdad."

Fue un momento de gracia. Sabía que su director vocacional tenía razón ya que tenía todas las señales. Así que, ese día cambió la forma en la que estaba orando. Todavía estaba pidiendo una señal, pero oró por ella de una manera diferente: "Señor, me has dado tantas indicaciones que quieres que sea sacerdote y has sido tan paciente conmigo. Por favor, envíame una señal a prueba de idiotas si *no* quieres que sea sacerdote. De lo contrario, me muevo en esa dirección."

Dios nunca le envió más señales, con la excepción de que cada puerta se le abrió. Fue aceptado por su obispo para estudiar por su diócesis. Fue aceptado por el seminario. Completó sus estudios y llegó el día de la ordenación. Él dijo: "En ese día, por fin yo tuve la certeza de que Dios quería que fuera sacerdote. Dios me llamó y la Iglesia me confirmó la llamada. Cada año de mi vida desde mi ordenación, estoy más seguro de que Dios quiere que sea sacerdote. He sido feliz y me he sentido satisfecho. He florecido en esta vocación."

Te recomiendo un examen práctico. ¡Si tienes todos los signos, pareces un pato en todos los sentidos, si tu director espiritual piensa que eres un pato, si tu director vocacional y el obispo creen que eres un pato, serías un tonto en no ir al Seminario!

17. Disfruta la vocación que crees que es la más generosa

La mayoría de los hombres con los que he trabajado están tratando de discernir entre el Santo Matrimonio y el Orden Sagrado. A medida que has estudiado, rezado y aprendido tanto sobre las vocaciones, ¿cuál de las dos consideras que sea la más generosa que puedas hacer por Dios? Adopta esta vocación y es probable que tomes la decisión correcta.

Conocí a un hombre que se preguntó a sí mismo en la universidad, "¿Qué es lo más generoso que pueda hacer por Dios?" En su percepción en ese momento, decidió que el sacerdocio era lo más generoso que podía hacer por Dios y se hizo sacerdote. Curiosamente, en su vigésimo quinto aniversario de sacerdocio, sintió que había modificado su entendimiento. Estaba más seguro que nunca de que estaba llamado a ser sacerdote, pero había cambiado su percepción sobre aquella vocación que era más generosa. Después de haber sido parte de muchas familias católicas maravillosas por veinticinco años y ser testigo de los sacrificios hechos por esposos y esposas, había llegado a creer que el matrimonio era más generoso.

Tanto el matrimonio como el sacerdocio requieren de una gran generosidad para vivir como Dios quiere. Así que intenta hacer el ejercicio que funcionó para aquél sacerdote. Te lo recomiendo, ya que ha funcionado para otros.

Dios no puede conducir un automóvil estacionado. ¡Muévete!

18. Reza una novena a Santa Teresita de Jesús

Santa Teresita de Jesús, es uno de los santos más populares para los hombres desesperados en conocer su vocación. Santa Teresita prometió mientras se estaba muriendo que iba a pasar su tiempo en el cielo haciendo el bien para la gente en la tierra, y ella ha cumplido su promesa. Muchos seminaristas y sacerdotes me han relatado que descubrieron su vocación a través de su intercesión.

Una novena es una devoción espiritual que se lleva a cabo durante nueve días consecutivos, por lo general pidiendo la intercesión de un santo en particular por una intención especial. Una variedad de diferentes novenas para Santa Teresita de Jesús han sido muy eficaces. Una persona reza esta novena, a veces pidiendo que Dios le envíe una rosa a través de la intercesión de Santa Teresa, si Dios quiere que él vaya al seminario.

Un seminarista me dijo que había salido a pescar con su padre en un gran lago en la Florida el día en que su novena terminó. Estaba pensando, "No hay manera que vaya a ver una rosa en el medio de este lago. ¡Estoy a salvo!" Estaban a una gran distancia de la orilla, disfrutando de un día tranquilo de pesca. ¡De pronto miró hacia abajo en el agua y vio flotando junto al barco una hermosa y perfectamente formada rosa roja de tallo largo! Dijo en voz alta: "¡No lo puedo creer! ¡No lo puedo creer!" Su padre, que no sabía que él estaba discerniendo el sacerdocio le dijo: "¿Qué es lo que no puedes creer?" Él respondió: "Oh, nada papá."

Ahora yo llamaría a esto una señal a prueba de idiotas, y él también lo vio de esta manera y entró en el seminario. Esta es sólo una de miles de historias de personas que han rezado una novena a Santa Teresita por diferentes intenciones.

Santa Teresita de Jesús es una gran santa y doctora de la Iglesia, pero recibir una rosa después de una novena no debe ser visto como un signo infalible. Recibas o no una rosa, o pidas una rosa, Santa Teresita rezará por ti y te ayudará a discernir la voluntad de Dios. Yo te recomiendo que le pidas su intercesión, pero no te recomiendo que tomes una decisión de vida apenas recibes una señal de este tipo. Esto no es coherente con los principios de un discernimiento diligente. Pero si un hombre ha estado discerniendo con diligencia y haciendo todo lo correcto, una novena a Santa Teresita es una gran manera de terminar el proceso. Pídele a Santa Teresita de Jesús que ore por ti para que seas dócil y humilde, obediente a la voluntad de Dios. ¡Esto sería un regalo mucho más grande que una rosa!

19. Aprende acerca de tu respectiva diócesis

Sin tener alguna información básica acerca de tu diócesis, no podrás discernir una vocación de sacerdote diocesano. La mayoría de los hombres han crecido en una determinada "iglesia local", una diócesis determinada a través de la cual recibieron su instrucción religiosa, los sacramentos y apoyo espiritual. En primer lugar, siempre recomiendo que un hombre confíe en la diócesis en la que se crió. Si tienes una fuerte conexión con una determinada diócesis, especialmente aquella en la que te criaste, ponte en contacto con el director vocacional y habla con él en primer lugar, aunque también te sientas atraído a otra diócesis.

Sin embargo, debido a que algunos hombres se mudaron mucho durante su infancia, no hubo una sola diócesis en la cual se sintieron como en casa. Un ejemplo típico es un hombre que creció en una familia militar, pasando de un estado a otro y de un país a otro con gran frecuencia. O, en otros casos, un hombre pudo haberse criado en una diócesis determinada, pero encontró su fe y su vocación mientras asistía a la escuela o mientras vivía en otra diócesis, por lo que siente una conexión particular con esta última. Allí es donde conoció a la mayoría de los sacerdotes. ¿Cómo se descubre la voluntad de Dios respecto a cuál diócesis unirse? Este es otro ejemplo de un proceso de discernimiento al que yo llamo "separar por tamizado" que este hombre debe llevar a cabo.

No importa si un hombre ha descubierto ya la voluntad de Dios respecto a la diócesis para la que debe estudiar, o si sigue discerniendo esta cuestión, igual es necesario recopilar algunos datos. Debe saber las respuestas a las siguientes preguntas, ya que serán importantes.

~ ¿Cuántos católicos hay en la diócesis?

~ ¿Cuántos sacerdotes?

~ ¿Qué es la moral y el *esprit de corps* de los sacerdotes?

~ ¿Cuántas parroquias sin sacerdotes hay en la diócesis?

~ ¿Qué órdenes religiosas tienen sacerdotes que sirven en la diócesis?

~ ¿Cuántas escuelas católicas primarias y secundarias hay?

~ ¿Hay universidades católicas u hospitales católicos?

~ ¿Sabes el nombre del obispo y tienes alguna información básica biográfica acerca de él?

~ ¿Has leído una breve historia de la diócesis?

~ ¿Cuántos seminaristas tiene la diócesis y qué seminarios se están utilizando en la actualidad?

~ ¿Hay un programa de vocación fuerte o todavía está desarrollándose?

Otra consideración importante es el número de sacerdotes y seminaristas que conoces en una diócesis particular. ¿En qué diócesis te sientes más cercano a los sacerdotes que son de tu misma edad? Tu amistad con los sacerdotes y seminaristas será fundamental.

No tomes una decisión de aplicar a una diócesis determinada basándote en la "ortodoxia" del obispo. Los obispos van y vienen con cierta frecuencia. Es probable que sirvas a por lo menos tres a cuatro obispos durante tu vida como sacerdote, por lo que no debe ser esta la cuestión crucial. Además, no eres competente en esta etapa para juzgar la ortodoxia de un obispo, y aunque lo seas no es apropiado. Igual deberías prestar atención a la manera en la que el obispo es líder en la diócesis.

Conozco a un sacerdote que no se crió en mi diócesis y quien había decidido, por una buena razón, que no era llamado a ser sacerdote de la diócesis en la que se había criado. Así que empezó a buscar en los sitios web de diferentes diócesis, miró las fotos de varios obispos, y se dio cuenta de que muchos de los obispos se veían bastante serios, mientras que el obispo de mi diócesis estaba sonriendo. Así que él me escribió, ya que en ese entonces yo era el director vocacional, y recibió una respuesta inmediata. ¡Unos años más tarde fue ordenado sacerdote y ha estado trabajando feliz desde entonces! ¡Si bien me alegro de que él sea feliz y que esté en mi diócesis de origen, esto no es necesariamente el método de discernimiento que yo recomendaría!

En mi opinión, el pueblo católico en todas las diócesis es maravilloso. Nunca he estado en una parroquia que no me haya gustado. Los católicos aman a sus sacerdotes y estarán muy agradecidos por su atención y servicio. Sin embargo, hay algunas diferencias generales en las personas de diferentes diócesis y debes entender estas diferencias. Algunas diócesis se componen de gente de diferentes culturas y esto puede requerirte que aprendas un nuevo dialecto o idioma. Algunas diócesis tendrán personas con más poder adquisitivo y otras podrían estar formadas por gente muy pobre. Algunas diócesis son principalmente rurales y la gente se emplea en las profesiones agrarias. Otras diócesis son totalmente urbanas. Este es el tipo de información que necesitas para rezar y discernir a cuál diócesis quieres pertenecer.

Incluso si estás interesado en una diócesis en particular, no debes asumir automáticamente que serás aceptado por el obispo para estudiar en esa diócesis. ¡No sólo debes seleccionar una diócesis, sino que la diócesis debe seleccionarte a ti! El discernimiento del sacerdocio diocesano siempre involucra a una diócesis. Creo que algunos jóvenes en estos días tienen la idea de que los obispos están tan desesperados por sacerdotes, que ellos pueden salir de compras y encontrar la mejor oferta. Si bien es cierto que la mayoría de los obispos necesitan más sacerdotes urgentemente, se necesitan buenos sacerdotes, santos sacerdotes que vengan por las razones correctas. La razón correcta es que Jesucristo te ha llamado a ser sacerdote diocesano y te ha llamado para presentarte a una diócesis en particular.

Ten cuidado de no elegir una diócesis por el mero hecho de sentirte cómodo allí. Te dije que las amistades con otros sacerdotes son importantes, como lo es la familiaridad con la diócesis, pero también debes considerar dónde te necesita la

Iglesia para servir. El discernimiento no debe centrarse en ti mismo, no debe ser egoísta. Ten cuidado con el sentimiento de "es mi derecho". Puede ser la manera de Satanás de sugerirte: "Voy a ser sacerdote, pero sólo en mis propios términos." No vayas a una diócesis sólo porque te sientes cómodo allí. Ve a donde Dios te envía. ¿Tal vez Dios quiera usarte poderosamente en una diócesis donde los sacerdotes no son tan numerosos? Habla con tu director espiritual de estas cosas y comparte con él la información que has obtenido. Él puede ayudarte a resolver y hacer un discernimiento diligente respecto a cuál diócesis pertenecer.

20. Imagina la felicidad en el sacerdocio

La mayoría de la gente, y especialmente los hombres que están discerniendo el sacerdocio, tienen problemas para creer en lo profundo de sus corazones que van a ser verdaderamente felices si hacen la voluntad de Dios. Pueden decir que creen que van a ser felices. Es posible que se digan constantemente que lo creen, e incluso que le digan a Dios en oración que lo creen. Pero en el fondo, se preocupan y tienen ansiedades. Algunos días, están convencidos de que serán sacerdotes felices y otros días, se preocupan. Veo a hombres salir de la formación sacerdotal cada año y tal vez algunos nunca llegan al seminario en primer lugar precisamente debido a esta falta de fe y confianza. Dios ha puesto el deseo de felicidad profunda dentro de nosotros, ya que la felicidad es nuestro destino eterno, y es en esta parte más profunda de nuestra alma, donde anhelamos y nos preocupamos. Todos los días durante tu tiempo de oración, ruega al Espíritu Santo por el don de creer verdaderamente en lo más profundo de tu corazón (no sólo en tu mente) que vas a ser feliz, lo más feliz que puedas ser en la vocación correcta, incluso si se trata del sacerdocio. Imagínate a ti mismo como un sacerdote feliz.

21. Sé tan libre como sea posible para discernir

Si un hombre tiene grandes deudas, si es propietario de una casa, o si está en una relación seria con una mujer, su libertad para discernir el sacerdocio diocesano es bastante limitada. Esta persona puede razonar: "Bueno, no puedo ir al seminario de todas formas porque debo mucho dinero, y no puedo renunciar a mi trabajo. ¿Cómo voy a pagar mi hipoteca? Aunque creo que Dios me llama a ser sacerdote, no puedo terminar con mi novia."

Sal de la deuda y mantente al margen de cualquier deuda. Si eres dueño de una casa, no la vendas, pero tampoco deberías comprar una mientras estás discerniendo. Pasa un año sin salir con mujeres para que puedas discernir tranquilo. El Señor te ayudará a poner tus asuntos en orden, si estás siendo llamado a ser sacerdote. Si le estás preguntando sinceramente a Dios si quiere esto para ti, entonces debes estar sinceramente dispuesto a responderle a Dios cuando él te llame. Sé lo más libre posible para poder discernir, para luego ir al seminario, en caso de que seas llamado.

Dios no puede conducir un automóvil estacionado. ¡Muévete!

22. Lee las historias vocacionales de los sacerdotes o seminaristas

Muchos seminaristas me han dicho que primero sintieron una atracción al sacerdocio cuando oyeron a un sacerdote o seminarista contar la historia de su vocación en misa. Estas historias son muy interesantes e ilustran cómo Dios llama a diferentes hombres al sacerdocio de muchas maneras. Estas historias pueden ser ayudas muy eficaces en tu discernimiento.

En muchas diócesis, la Oficina de Vocaciones les solicita a sus sacerdotes o seminaristas que cuenten sus historias vocacionales en la Misa del domingo designado como el Día Mundial de la Oración por las Vocaciones. Algunos directores vocacionales publican artículos, videos y pod-casts de estas historias en sus sitios web. Otros publican la historia vocacional de un seminarista cada semana o mes en el periódico diocesano. También he visto algunos folletos excelentes que cuentan las historias vocacionales de los sacerdotes y seminaristas de una diócesis en particular. Tu director vocacional puede ayudarte a obtener acceso a esta información útil.

23. Presenta tu petición a la iglesia

Todos los obispos del mundo visitan Roma una vez cada cinco años para reunirse con el Papa y dar un informe sobre el estado de su diócesis. Mientras está en la Ciudad Eterna, el obispo ora *ad limina,* que significa *en el umbral* de los apóstoles en la Basílica de San Pedro, pidiéndole a Dios que bendiga a la Iglesia católica en su diócesis. Un obispo en particular llegó a Roma muy preocupado en su espíritu porque esa sería su última visita. Él era un hombre enfermo y había sufrido un tremendo dolor por muchos años. Después de un largo y cuidadoso discernimiento, había tomado la decisión de retirarse por razones médicas, a pesar de que aún no estaba en la edad de jubilación. Estaba preocupado porque no sabía si había tomado la decisión correcta, a pesar de que su retiro había sido aceptado. Estaba sentado en una determinada área del palacio del Vaticano, a la espera de ser llamado para su audiencia final privada con el Papa Juan Pablo II. Cierto cardenal que estaba familiarizado con el caso entró en la habitación y se dio cuento de la angustia en el rostro de este obispo. Se acercó a él, le puso su mano sobre el hombro y le dijo: "Pedro ha hablado. Usted presentó su petición a la Iglesia y el Papa ha aceptado su renuncia. Es la voluntad de Dios. Tenga paz." El obispo contó que en ese preciso momento, un gran peso desapareció de sus hombros. Sentía una gran paz y sabía que había tomado la decisión correcta.

Un hombre a veces llega a un punto de discernimiento en el que simplemente no sabe qué hacer a continuación. Está entre la etapa 3 y 4 y parece haber llegado a un punto muerto. "Padre, me siento paralizado. No sé qué más hacer para discernir, pero todavía no estoy seguro de a dónde ir." Yo le diría a este hombre, "Yo sé qué tienes que hacer. Presenta tu petición a la Iglesia. Ve al obispo y dile todo. Luego haz lo que él te diga." Un obispo tiene un carisma especial del Espíritu Santo para tomar decisiones como esta. Y puede realmente ayudar a un hombre a tomar una decisión final sobre si ir al seminario o no.

Dios también habla claramente a través del rector del seminario, cuando un hombre es aceptado para comenzar sus estudios, y de nuevo cuando ha sido aprobado para ser promovido al próximo año de estudios. Así que si un seminarista termina su primer año de teología y es aprobado por unanimidad por el equipo de formación, y el rector lo promueve al segundo año con la aprobación del obispo y el director vocacional, entonces la Iglesia ha hablado una vez más. ¡Si el hombre tiene paz y su director espiritual lo alienta a seguir, la Iglesia está hablando! Todas estas son señales muy significativas, lo que lleva a un hombre a la última señal que viene el día de la ordenación.

Si has hecho un discernimiento diligente, pero todavía estás confundido y frustrado y no sabes qué hacer a continuación, te recomiendo esto: ¡presenta tu petición a la Iglesia! Deja que el obispo decida. No puedes equivocarte de esta manera.

Dios no puede conducir un automóvil estacionado. ¡Muévete!

CAPÍTULO 11

LA VIRGEN MARÍA Y LOS TEMORES DEL DISCERNIMIENTO

Un sacerdote amigo se enteró de que tenía cáncer pocos años después de ser ordenado y necesitó de una cirugía. Me contó esta historia.

> Recuerdo despertar en la sala de recuperación de la anestesia después de la cirugía. Tan pronto como abrí los ojos, sentí la presencia de un gran mal. Sentía como si Satanás estuviera encima de mí. Como si estuviera encima de mí, asfixiándome, tratando de llevarme. Nunca he sentido tanto miedo en toda mi vida. Aterrorizado, grité: "¡María, ayúdame!" Satanás salió de inmediato y sentí una gran paz y seguridad. Comencé a orar: "Gracias María. Gracias Madre Santísima. Gracias." Y luego me volvió el sueño, pero nunca olvidaré esa experiencia.

Le pregunté, "¿Por qué clamaste a la Santísima Virgen en lugar de a Jesús? Jesús es el Hijo de Dios, con poder infinito. ¿Por qué clamaste a María?" Me respondió: "No lo sé. Supongo que debido a mi gran devoción por ella. Sólo sé que ha funcionado."

La madre de los sacerdotes

He oído muchas historias vocacionales durante mi vida. He escuchado relatos increíbles de cómo Dios le dio a un hombre gracias poderosas, le envió señales fuertes, y lo sacó de una vida de libertinaje hacia una vida de santidad. Siempre me maravillo de cómo Dios llama a cada hombre de maneras diferentes. Sin embargo, siempre parece haber algo en común en todas las historias: la Santísima Virgen María. Ella ejerció una influencia poderosa en los hombres llamados a ser sacerdotes, y muchas veces el factor de mayor influencia en lograr que entren en el seminario.

Esto es cierto en la historia de mi propia vocación. En mis dos últimos años de universidad, yo estaba luchando con mi discernimiento. Me encontraba claramente entre las etapas 3 y 4 (véase el Capítulo 9 sobre las siete etapas de discernimiento). Había estado rezando muy intensamente durante dos años y había llegado a la conclusión de que Dios quería que yo fuera sacerdote. Pero no sabía qué tipo de sacerdote debería ser. No podía decidirme en qué orden religiosa y estaba seguro de que no era llamado a ser sacerdote diocesano ya que no me llamaba la atención en absoluto. Tenía que confiar en mi corazón sobre esto. Había ido a visitar muchas órdenes religiosas diferentes y había estado en correspondencia con muchas otras, y recibí mucha información en el correo. No había correo electrónico o Internet en esos días. Pero yo simplemente no me sentía atraído a ninguna de estas órdenes. Cada vez que iba a visitar una orden por un fin de semana, volvía habiendo visto algo que no me gustaba y regresaba desanimado y deprimido. Oré: "Dios, estoy tratando de darte mi vida. Por favor, muéstrame dónde ir. ¡Estoy listo para ser sacerdote!" Pero no estaba recibiendo ninguna respuesta.

Jesús finalmente respondió a mi oración en mi último año de universidad. Me respondió encomendándome a su madre. Me acuerdo de rezar el *Acordaos* un día y estas palabras me llamaron la atención: "Acordaos, oh piadosísima Virgen María, que jamás se ha oído decir, que ninguno de los que ha acudido a tu protección, implorando tu asistencia y reclamando tu socorro, haya sido abandonado de ti." Me di cuenta de que no había pedido a la Santísima Virgen que orara por mí mientras discernía. No tenía una gran devoción a María en absoluto. Pensé: "Bueno, he intentado todo sin éxito. También podría probar esto." Así que fui a la iglesia ese día y me arrodillé delante de una estatua de la Santísima Virgen María. Le dije a María: "Realmente quiero hacer la voluntad de Dios. Creo que él quiere que sea sacerdote, pero no sé cuál es mi próximo paso. Por favor, ora por mí y pregúntale a Jesús lo que él quiere que yo haga. Diga lo que diga, lo haré. Te lo prometo."

Mientras tanto, comencé a rezar el rosario todos los días. Sí, tenía un rosario colgando de la pata de mi cama pero yo no lo había orado en mucho tiempo. ¡Tuve que ir a buscar un folleto para recordar los misterios! Y empecé. Yo tenía las esperanzas de que ella viniera en mi ayuda y me señalara a qué orden religiosa Dios quería que me uniera. Estaba seguro de que no estaba llamado a ser sacerdote diocesano.

Recuerdo lo que pasó con tanta claridad como si hubiera sucedido ayer. Dos semanas más tarde, mi despertador sonó a las seis de la mañana. ¡Me senté al lado de la cama y yo sabía cuál era mi vocación! Yo sabía que Dios me amaba y que él me había estado llamando desde toda la eternidad para ser sacerdote diocesano en mi propia diócesis de Savannah. Y yo estaba contento con esta decisión, aunque antes no me había gustado nada. Todavía tenía que confiar en mi corazón, pero me di cuenta que mi corazón había cambiado. Jesús había contestado a mi oración cambiando mi corazón, a través de la intercesión de su Santísima Madre. Presenté mi solicitud y fue aceptada por la diócesis para ir al seminario. Desde ese día, siempre he confiado ciegamente en la Santísima Virgen; rezo el rosario todos los días y acudo a ella especialmente cuando necesito una respuesta.

La Santísima Virgen María debe ser una parte de tu discernimiento del sacerdocio diocesano. Ella es la madre de la Iglesia y no se puede discernir el sacerdocio diocesano sin la Iglesia.

Los niños aprenden a confiar en sus madres

Los estudios sociológicos confirman una y otra vez la importancia de la relación madre-niño para aprender a confiar. Discernir la vocación al sacerdocio diocesano requiere una gran confianza. Para superar el miedo y la ansiedad, la confianza en

Dios es esencial; una confianza que Él te ama, que sabe lo que es mejor para ti, y que su plan siempre te traerá felicidad y satisfacción. Muchas personas en nuestra cultura crecen en familias donde el padre está ausente, física o emocionalmente. El final de la familia tradicional es un problema espiritual, y muchos sacerdotes provienen de estas familias. Creo que un tierno amor y una devoción a la Santísima Virgen es la clave para ganar la confianza en Dios nuestro Padre y en su plan para nosotros. Debe formar parte de nuestras oraciones diarias. Por eso, en cada historia vocacional, su nombre siempre aparece.

El factor miedo: la herramienta más eficaz de satanás

"En el amor no hay lugar para el temor. Al contrario, el amor perfecto destierra el temor, porque el temor supone castigo, y el que teme no ha logrado la perfección en el amor."

1 Juan 4, 18

Una vez recibí una llamada de un sacerdote recién ordenado. Me dijo que estaba muy feliz y estaba asombrado de cómo la gracia de Dios había obrado en la vida de las personas a través de su ministerio sacerdotal. Le pregunté qué le gustaba más. Su respuesta me sorprendió: "Padre, me encanta predicar. Mis homilías van muy bien y la gente parece disfrutar de ellas." Le recordé que cuando llegó por primera vez al seminario estaba aterrorizado de la predicación. Temía que su timidez le impidiera ponerse de pie frente a cientos de personas. Pero ahora, dijo, "Sí, me acuerdo de eso, pero la gracia del Orden es tan poderosa. Debe ser por eso que me encanta predicar ahora" Mientras estaba de acuerdo con él en que el Orden Sagrado es un sacramento muy poderoso, le recordé que la gracia necesita de una capacidad natural: "Pasaste muchas horas estudiando en las clases de predicación y homilética. Estudiaste la predicación, oraste acerca de tus homilías y practicaste repetitivamente. ¡Ahora la gracia de Dios en el sacramento del Orden continúa bendiciéndote!"

"Padre, tengo miedo..." Ciertamente me gustaría tener un billete de un dólar por cada vez que oigo a un joven comenzar una frase con estas tres palabras. Todo libro que hable sobre el discernimiento de una vocación al sacerdocio diocesano debe abordar las herramientas más eficaces de Satanás: el miedo y la ansiedad. Él utiliza estas herramientas constantemente y de manera muy eficaz porque no quiere que tú, o cualquier otro, sean sacerdotes. Satanás sabe y se da cuenta del poder del sacerdocio católico mucho más claramente que nosotros. Él es un arcángel con una inteligencia superior. Como mencioné anteriormente, es el sacerdocio, no los hombres que son sacerdotes, lo que le preocupa. Jesucristo, el Hijo de Dios y el Sumo Sacerdote, ha otorgado un poder tremendo a los sacerdotes para perdonar los pecados y para trabajar por la salvación de las almas. El sacerdocio es una gran amenaza para el reino de Satanás, y él lo sabe bien. Así que Satanás utiliza el miedo como su arma principal contra esta gran amenaza.

Un principio básico de discernimiento es que uno nunca debe tomar una decisión basada en el miedo. Todas las decisiones deben tomarse sobre la base de la fe, el amor y la confianza en Dios. En el resto de este capítulo, voy a enumerar algunos de los temores más comunes, empezando por los más mencionados. Muchos de estos temores son similares o están relacionados entre sí. Recuerda que ningún hombre tendrá todos estos temores, pero casi todos los hombres tendrán algunos de ellos. ¿Cuáles te parecen familiares?

"Para quién tiene miedo todo es ruido."[48]

Sófocles

Los temores más comunes de los hombres que disciernen sobre el sacerdocio

1. **El miedo al celibato.** ¡Siempre el número uno en la lista! "No puedo vivir sin las mujeres. Nunca podría ser feliz sin sexo. Me temo que voy a ser miserable, sin una esposa, hijos, y sin la intimidad sexual del matrimonio."

2. **El miedo a la soledad.** "Tengo temor de vivir en una rectoría solo, sin la gente que amo. Ahora me siento solo y quiero que eso cambie con mi vocación. Temo que voy a estar solo por el resto de mi vida si me hago sacerdote."

3. **El miedo a la familia.** "No sé lo que mis padres dirán cuando descubran que estoy pensando en el sacerdocio. Mi papá puede enojarse y prohibirme que lo haga. Entonces, ¿qué voy a hacer? Mis hermanos se burlarán de mí. Necesito el apoyo de mi familia. Tengo miedo de decirles."

4. **El miedo de decepcionar a los demás.** "Tengo miedo de ir al seminario, y luego decidir irme y no hacerme sacerdote. De esta manera, decepcionaré a mis padres o mi párroco. Peor aún, ¿qué pasa si dejo el sacerdocio? Es mejor que no vaya en primer lugar."

5. **El miedo a la falta de fe.** "No tengo suficiente fe para ser sacerdote. Todavía me pregunto muchas cosas y lucho con las dudas acerca de Dios, el cielo, el infierno, todo. Un sacerdote sin fe no es una buena cosa."

6. **El miedo al exceso de trabajo.** "Veo lo duro que trabajan los sacerdotes y la falta de sacerdotes significa que tendré que hacer aún más. Me temo que no puedo trabajar tan duro. Tal vez soy demasiado perezoso. Me temo que no seré capaz de hacerlo y ser feliz."

7. **El miedo al escándalo.** "Tengo miedo de convertirme en sacerdote y hacer algo escandaloso. Tal vez tenga una aventura con una mujer, o un secreto profundo de mi pasado salga a la luz. Soy un pecador con tantas debilidades. Amo a la Iglesia y no quiero dañar su reputación causando un escándalo. Es mejor que no sea un sacerdote."

8. **La pobreza y el miedo a la obediencia.** "Me gusta mi libertad demasiado. Me temo que no voy a ser obediente al obispo cuando él me dé una asignación que no me guste. Tengo miedo de vivir una vida sin mis comodidades. Me gusta comprar cosas buenas, ganar un montón de dinero y viajar. Los sacerdotes tienen que vivir demasiado simple. Me temo que no voy a ser feliz."

9. **El miedo a la popularidad.** "Me temo que cuando mi foto esté en el boletín de la diócesis, la gente me mire diferente y espere que actúe de manera diferente. No quiero que nadie sepa que estoy pensando en el sacerdocio. Podría dañar mi vida social. Mis amigos pensarán que estoy loco. Las chicas no saldrán conmigo."

10. **El miedo al director vocacional.** "Temo que el director vocacional sepa que estoy discerniendo el sacerdocio y me acose con llamadas telefónicas, correos electrónicos y cartas. ¡No quiero una carta en mi buzón de correo con el logo de la oficina vocacional! Yo no quiero ese tipo de presión en este momento."

11. **El miedo a la aventura/aburrimiento.** "Soy joven y puedo hacer lo que quiero con mi vida. Deseo viajar, ver el mundo y tener aventuras. Temo que al ser llamado al sacerdocio vaya a extrañar todo eso. El sacerdocio diocesano no parece

emocionante. No quiero estar aburrido. Quiero una vida emocionante. Tengo miedo de quedarme sin opciones. "

12. **El miedo a la predicación.** "Nunca podría pararme y predicar frente a una enorme multitud de personas. No soy un buen orador y me pongo muy nervioso cuando tengo que estar parado en frente de los demás. Me temo que nunca seré capaz de predicar bien, y no hay nada peor que un terrible predicador el domingo. Todo el mundo se queja de él."

13. **El miedo a la hipocresía.** "He vivido una vida pecaminosa y mucha gente me ha visto en las fiestas y de parranda. ¿Qué van a pensar o decir cuando me vean predicándoles y enseñándoles acerca de Jesucristo? ¡Eso nunca va a funcionar! Dirán que soy un hipócrita."

14. **El miedo al discernimiento.** "Tengo miedo de optar por la vocación equivocada. Temo de no ser llamado al sacerdocio y, por lo tanto, no seré un buen sacerdote. He tenido algunos fracasos en mi vida y no quiero fallar en algo tan público como el sacerdocio. Todo el mundo sabrá de mi fracaso."

15. **El miedo a la oración.** "Los sacerdotes hacen una promesa de rezar la Liturgia de las Horas cinco veces por día para el pueblo de Dios, hacen una Hora Santa ante el Santísimo Sacramento, rezan el rosario, celebran la Misa, y ¡quién sabe qué más! Temo no poder orar tanto."

16. **El miedo a la falta de valor.** "Me temo que soy demasiado tímido para desafiar a la gente a obedecer los mandamientos y las enseñanzas de la Iglesia. No me gusta la confrontación y el conflicto. Soy una persona pacífica. Nunca podría soportar la persecución o tortura por el Señor, y esto podría suceder en la Iglesia."

17. **El miedo al poder sobre la vida de otras personas.** "He visto el poder de mi sacerdote. La gente realmente le escucha y hace lo que él dice. Estoy aterrorizado de este poder. ¿Y si le digo a alguien que haga algo mal?"

18. **El miedo a no tener suficiente soledad.** "La gente siempre se aferra al sacerdote y trata de hablar con él después de la misa. Tiene citas constantemente y la gente lo necesita veinticuatro horas al día. Me temo que voy a necesitar más silencio y soledad que eso."

19. **El miedo a la impopularidad.** "Tengo miedo de no ser un sacerdote popular entre la gente, como mi párroco ahora. A la gente no le gusta nada de él y no es muy amable y carismático. También tengo miedo de tener que decir no a las personas, como a veces los sacerdotes deben hacer."

20. **Temor a la administración y el liderazgo.** "Tengo miedo de convertirme en un párroco de una parroquia y tomar decisiones financieras. No tengo las mejores habilidades de liderazgo, la confianza en mí mismo no es buena, y no creo que sea un buen administrador. Me daría vergüenza no poder administrar una parroquia."

21. **El miedo de ser sacerdote en tu diócesis de origen.** "Me siento llamado a ser sacerdote, pero tengo miedo de pertenecer a mi diócesis de origen. Los sacerdotes no son especialmente inspiradores, y a menudo no siguen las normas litúrgicas, y casi no hay seminaristas. El obispo no parece tener un liderazgo fuerte, especialmente en relación con ciertas enseñanzas de la Iglesia. Me temo que no sería feliz en esta diócesis."

22. **El miedo a la enseñanza o a la falta de inteligencia.** "Los sacerdotes tienen que enseñar clases de formación para adultos y otras clases, y no soy un buen profesor. Me temo

que no voy a ser lo suficientemente inteligente como para responder a las preguntas de la gente. Veo que hay gente bien educada en mi parroquia y no soy tan inteligente. ¡Me costó esfuerzo terminar la escuela y me preocupa no ser capaz de terminar el seminario!"

23. **El miedo de lidiar con el sufrimiento y la muerte.** "Estoy aterrado ante la perspectiva de tener que consolar a la gente en medio de su sufrimiento o la muerte de un ser querido. No sabría qué decir. No me gusta estar con la gente que sufre y está enferma y eso me incomoda mucho."

24. **El miedo de aconsejar a los demás.** "Me temo que no sería eficaz para asesorar a las personas que van a divorciarse o que tengan problemas con la adicción. No estoy seguro de ser un buen consejero."

25. **El miedo al sacrificio.** "Los sacerdotes tienen que hacer tantos sacrificios por Dios. Si bien yo quiero hacer esto, temo no ser capaz. No soy una persona muy generosa."

26. **El miedo de volver a la escuela.** "He terminado la escuela ya hace un tiempo y no era un gran estudiante. Tengo miedo de no ser capaz de hacer el trabajo académico requerido para ser sacerdote."

27. **El miedo a la impresionante obligación de cuidar de las almas.** "Un sacerdote es como un médico de almas. Dios le ha confiado mucho a un sacerdote y me aterra esa responsabilidad. ¿Qué pasa si pierdo algunas personas? ¿Dios me hará responsable por sus almas?"

28. **El miedo a no ser digno.** "No soy digno de ser sacerdote. Yo soy un hombre débil. Tengo una larga historia de pecado y continúo pecando. No me siento lo suficientemente fuerte como para ser sacerdote y ayudar a

otras personas a vivir una vida santa, cuando yo mismo no estoy viviendo una vida muy santa."

29. **El miedo a ser una persona pública.** "Miles de personas en la parroquia conocen el nombre del sacerdote. Donde quiera que vaya, la gente habla de él. Repiten lo que dice y se dan cuenta de lo que está haciendo. No me gusta vivir en una pecera. Soy una persona privada. Me temo que esto me causa mucho estrés."

30. **El miedo a mi falta de amor por Dios.** "¡Yo simplemente no amo a Dios lo suficiente y esta es una de las razones por las cuales tengo tantos miedos! Los sacerdotes deben tener un gran amor a Dios, y yo no lo tengo. Estoy tratando, pero siento que no es suficiente."

31. **El miedo a mi falta de amor por los demás.** "Me canso de las personas rápidamente y no siento a menudo amor y compasión por ellos. ¡Los sacerdotes han de amar a mucha gente, con mucho amor! Me temo que no tengo eso en mí."

32. **El miedo a trabajar con los niños.** "No soy bueno con los niños pequeños y temo tener que visitarlos en sus clases. También tengo miedo de escuchar sus confesiones. Yo no sé cómo hablar a su nivel. "

33. **Miedo a la homosexualidad o pedofilia.** "Si yo soy un sacerdote célibe, temo que la gente piense que soy homosexual. He escuchado comentarios de este tipo, y no quiero que hablen de mí así. También temo que la gente piense que soy un abusador sexual de menores. Creo que la pedofilia es horrible y no quiero que nadie piense que soy un pedófilo. Tengo miedo que la gente me juzgue por los malos sacerdotes."

34. **El miedo a la orientación sexual**. "Tengo cierta atracción a las personas del mismo sexo y me temo que podría salir a la luz si me hago sacerdote. Es un secreto con el cual vivo y no se lo he dicho a nadie. Me horrorizaría si yo fuera un sacerdote y de alguna manera se conozca este secreto."

35. **El temor a Dios (como trastorno).** "Temo que Dios me castigue si no llego a ser sacerdote, pero yo realmente no quiero ser un sacerdote. También temo que nunca seré feliz si soy un sacerdote, y nunca voy a ser feliz si me escapo de mi vocación. Temo decir que sí y temo decir que no."

36. **El miedo a la infelicidad.** Este es el miedo general que abarca e incorpora a todos los demás miedos: "No confío en Dios lo suficiente como para creer que voy a ser feliz y estar satisfecho con mi vida si soy llamado a ser sacerdote."

Puedes estar pensando, "Muchas gracias, Padre. ¡Yo no tenía muchos miedos de discernimiento, pero ahora se me ocurren un buen número de ellos!" Pero es mucho mejor hacerle frente a los temores directamente, tomar al toro por los cuernos y lidiar con ellos de una vez por todas. Quizás puedas pensar en otros miedos que no he mencionado. Es posible que desees hacer una lista y hablar de ellos con tu director espiritual. Es importante nombrar todos tus miedos para poder superarlos.

Superando los temores de discernimiento

Cada director vocacional se ha encontrado con hombres que usan el miedo como excusa para no avanzar hacia el seminario. Podrían tranquilamente decir: "Padre, ciertamente me gustaría llegar a ser sacerdote, pero como tengo mucho miedo de hablar en público, Dios entenderá si no lo soy." No, lo que Dios entiende es que este hombre está utilizando el miedo como una excusa para no responder a su llamada.

No voy a tratar por separado todos los miedos de discernimiento ya mencionados, ya que la mayoría de ellos se pueden superar de la misma manera. Voy a hablar del miedo al celibato y a la familia en detalle en capítulos posteriores, ya que son especialmente frecuentes. Pero sí quiero hacer un comentario sobre algunos de los otros miedos.

Superando el miedo a la aventura/aburrimiento

Nunca he conocido a un sacerdote aburrido. Los sacerdotes están extraordinariamente ocupados haciendo muchas cosas maravillosas para el pueblo de Dios. Viven una vida plena. Al igual que en cualquier vocación, el ser un sacerdote de la parroquia puede ser monótono a veces, pero el tremendo valor del trabajo sacerdotal compensa cualquier monotonía. El miedo al aburrimiento, al igual que todos los temores, simplemente no se basa en los hechos. Los sacerdotes diocesanos tienen la oportunidad de viajar, y tienen muchos amigos y aficiones diversas. ¡En mi experiencia, los sacerdotes tienen muchas más oportunidades para la recreación que muchas parejas y padres católicos!

Recuerda que el mayor aburrimiento posible está en el infierno. Este es el lugar donde la gente no hace la voluntad de Dios. ¡Hacer cualquier cosa menos la voluntad de Dios en tu vida te aburrirá!

Superando el miedo a la oración, la predicación y la administración

El seminario está diseñado para preparar a los hombres a ser sacerdotes. Cuando el rector de un seminario recomienda un hombre al obispo es porque está listo para ser ordenado sacerdote. Así, el rector está indicando que el hombre tiene por lo menos los requisitos mínimos y la formación para ser no sólo un sacerdote, sino el párroco de una parroquia. Él es capaz de liderar una comunidad cristiana. Este es el objetivo de la formación sacerdotal: el de proporcionar no sólo sacerdotes, sino pastores de la Iglesia.

Cuando un seminarista recién llegado me dice: "Padre, me temo que no voy a ser capaz de dar buenas homilías", le respondo, "Dios no te está pidiendo que prediques bien hoy. Si Él hubiera querido que predicaras bien hoy, habrías tenido que empezar el seminario hace seis años. Pero como acabas de llegar ahora, relájate y confía en el proceso de formación. Tus esfuerzos para cooperar con el programa de formación sacerdotal del seminario, junto con la gracia de Dios, te transformarán de maneras inimaginables. Esto es lo que hacemos. Formamos sacerdotes. Confía en nosotros." Cuando este hombre salga del seminario, será capaz de orar, predicar, y administrar una parroquia, así como muchas otras cosas. ¡La formación sacerdotal es un proceso de transformación!

Superar el miedo a la soledad

La mayoría de los sacerdotes diocesanos viven solos y van a sentirse solos de vez en cuando, pero la mayoría de los sacerdotes no se sienten *crónicamente* solitarios. Todas las personas en todas las ocupaciones (entre ellas el matrimonio) se sienten solas de vez en cuando. A un seminarista se le dará la oportunidad de trabajar en varias parroquias durante su tiempo de formación. Tener estas experiencias, orar mucho durante ellas, dialogar con tu director espiritual y luego escuchar tu corazón, te ayudará a discernir si serás capaz de vivir el sacerdocio diocesano sin esta soledad crónica. Este temor o preocupación puede ser una señal de Dios sobre el sacerdocio, pero también puede ser una señal de que un hombre tiene que entender *por qué* está siempre solo. Si un hombre se siente crónicamente solitario y nunca se entera de la razón, él podría inclinarse al matrimonio y aún sentirse crónicamente solitario. La mayoría de los sacerdotes diocesanos reportan tremenda satisfacción y felicidad en su vocación.

Transformando miedos en preocupaciones

Marie Curie dijo una vez: "Dejamos de temer aquello que se ha aprendido a entender."[49] El conocimiento y el amor siempre alivian el miedo. Si un hombre sigue los principios de un discernimiento diligente, entonces él hará todo lo necesario para superar sus miedos.

"La humildad es reconocer verdaderamente nuestros dones."[50]

Santa Teresa de Ávila

Los hombres a menudo se preocupan acerca de su propia insuficiencia. Por ejemplo, un hombre puede tener muchos dones, pero él simplemente no tiene el don de enseñar y como está discerniendo sobre el sacerdocio, esta es una preocupación legítima. ¡Pero estar preocupado no es lo mismo que tener miedo! El miedo produce cambios fisiológicos que son perjudiciales para el cuerpo. El miedo paraliza a un hombre e impide que se mueva hacia adelante. Pero una *preocupación* debería motivar a un hombre a buscar más información, a hablar del tema con su director espiritual y su director vocacional, y así determinar si esta preocupación es suficiente para "detener el juego." En este caso en particular, no lo es. El seminario te ayudará a desarrollar la habilidad de enseñar a través de clases, talleres y prácticas. También crecerás en confianza sobre la enseñanza durante las tareas de verano. Incluso puedes participar en un programa especial donde enseñas la fe durante todo el verano, yendo de parroquia en parroquia. En otras palabras, tu preocupación se abordará en el programa de formación sacerdotal.

Satanás es el origen de muchos miedos, pero no todos. Algunos miedos son causados por nuestras almas desordenadas, nuestra falta de fe, esperanza y amor. También pueden ser causados por eventos anteriores en nuestra vida. No podemos culpar de todo a Satanás.

Conozco a un hombre cuyo padre abandonó la familia cuando él tenía cinco años. Esto le causó una gran angustia y creció luchando con depresión y baja autoestima. El padre entraba y salía de la vida de este niño, siempre haciéndole promesas, promesas que nunca cumplía. El niño fue herido profundamente. Cuando estaba en la escuela secundaria, su madre murió trágicamente en un accidente de automóvil. Este joven estaba tratando de discernir el sacerdocio, pero se encontró con que él nunca podría confiar en Dios. Pensó: "Todos los que me aman me abandonan. ¿Será Dios diferente? ¿Puedo confiar en que voy a estar a salvo?" Su miedo lo paralizó a avanzar hacia el seminario. Esta indecisión es ciertamente comprensible, dada su historia de vida, pero no hace que este miedo sea racional. Una de las herramientas más importantes para sobrellevar un miedo es comprender que el miedo es irracional. Ten en cuenta que cada hombre es más propenso a ciertos temores que otros, debido a su historia de vida. Como San Ignacio de Loyola señaló hace siglos, Satanás siempre ataca a sus enemigos en el lugar más débil.

Las virtudes teológicas

Todos los miedos pueden ser superados aumentando nuestra fe, nuestra esperanza y nuestro amor. De hecho, no es demasiado simplista afirmar que todos los problemas conocidos por el hombre pueden ser resueltos por las tres virtudes teologales. Un hombre que está lleno de estas virtudes razonará de esta manera:

> Dios es infinito en poder y él me ama infinitamente. Nadie puede arrebatarle nada de su mano. Dios nunca me va a enviar a donde su gracia no me pueda sostener. Si él me pide que haga algo difícil, como ser sacerdote, él me dará la gracia para hacerlo. No voy a fallar porque él está

conmigo. Y voy a ser feliz porque estoy haciendo su voluntad. Incluso si me falta alguna de las cualidades necesarias, Dios me ayudará a desarrollarlas. En su voluntad está mi paz.

¿No sería maravilloso pensar de esta manera y sinceramente creer en esto todo el tiempo? Fe, esperanza y amor son las claves de este tipo de paz. Estas virtudes fueron infundidas en tu alma en el Bautismo, ora para que el Señor las aumente.

¡No dejes de orar!

Si un hombre no está orando fielmente, sus temores se multiplicarán con rapidez y desenfreno. Lo he visto muchas veces a través de los años como director vocacional. Un hombre que ha recibido signos de una vocación al sacerdocio y está haciendo un discernimiento diligente, moviéndose para adelante, luego, de repente, desaparece del radar. Solo me devuelve llamadas telefónicas o correos electrónicos para decirme que ya no está interesado. Yo les pregunto por correo electrónico: "¿Has dejado de rezar? Esto siempre sucede cuando un hombre deja de rezar. Pero no puedo obligarte a rezar o hacer cualquier otra cosa. Debes tomar una decisión libre" Esto es un ejemplo de un hombre que ha violado una norma esencial durante el discernimiento. Dejó de orar y luego tomó una decisión basándose en sus temores.

Una penitencia para volver a confiar

Cuando estoy escuchando confesiones o haciendo dirección espiritual y un hombre está realmente luchando contra el miedo y la ansiedad, a menudo le asigno una penitencia especial. Le digo que escriba su propio Acto de Confianza. Le explico: "Escríbelo en tus propias palabras, breve y al grano. A continuación, memorízalo diciéndolo cien veces en los próximos días. Esto será el final de tu penitencia oficial." Entonces le recomiendo a este hombre que, en el futuro, cada vez que experimente una sensación de miedo, repita la oración una y otra vez. La oración puede ser algo como esto: "Jesús, te amo y sé que siempre cuidarás de mí. Confío en ti. Por favor, aumenta mi confianza." Mucha gente me ha dicho que esta penitencia ha funcionado sorprendentemente bien para ayudarlos a superar sus miedos.

"Aquí está la esclava del Señor, hágase en mi según tu palabra."

Lucas 1, 38

¡No estás solo en el barco!

Estar con otros que están en la misma situación puede traerte paz. Esto es cierto para niños pequeños cuando afrontan sus temores por primera vez, la presencia de los padres o hermanos es un consuelo. A pesar de que eres un hombre adulto tratando de discernir tu vocación y tratado de manejar tus miedos, es consolador saber que no estás solo. La Iglesia te ofrece un director vocacional, un director espiritual, formadores en los seminarios, y muchos otros candidatos y seminaristas. Muchos candidatos tienen la idea de que son los únicos que tienen ciertos pensamientos o temores. Asistir a retiros de discernimiento, visitar un seminario, o simplemente tener una buena conversación con otro seminarista puede disipar estos temores. No dejes todo para ti mismo. Si cuentas con la ayuda de los demás, creo que encontrarás que muchos de tus temores se disiparán rápidamente.

Lo más importante es no olvidar que Jesús está en la barca contigo. Si Él te está llamando a ser sacerdote, se encargará de que tengas la gracia para superar tus miedos.

¿Son el miedo y la ansiedad señales de que no soy llamado a ser sacerdote?

No lo creo. El miedo y la ansiedad muy a menudo nos desalientan a hacer la voluntad de Dios. Pero debido a que el lugar principal para una revelación es el corazón humano, a veces Dios nos habla a través de *una falta de paz*. Por ejemplo, si un hombre siente una falta persistente de paz profunda en su corazón sobre el hecho de ser sacerdote, a pesar de estar orando con regularidad y de consultar con su director espiritual, entonces esto es probablemente una señal del Señor. La falta de paz no es lo mismo que el miedo o la ansiedad. La falta de paz es una palabra suave del Espíritu Santo diciéndole a este hombre que no está llamado a ser sacerdote.

La devoción a la Santísima Madre siempre ayuda a disminuir el miedo y aumentar la confianza en Dios. Te recomiendo que hagas una consagración diaria a la Santísima Virgen, reza un rosario diario, y lee un buen libro Mariano. Las madres enseñan a sus hijos a confiar. Creo que la Santísima Virgen es un componente clave en la superación de los temores de discernimiento. ¡Ella es la santa patrona del discernimiento! Ella es la Madre de los sacerdotes. Por eso, cuando los sacerdotes cuentan sus historias vocacionales, su nombre siempre aparece.

El amor perfecto aleja todo temor.

CAPÍTULO 12

¿CÓMO LES DIGO A MIS PADRES QUE QUIERO SER SACERDOTE?

"Mientras iban de camino, uno le dijo: 'Te seguiré adondequiera que vayas.' Jesús le contestó: 'Los zorros tienen guaridas y los pájaros del cielo nidos, pero el Hijo del hombre no tiene donde reclinar la cabeza.' A otro le dijo: 'Sígueme.' Él contestó: 'Señor, déjame ir antes a enterrar a mi padre.' Jesús le respondió: 'Deja que los muertos entierren a sus muertos; tú ve a anunciar el reino de Dios.' Otro le dijo: 'Te seguiré, Señor, pero déjame despedirme primero de mi familia.' Jesús le contestó: 'El que pone la mano en el arado y mira hacia atrás, no es apto para el reino de Dios.'"

Lucas 9, 57-62

He conocido a hombres que se sentían llamados a ser sacerdotes, pero sabían que uno o ambos de sus padres se opondrían. Así que no fueron al seminario. O fueron pero no por mucho tiempo.

Los padres, con frecuencia, no comprenden la vocación al sacerdocio de su hijo. Puede que sea porque no son católicos. O puede que sean católicos en teoría pero no en la práctica. Es difícil entender esta llamada de Dios para una persona de mucha fe, y es casi imposible para aquellas personas cuya fe es débil. Si los padres son creyentes y católicos practicantes, podrían tener una mejor reacción, pero no siempre es así. Y esto es comprensible. Es bastante difícil para uno mismo entender lo que está sucediendo.

"Para aquellos que creen, no se necesita explicación. Para aquellos que no creen, no hay explicación posible."[51]

San Agustín

Según un estudio realizado por la Conferencia Estadounidense de Obispos Católicos sobre la clase que se ordenó en el 2009, casi el sesenta por ciento de los sacerdotes recién ordenados, dijo que un padre o miembro de la familia trató de disuadirlos para no ser sacerdote. Los padres, hermanos y el resto de la familia pueden ser muy influyentes en el discernimiento. Muchos jóvenes me han dicho que su mayor temor es el día en que tendrán que decirle a su familia que van al seminario.

Los miedos pueden ser los siguientes:

~ "¿Qué pasa si mis padres no quieren que yo sea sacerdote? Van a decir que ellos quieren que les proporcione nietos. ¿Debo desobedecer a mi padre terrenal con el fin de obedecer a mi padre celestial? Necesito el apoyo de mi familia."

~ "Me temo que podría decepcionar a mi madre. Ella ha estado esperando y rezando para que sea sacerdote desde que era pequeño. Solía dejar folletos sobre el sacerdocio en lugares obvios en mi habitación. Temo que ella se ponga muy contenta si le digo que voy al seminario para probarlo, pero luego si me voy del seminario, termine devastada."

~ "Mi familia es tan disfuncional que no tengo ni idea de lo que dirá. Probablemente tenga un largo camino por recorrer debido a problemas familiares. Amo a mi familia y los perdono, pero sospecho que serán más una carga para mí que un apoyo si me hago sacerdote."

Casi todos los jóvenes que están discerniendo el sacerdocio se han preguntado cómo van a reaccionar sus padres. Una vez, un candidato a sacerdote me preguntó si podía asistir al seminario en secreto sin decirles a sus padres que él estaba allí. El seminarista quería estar seguro de que se iba a quedar en el seminario antes de darles a sus padres la gran noticia. Le dije: "No. Usted debe decirles a sus padres. Cuénteles y termine con esta novela." A todos nos gusta nuestra familia y queremos que ellos estén contentos con nuestras decisiones. Pero la realidad es que, en algunos casos, no estarán contentos. Es más fácil discernir el sacerdocio y tener una buena experiencia en el seminario con el apoyo de la familia, pero este apoyo no es esencial. Tenemos que elegir a Jesucristo por encima de todo y de todos.

Estos conflictos familiares son típicos en la vida de muchos santos. San Alfonso María de Ligorio decepcionó a su padre y a toda su familia cuando dejó su carrera de derecho por el sacerdocio. Se dio cuenta que su Padre celestial tenía muchas más cosas importantes que decir que su padre terrenal. ¡Es más, su padre terrenal dijo muchas cosas! De hecho, estaba furioso. El padre de San Francisco de Asís sintió lo mismo cuando San Francisco le dio a los pobres los bienes del negocio de ropa de su padre, y luego dedicó todo su tiempo para servir a Jesús y reconstruir su Iglesia.

San Bernardo de Claraval inicialmente tuvo dificultades con su familia. Su madre murió cuando él tenía diecisiete años y estaba muy deprimido. Sintió la llamada para ser monje cisterciense, pero no pudo dar el primer paso. Dudó y vaciló. Por último, en la desesperación, un día se detuvo en una iglesia en el camino y le rogó a Dios que le diga qué hacer. Salió de esa iglesia decidido a ir al monasterio. Su familia y sus amigos trataron de disuadirlo. ¡Pero se mantuvo firme y convenció a cuatro de sus hermanos y un tío que fueran con él! Treinta y un hombres acompañaron a San Bernardo hasta el monasterio.

Jesús nos advirtió claramente que podrían haber problemas.

> No piensen que he venido a traer paz a la tierra; no he venido a traer paz, sino discordia. Porque he venido a separar al hijo de su padre, a la hija de su madre, a la nuera de su suegra, los enemigos de cada uno serán los de su casa. El que ama a su padre o a su madre más que a mí, no es digno de mí; y el que ama a su hijo o a su hija más que a mí, no es digno de mí.
>
> Mateo 10, 34-37

El cuarto mandamiento nos dice que debemos honrar a nuestro padre y nuestra madre. Cuando somos niños, tenemos que honrarlos con nuestro amor, respeto y obediencia. El Catecismo de la Iglesia Católica (# 2217) nos dice que una vez que alcanzamos la edad de emancipación ya no estamos obligados a obedecer a nuestros padres. Siempre debemos amarlos, honrarlos y respetarlos, y tenemos que estar preparados y dispuestos a ayudarles cuando envejezcan y necesiten de nuestra ayuda. Pero una vez que una persona alcanza la edad de emancipación (generalmente a los 18 años), uno es un adulto y tiene que tomar sus propias decisiones sobre su vida. Si un hombre adulto se siente llamado por Dios para ser sacerdote y ha hecho un discernimiento diligente, debe ir al seminario, aun sin el apoyo de sus padres.

A través de los años, me he reunido con muchos padres preocupados para hablar del deseo de su hijo de ser sacerdote. Como todos los buenos padres, quieren estar seguros de que sea realmente un llamado de Dios y no un capricho pasajero. Quieren estar seguros de que nadie (ya sea el párroco o el director vocacional) lo está presionando para ir al seminario. ¡No quieren que le laven el cerebro a su hijo! Se preocupan por la felicidad de su hijo y cuestionan su ida al seminario a una edad tan joven.

(¡Una madre me dijo exactamente esto y su hijo tenía treinta años!) Sobre todo se preocupan por el celibato y si su hijo será feliz sin una esposa e hijos. En otras palabras, los padres comparten muchos de los mismos temores que el propio candidato. Y como él, necesitan buena información para aliviar esos temores.

Es interesante que la mayoría de los sacerdotes provengan de familias con varios hijos. Pocas veces he conocido a un seminarista o un sacerdote que fuera hijo único. Si un hombre es hijo único, es la única esperanza de obtener nietos y sería lógico que su familia se opusiera con más resistencia a la idea del sacerdocio.

Los padres buenos aman a sus hijos y es su deber divino protegerlos y evitar que tomen decisiones imprudentes o apresuradas. Por lo general los padres de los candidatos se tranquilizan después de reunirme con ellos y responder a sus preguntas. Ellos entienden que ir al seminario no significa hacerse sacerdote. Entienden que el seminario no es una prisión y que el seminarista es libre de dejar la formación al sacerdocio en cualquier momento que elija, sin ni siquiera endeudarse en la mayoría de los casos.

Por supuesto, hay una gran diferencia entre ir a un seminario universitario inmediatamente después de la secundaria o ir a un seminario más grande una vez que el candidato haya terminado la universidad, pero es comprensible que un padre se preocupe más en el caso de que su hijo vaya al seminario universitario.

Los Consejos de los Padres

"Padre, ¿no sería más conveniente que mi hijo experimente un par de años de estudios universitarios, salga con algunas chicas y tenga algunas experiencias normales de vida universitaria? Entonces, si aún quiere ir al seminario, yo le daré todo mi apoyo".

Si bien esto puede parecer un buen consejo en la mayoría de los casos, a veces la propuesta de vivir una "vida universitaria normal" es en realidad una invitación a vivir una vida de pecado grave. Esto no ayuda a nadie a descubrir la llamada de Dios. No estoy diciendo que los padres deseen esto para su hijo, pero esta es la realidad en muchas universidades hoy en día.

Estoy convencido de que Dios llama a algunos hombres a ir al seminario antes que a otros. Un estudiante de secundaria me preguntó directamente si debía desobedecer a sus padres, inscribirse en la diócesis e ir al seminario. Le dije: "No, obedece a tus padres por el momento. Te quieren mucho y te están dando consejos prudentes. El seminario seguirá allí después de haber terminado dos o cuatro años de universidad. Pero trata de encontrar una manera de crecer en la fe mientras estés allí."

Yo casi nunca le recomendaría a un joven de dieciocho años de edad de la escuela secundaria que desobedezca a sus padres y vaya al seminario, pero sí he tenido que recomendarle a un joven de veintitrés años de edad que estaba terminando la universidad que obedezca la llamada de Dios, a pesar de los deseos de su padre, y que confíe que Dios les ayudará a sus padres a entender con el tiempo. En mi experiencia, dado el tiempo suficiente, los padres generalmente se sienten más cómodos con la decisión de su hijo de ser sacerdote. Mi padre es Bautista y él definitivamente no estaba contento cuando le dije que me iba al seminario. Sin embargo, ahora que he sido sacerdote por muchos años, y ve que estoy feliz, satisfecho y que hago un buen trabajo para el Reino de Dios, él está orgulloso de mí y me apoya mucho. Los padres pueden ver si su hijo es feliz y está satisfecho haciendo el trabajo de sacerdote. En mi experiencia, estos padres se enorgullecen de sus hijos, aun cuando todavía no comprenden todo y se sienten incómodos con la idea.

Un Error Común: Demasiado Apoyo

Algunos padres pueden apoyar demasiado, y ejercer una presión indebida sobre su hijo para ir al seminario y ser sacerdote. Esto es un grave error. Desde luego, entiendo el orgullo que sienten los padres cuando uno de sus hijos llega a ser sacerdote, pero los padres deben tener cuidado de no estar demasiado emocionados.

Estos son los errores que algunos padres cometen. Llaman a todos sus parientes y amigos inmediatamente para decirles que su hijo va a ser sacerdote. Le compran cálices y ornamentos cuando su hijo comienza su primer año de pre-teología y cuando todavía le faltan seis u ocho años para su ordenación al sacerdocio. Y siempre dicen cosas como: "Cuando seas ordenado sacerdote, tú..."

Esta es una presión indebida. Hay que explicarles a los padres usando una analogía con el matrimonio: ir al seminario es como empezar a salir con alguien exclusivamente y todavía hay un largo camino hasta comprar un anillo de compromiso. Mucho puede suceder. Tal vez no funcione. Los padres deben apoyar a sus hijos, pero no de una manera excesiva.

He conocido a hombres que fueron al seminario principalmente para complacer a sus madres. Esto no es una buena razón para ser sacerdote y a menudo termina mal. He conocido a otros que fueron al seminario, y se dieron cuenta de que Dios les decía que dejen el seminario, pero no lo hicieron porque tenían miedo de decepcionar a sus familias. Esto terminó mal también. Si Dios te dice claramente que no estás llamado a ser sacerdote, no importa qué tan avanzado te encuentras en el seminario, por favor por el bien tuyo y de la Iglesia: ¡deja el seminario! Vete a casa y encuentra tu verdadera vocación. Y haz esto, incluso si tus padres se decepcionan.

El Padre Ideal para un Seminarista

Muchos padres me han hecho esta pregunta. "Padre, quiero apoyar a mi hijo, pero no quiero poner demasiada presión sobre él. ¿Qué debo hacer?" Siempre les aconsejo que le digan lo siguiente a su hijo: "Te queremos mucho y estamos orgullosos de que estés considerando el sacerdocio. Vamos a rezar por ti y te apoyaremos a medida que avances en el seminario. Estaremos muy orgullosos de ti si llegas a ser sacerdote. Pero vamos a estar igualmente orgullosos de ti si disciernes que debes dejar el seminario. Siempre tendrás un lugar en casa y te ayudaremos en todo lo que podamos para que encuentres tu verdadera vocación. Estamos orgullosos de que ames tanto a Jesús y que tu fe sea tan fuerte."

Formación para los Padres

> Sus padres iban cada año a Jerusalén, a la fiesta de pascua. Cuando el niño cumplió doce años, subieron a celebrar la fiesta, según la costumbre. Terminada la fiesta, cuando regresaban, el niño Jesús se quedó en Jerusalén, sin saberlo sus padres. Ellos creían que iba en la caravana, y al terminar la primera jornada lo buscaron entre los parientes y conocidos. Al no encontrarlo, regresaron a Jerusalén en su busca. Al cabo de tres días, lo encontraron en el templo sentado en medio de los doctores, no solo escuchándolos, sino también haciéndoles preguntas. Todos los que le oían estaban sorprendidos de su inteligencia y de sus respuestas. Al verlo, se quedaron asombrados, y su madre le dijo: Hijo, ¿Por qué nos has hecho esto? Tu padre y yo te hemos buscado angustiados." Él les contestó: "¿Por qué me buscaban? ¿No sabían que yo debo ocuparme de los asuntos de mi Padre?"
>
> Lucas 2, 41-49

Muchos padres tienen un gran temor y ansiedad cuando se enteran que su hijo podría hacerse sacerdote. Tienen miedo de perder a su hijo, así como María y José temían perder a Jesús. Temen que no pueda ser feliz. Como los padres tienen muchas de las mismas preocupaciones que el candidato, es importante darles una información buena y precisa. Una buena idea es invitar a tu párroco o director vocacional a cenar. Durante la comida, toda la familia puede hacer preguntas y escuchar las respuestas del director vocacional. La noche suele terminar con unos padres mucho más tranquilos con la idea de que su hijo vaya al seminario. A los directores vocacionales les encanta hacer esto, no sólo para dar paz a los padres, sino también para conocer a la familia de un candidato la cual puede decir mucho más sobre el propio candidato. Como director vocacional, siempre quiero conocer a la familia del futuro seminarista y pasar algún tiempo con ellos antes de aceptarlo para ir al seminario.

Muchas oficinas diocesanas tienen un evento anual para seminaristas y sus familias. Esto les permite a los padres de los seminaristas conocerse e intercambiar información. Algunos directores vocacionales también les proporcionan a los padres una lista de los nombres, números de teléfono y direcciones de correo electrónico de los padres de otros seminaristas con el fin de facilitar la comunicación.

Además de lo que ocurre en la diócesis, algunos seminarios tienen fines de semana para la familia donde los padres y hermanos pueden ir a visitar a los seminaristas. Pueden ver las aulas en las cuales estudia su hijo y aprender más sobre el programa de formación, pueden conocer a otros seminaristas y a sus padres, y recibir respuestas a muchas de sus preguntas. A los padres les tranquiliza conocer al rector y a los profesores del seminario que se encargan de la formación sacerdotal de su hijo. He visto a madres de seminaristas hacerse amigas luego de estos eventos. Muchas madres hablan con frecuencia entre sí acerca de sus hijos a medida que pasan por las diferentes etapas de la formación sacerdotal. Asistir con tus padres a una misa de ordenación también es una gran idea para ir acostumbrándolos a lo que podría venir en el futuro. En cierto sentido, los padres están en formación también, aprendiendo a ser padres de un seminarista y, eventualmente, de un sacerdote.

Un último Consejo

Déjame darte un último consejo para cuando llegue el momento de decirle a tu familia que vas al seminario. ¡Por favor, ten piedad de tus padres! No es fácil escuchar esto para ellos. Probablemente tendrán una mezcla de emociones al escuchar esta noticia. Ellos necesitan tiempo para procesar todo esto y para obtener respuestas a sus preguntas. ¡Eres su hijo! Te trajeron a este mundo y se sacrificaron para educarte y para enseñarte acerca de Jesucristo. Sé paciente con ellos, no importa cómo reaccionen. ¡Los padres no son tu enemigo! Por el contrario, en la mayoría de los casos, Dios los usó para fomentar tu vocación mientras crecías.

Una vez que hayas hecho un discernimiento diligente y llegues a la etapa 4, donde continuarás tu discernimiento en el seminario, debes sentarte con tu familia y contarles todo. ¡No puedes ir al seminario en secreto! Debes decirles. Afronta tu decisión y cuéntales de una vez por todas. Podrías incluso ser sorprendido por su buena reacción.

Pero si no reaccionan bien, confía en que Dios te cuidará a ti y a tu familia. A medida que pase el tiempo, a medida que tu familia tenga más información y vea lo feliz que eres y lo satisfecho que estás con tu vida de sacerdote, cambiarán de parecer.

CAPÍTULO 13

CELIBATO, CASTIDAD, CARIDAD, Y ALEGRÍA

"Algunos no se casan porque nacieron incapaces para eso; otros porque los hombres los incapacitaron; y otros eligen no casarse por causa del reino de los cielos. Quien pueda poner esto en práctica, que lo haga."

Mateo 19, 12

Escuché a muchos jóvenes a través de los años decir cosas como éstas:

~ "Nunca podría ser sacerdote, porque me gustan demasiado las chicas."

~ "Me temo que voy a estar solo e infeliz sin una esposa.

~ "Realmente tengo problemas con la masturbación. No soy lo suficientemente santo para hacerme sacerdote. "

~ "He tenido varias experiencias sexuales, no soy virgen. ¿Todavía puedo ser sacerdote?"

~ "Tengo cierto grado de atracción por el mismo sexo y esto me preocupa mucho. ¿Puedo entrar al seminario con este problema?"

"No me preocupa tanto la idea de dejar el sexo pero sí la idea de no tener una compañera. No sé si pueda ser feliz sin la intimidad de una mujer y sin tener mis propios hijos."

El requisito del celibato es sin duda una de las mayores fuentes de ansiedad y miedo en un hombre que está discerniendo el sacerdocio. Esto es especialmente cierto porque vivimos en una sociedad y una cultura saturada de sexo. El sexo o la sensualidad están en nuestras televisiones, computadoras, avisos publicitarios, revistas y periódicos. Y el sexo que muestran los medios de comunicación no es una visión sagrada y hermosa de la sexualidad humana como nos enseña Jesucristo y su Iglesia. El mensaje que recibimos de los medios de comunicación y la cultura es muy claro: ninguna persona puede ser feliz o estar satisfecha a menos que esté teniendo un montón de sexo. Pero esto no es cierto.

En este capítulo quiero proporcionar algunas pautas para ver si un hombre ha recibido de Dios el don del celibato. Muchos libros maravillosos se han escrito sobre el tema de la castidad y el celibato y he enumerado algunos de ellos en el apéndice. Este capítulo no busca defender el celibato (aunque sin duda lo defendería) ni busca explicar las razones teológicas del celibato. Este capítulo fue escrito para ayudar a un joven que está discerniendo el sacerdocio diocesano y pensando en el celibato.

El celibato forma parte del sacerdocio en el rito latino. Si un hombre es llamado a ser sacerdote, Dios le otorgará el don del celibato. El celibato y el sacerdocio deben discernirse a la vez. Es verdad que en los ritos orientales de la Iglesia algunos sacerdotes se casan, pero este libro asume que el lector está discerniendo el sacerdocio en el rito latino.

Como soy director vocacional, durante la entrevista formal con un candidato, siempre le pregunto si él fue abusado sexualmente por otra persona en alguna manera. Hago esta pregunta porque si este candidato fue víctima de abuso sexual, especialmente cuando era un niño, esto muy a menudo afecta gravemente su desarrollo psico-sexual y su madurez. Si él fue víctima de abuso sexual, entonces por lo general necesita un poco de ayuda adicional para recuperarse de esta herida y para obtener la paz que desea a través de la integración sexual. Obtener integración sexual, o por lo menos progresar positivamente en esta dirección, es fundamental en un hombre llamado al sacerdocio.

Sin embargo, yo pienso que en cierto sentido, todos los jóvenes que han crecido desde la década de 1960 han sido objeto de abusos sexuales de manera visual y emocional, simplemente por vivir en este mundo desordenado sexualmente. Muchos, y tal vez la mayoría de los jóvenes han sido despojados de su período de latencia sexual, ese tiempo hermoso de la vida cuando un niño no es consciente de que él o ella es un criatura sexual. Con frecuencia los niños pierden su inocencia al ver un acto sexual explícito en televisión, Internet, o en forma impresa. No digo que todos los jóvenes han sido objeto de abusos sexuales de esta forma para fomentar una "mentalidad de víctima", pero sólo para hacer énfasis que puede ser muy difícil revertir la desintegración sexual causada por la cultura para un hombre que trata de vivir una vida santa y pura. Esto es cierto para todos los hombres, no sólo para aquellos llamados a ser sacerdotes.

El requisito del celibato es una fuente de temor y ansiedad en parte debido a nuestra sociedad desordenada sexualmente, pero por otra parte, porque el deseo sexual es una fuerza muy potente en todos los hombres jóvenes. Lamentablemente, la mayoría de los hombres de hoy, incluso aquellos que solicitan ser sacerdotes, tienen una historia sexual de algún tipo. Estos hombres aman a Jesús y conocen la doctrina de Cristo y la Iglesia con respecto a este tema, entonces muchos sienten vergüenza sobre su historial sexual. Algunos han tenido relaciones sexuales con una novia, o al menos han sobrepasado los límites. Otros han luchado fuertemente con la pornografía en Internet y/o con la masturbación. Pero en mi experiencia, los hombres que más han sufrido son los que tienen algún grado de atracción por el mismo sexo. Muchos han vivido con este temor durante años, especialmente si tuvieron experiencias homosexuales con otra persona. Otros hombres que están discerniendo el sacerdocio no tienen un historial sexual pero se preocupan mucho por el celibato. Como la mayoría de los hombres, también sienten un intenso deseo sexual, especialmente durante la pubertad y la juventud, por lo que sin duda se preguntan si podrían vivir en paz y con alegría sin sexo.

A veces Dios usa el celibato para mostrarle a un hombre que no está llamado a ser sacerdote. Santo Tomás Moro fue uno de ellos. Cuando era joven, ya un abogado con éxito, Santo Tomás Moro se sintió llamado a vivir la vida de un cartujo, una vida monástica muy estricta. Para gran disgusto de su padre, se trasladó a la Cartuja de Londres durante cuatro años e intentó vivir una vida monástica. Con el tiempo abandonó esta búsqueda. Cuando se le preguntó por qué, respondió que era "mejor ser un casto marido en vez de un sacerdote impuro."[52] Durante un período prolongado de tiempo y con la ayuda de la oración, la dirección espiritual, y la mortificación, Santo Tomás Moro había discernido que no tenía el don del celibato casto. Regresó a casa, se casó, fue padre de varios hijos, subió de puestos rápidamente en el gobierno y se convirtió en canciller de toda Inglaterra para finalmente ser martirizado por su fe. Santo Tomás Moro se convirtió en santo dentro de su respectiva vocación social, pero no estaba llamado a ser sacerdote o monje. Y Dios le mostró su vocación *a través de* su discernimiento sobre el celibato. Ten en cuenta que tuvo que irse e intentarlo antes de conocer la voluntad de Dios para él.

¡La buena noticia es que la gracia de Dios puede lograr todas las cosas! Con el poder de la cruz de Jesús, un hombre puede vencer la lujuria sexual y vivir su vida en paz en su respectiva vocación, incluso el celibato del sacerdocio y la vida religiosa. Se puede hacer. Es posible. Hay mucha evidencia. Por ejemplo, hay aproximadamente cuatrocientos mil sacerdotes católicos en todo el mundo. La gran mayoría de estos hombres en algún momento de su discernimiento han dicho algo como: "Nunca podría llegar a ser sacerdote porque me gustan demasiado las chicas." Bueno, estos cuatrocientos mil hombres son sacerdotes, así que, obviamente, algo debe haber ocurrido entre el momento en que tuvieron ese pensamiento y el día de su ordenación. Dios nunca nos va a enviar donde su gracia no nos pueda sostener. Contrariamente al mensaje con el que se nos bombardea, la gente puede ser muy feliz y satisfecha en la vida sin estar casada y sin mantener relaciones sexuales.

Cambia Tu *Miedo* al Celibato por *Preocupación*

"¿Cómo sé si Dios me ha dado el don del celibato?" Para saber la respuesta debes discernir diligentemente sobre el celibato, tal como disciernes el sacerdocio. Necesitas reunir información adecuada, rezar, hablar sobre el celibato con tu director espiritual, vivir castamente, y escuchar tu corazón, así serás capaz de transformar el miedo al celibato en preocupación. De esta manera, el discernimiento del celibato no te paralizará o traumatizará sino que te ayudará a crecer en la integración sexual.

Definición de Conceptos

El celibato: Ser soltero específicamente para entregarse por completo a construir el Reino de Dios. Este es un regalo de Dios, al que un hombre debe ser llamado.

La castidad: "La castidad significa la integración lograda de la sexualidad en la persona, y por ello en la unidad interior del hombre en su ser corporal y espiritual." (CIC # 2337). La castidad es la virtud que modera el deseo del placer sexual según los principios de la fe y la razón recta. Los sacerdotes, religiosos, personas casadas y solteras están llamadas por Dios a la castidad y a usar su sexualidad de acuerdo al plan de Dios en su estado específico de vida. Las personas casadas viven castamente usando el don de la sexualidad exclusivamente entre sí, de acuerdo con las enseñanzas de Cristo. Los sacerdotes viven castamente no teniendo actividad sexual con ninguna persona, sino amando a la gente de la manera que Jesús nos ama.

La caridad: La virtud sobrenatural infundida en el Bautismo mediante la cual una persona ama a Dios sobre todas las cosas y ama a los demás por amor a Dios. La caridad es desear el bien de otro y hacer el bien a otro si es posible.

La alegría: Es el resultado de la felicidad interior, que se muestra en la propia disposición externa e incluso la expresión facial. La alegría es sinónimo emocional de bienestar en una persona. La alegría proviene de la prosperidad humana.

Creo que estos cuatro conceptos trabajan juntos en un hombre que está llamado a ser sacerdote: el celibato, la castidad, la caridad y la alegría. Muchos estudios han demostrado que los sacerdotes tienen las más altas calificaciones de satisfacción en cualquiera sea su ocupación. La gran mayoría de los sacerdotes dicen que si tuvieran que tomar la decisión de nuevo, optarían por ser sacerdotes, sabiendo lo que saben ahora. En general, los sacerdotes son muy felices y están realmente satisfechos. Esto es un hecho. ¿Por qué? ¿Cómo puede pasar esto cuando los sacerdotes no tienen relaciones sexuales y no tienen esposa?

La Iglesia nos enseña que Dios llama a algunos hombres al celibato como un estímulo a la caridad pastoral. La caridad es la prueba de fuego de la santidad. Y la santidad significa la felicidad. El celibato es una forma particular de vivir la castidad, que está diseñada por Dios para llevar a un hombre a amar como Jesús ama (la caridad) y esto lleva a la alegría. ¡Lleva a la alegría! Los sacerdotes célibes son felices porque están dando frutos viviendo su vocación correcta. Dios no nos hizo sólo para sobrevivir a esta vida. ¡Él nos creó para dar frutos!

La beata Madre Teresa de Calcuta, con su manera sencilla pero profunda, describe solo tres pasos en la vida espiritual: la confianza llena de amor, la entrega total, y la alegría. Esto es precisamente la vocación del sacerdocio.

"Les he dicho todo esto para que participen en mi alegría, y su alegría sea completa."

Juan 15, 11

¿A qué matrimonio estás llamado?

Cuando era director vocacional, con frecuencia les preguntaba a los candidatos y seminaristas, "¿Crees que estás llamado al matrimonio o al sacerdocio?" Después de estudiar *La Teología del Cuerpo* del Papa Juan Pablo II, ya no hago esa pregunta. Ahora pregunto: "¿A qué matrimonio estás llamado?" Todo hombre en el mundo es llamado por Dios para el matrimonio: a entregarse y sacrificarse de una manera permanente para su novia, por el bien de la Iglesia. Luego, con su novia, esta persona está llamada a dar frutos para el Reino. El marido hace esto cuando él y su mujer se entregan totalmente y se sacrifican por Dios y por el otro con el fin de dar a luz a una nueva vida. Un sacerdote lo hace a través del amor, la fidelidad y el cuidado de su esposa, la Iglesia, que también da sus frutos, un concepto conocido como *la fecundidad de la virginidad*. Un sacerdote da frutos espirituales para el Reino con su novia dando a luz a miles de hijos espirituales. Las Escrituras citan la alegría de la novia cuando es desposada por un rey. Ser llamado a vivir de esta manera es un gran honor y un regalo. Muy a menudo la vida célibe es retratada como austera, como una triste existencia que los sacerdotes simplemente deben soportar. Por el contrario, estar casado con la esposa de Jesucristo es un gran honor, un regalo y un privilegio.

Si un hombre decide casarse con una mujer sólo porque le gusta la idea de cortar el césped, cambiar las bombillas de luz, y sacar la basura, yo cuestionaría su cordura. Uno no se casa por estas razones. Un hombre se casa con una mujer porque está enamorado de ella. Las demás responsabilidades vienen con el matrimonio, pero están muy abajo en la jerarquía de importancia. No son la motivación para el matrimonio. De la misma manera, un hombre debe hacerse sacerdote, no porque le gusta el trabajo de un sacerdote principalmente, sino porque está enamorado de la novia de Cristo, la Iglesia.

Trabajar con Cristo y su novia proporciona una gran sensación de alegría, felicidad y plenitud. Como uno de los ex rectores del seminario de Mount St. Mary's solía decir: "La mayor evidencia de un seminario saludable es caminar por los pasillos y oír la risa constante de los seminaristas." La alegría es un signo importante de que un hombre está llamado al celibato y que está viviendo su celibato alegremente. ¡Es un privilegio trabajar en un seminario y ver la alegría de los seminaristas!

"¡Es cierto que nunca me llamarán papá pero miles me llaman Padre!"

No estoy diciendo que el celibato es la única manera para llegar a la santidad y la felicidad. Esto no es cierto. Es la voluntad de Dios que todos sus hijos sean santos y felices en sus respectivas vocaciones. Pero estoy tratando de desmitificar que los sacerdotes célibes no son felices y no están satisfechos. Hay mucha evidencia que muestra que sí lo son.

El compromiso y el matrimonio

A menudo uso la siguiente analogía: venir al seminario y discernir el sacerdocio es como tener una relación de noviazgo con una chica. Ir al seminario es como salir exclusivamente con una chica. ¡Ya no sales con otras mientras disciernes el matrimonio con esta chica, la Esposa de Cristo! Cuando un hombre regresa al seminario para iniciar sus estudios el año de su ordenación diaconal, esto es análogo a un compromiso. Ahora está comprometido para casarse y ya no discierne el matrimonio con esta chica sino que está haciendo planes para la boda, para su ordenación diaconal. Y la ordenación diaconal y ordenación al sacerdocio son análogas a la ceremonia de boda. A pesar de que todas las analogías son insuficientes, esta analogía funciona bien y ayuda a pensar sobre los años de formación sacerdotal. Así como algunas parejas que se encuentran en una relación exclusiva rompen su compromiso luego de discernir que no es la voluntad de Dios, algunos hombres disciernen que el seminario no es para ellos antes del compromiso y la boda.

¿A qué matrimonio estás llamado?

¿Qué es la integración sexual?

En la *Teología del Cuerpo,* el Papa Juan Pablo II nos enseña que la unión con Dios sucede sólo a través de la integración sexual. Otra frase para la integración sexual es "la integración del cuerpo y el alma." Como la unión con Dios es el objetivo del cristianismo, la cual se logra profundamente en el cielo, la integración sexual es esencial. Es la meta para todas las personas en todas las vocaciones. ¿Qué es exactamente la integración sexual?

La integración sexual se refiere a una capacidad psicológica, física y espiritual para que un hombre:

~ Se acepte y se ame a sí mismo como ser humano hecho a imagen de Dios, con cuerpo y alma.

~ Se acepte y se ame a sí mismo como un ser sexual, creado para la unión.

~ Comprenda el profundo misterio y don que es el plan de Dios para la sexualidad humana y esté maravillado con esto.

~ Acepte la tensión sexual con toda tranquilidad y luche constantemente contra la impureza sexual de la mente, del corazón y del cuerpo.

~ Sea capaz de mirar a una mujer y no verla inmediatamente como un objeto sexual, sino como hija de Dios y templo del Espíritu Santo.

~ Ame a la gente de verdad, de la manera en que Dios ama a la gente, y nunca desee o dé el consentimiento para utilizar a otra persona.

La integración sexual y la madurez psicosexual son evidentes cuando un hombre puede hacer buenas y maduras amistades con hombres y mujeres y sabe cómo mantener y respetar los límites apropiados.

La integración sexual de un hombre llamado al sacerdocio es una gracia que sólo Dios puede dar y que se desarrolla lentamente a lo largo de su vida. Pero también es una gracia que un hombre se ha ganado a través de la oración y el sacrificio, y esta gracia le permite vivir el celibato con paz interior.

El mayor indicio de que un hombre aún no ha alcanzado la integración sexual es la lujuria:

~ Si un hombre se masturba

~ Si mira a una mujer deseándola

~ Si él tiene fantasías sexuales

~ Si mira pornografía

~ Si utiliza sexualmente a las personas

Es también un signo de desintegración sexual si un hombre tiene alguna desorientación o disfunción psicosexual. Como por ejemplo: atracción al mismo sexo y los fetiches sexuales (tales como la atracción sexual por los pies de una mujer).

San Agustín comprendió la integración sexual. En sus escritos implica que la virginidad se pierde a través de la masturbación.[53] Según él, cuando un hombre se masturba, demuestra que no se ha integrado plenamente en cuerpo y alma de la manera en que Dios lo creó. El Papa Juan Pablo II explica este concepto en la *Teología del Cuerpo* cuando redefine el término "virginidad" como integración sexual. La definición habitual de la virginidad describe a una persona que nunca ha participado en el acto sexual físicamente, pero estos dos gigantes de la fe ven a la virginidad como algo mucho más profundo. Y esto es una gran noticia ya que significa que una persona con un historial sexual puede "recuperar su virginidad", por así decirlo, a través de la integración sexual.

Se sabe que San Agustín luchó mucho con su pureza. Antes de su conversión, San Agustín tuvo una amante con quien tuvo un hijo. Fue muy difícil para él renunciar a esta relación. A muchos hombres, especialmente aquellos que están luchando con su integración sexual mientras disciernen el sacerdocio, les encanta citar su frase: "¡Concédeme la castidad y continencia, pero no todavía!" [54]

Por eso el Papa Juan Pablo II escribió en la *Teología del Cuerpo* que "todos en el cielo son vírgenes." Incluso si una mujer se casó y tuvo diez hijos en la tierra, ella es virgen en el cielo. ¿Por qué? Porque todo el mundo en el cielo ha alcanzado la integración sexual, si no, estaría allí. La unión con Dios sólo sucede a través de la integración sexual.

La inmensa mayoría de los hombres, incluso los hombres santos que aman al Señor Jesús, como tú, tienen que luchar una larga y ardua batalla para lograr la integración sexual. Jesús dijo: "Sin mí no pueden hacer nada" (Juan 15, 5). Creo que el Señor estaba pensando en la integración sexual cuando dijo estas palabras. Luchar la batalla por la integración sexual es una de las tareas que Dios nos ha dado en este mundo de pecado y a Dios le agrada mucho cuando intentamos ganar esta batalla, a pesar de que podamos caer muchas veces en el intento.

El matrimonio no es una cura para la desintegración sexual

Algunos hombres piensan que van a casarse porque no son capaces de controlar sus deseos sexuales. Piensan que al casarse, podrían tener relaciones sexuales con su esposa todos los días, y así la tensión sexual que sienten con tanta fuerza se aliviaría. Pero cuando se casan, estos hombres se dan cuenta rápidamente que el matrimonio no es una cura para la desintegración sexual. Al no luchar esta batalla espiritual antes de casarse, sus problemas sexuales causan dificultades en el matrimonio. La integración sexual es esencial para todas las personas, no importa si son llamadas al matrimonio, al sacerdocio o a la vida religiosa. Así que cuando un hombre me dice: "Yo nunca podría ser sacerdote porque me gustan demasiado las mujeres," yo creo que no está peleando la batalla de la castidad y erróneamente piensa que el matrimonio resolverá su problema. Pero no lo hará.

¿Puedo ir al seminario si todavía no he alcanzado la integración sexual?

Antes de que un hombre pueda iniciar sus estudios en el seminario, debe demostrar un cierto dominio sexual. Es cierto que durante los años de seminario, los seminaristas crecen enormemente en esta área. Aprenden sobre el celibato y la castidad y se desarrollan en la vida de oración para vivir el celibato. Ellos aprenden a establecer amistades maduras y profundas con hombres y mujeres. El seminario es un lugar donde un hombre puede hacer avances significativos en este ámbito. Y ningún hombre ha sido ordenado sacerdote habiendo logrado una integración sexual perfecta. Sin embargo, el candidato a sacerdote debe ser capaz de demostrar que *puede vivir castamente durante un período significativo de tiempo.*

Pero, ¿qué significa esto exactamente? Voy a responder a esta pregunta, dando cinco ejemplos.

Ejemplo 1

Un hombre recurre a su director vocacional y le dice que había tenido relaciones sexuales con su novia hasta hace seis meses. Pero ahora no tiene novia y se ha confesado y comenzado en serio a discernir el sacerdocio. Había estado pensando sobre el sacerdocio desde el octavo grado, pero había relegado esta idea a un segundo plano cuando comenzó a salir con chicas en la universidad. Quiere saber si puede ir al seminario el próximo año.

Este hombre tiene que demostrar que puede vivir su vida de castidad durante unos dos años antes de ir al seminario. Tiene que tener un director espiritual y desarrollar una buena vida de oración. Tiene que confesarse regularmente y si sale con una chica, debe hacerlo castamente. No está listo para el seminario el próximo año, ya que no ha hecho un discernimiento diligente del celibato. Incluso puede ser que su decisión de empezar el seminario sea apresurada después de terminar con su novia.

Ejemplo 2

Un joven que está en el último año de la universidad se acerca a su obispo y le pregunta sobre el seminario. Es heterosexual, pero nunca ha tenido relaciones sexuales con una mujer. Desde la escuela secundaria que ocasionalmente mira pornografía y se masturba. En sus dos primeros años de universidad, lo hizo con bastante regularidad, pero no ha mirado pornografía en los últimos dos años. Tiene reuniones con su director espiritual mensualmente, asiste a misa diariamente y sirve en su parroquia. Ha reducido significativamente la masturbación.

Es probable que se le permita iniciar los estudios en el seminario después de la graduación ya que ha demostrado que a través de la oración, el estudio y la dirección espiritual, está luchando y ganando la batalla por la integración sexual. Es probable que avance mucho más una vez que inicie el seminario.

Ejemplo 3

Un hombre le dice a su director espiritual que tiene cierta atracción ocasional por personas del mismo sexo, pero también tiene atracciones heterosexuales por mujeres adultas. Su atracción por las mujeres es en realidad mucho más fuerte y le molesta enormemente cada vez que experimenta una atracción homosexual. Nunca ha sido homosexualmente activo, pero hace varios años tuvo algunas experiencias heterosexuales sin coito. Asiste a misa diariamente, asiste a la adoración, reza el rosario, y ve a un director espiritual con regularidad. Su vida de oración y su vida moral están mejorando enormemente.

El obispo y el director vocacional tendrán que tomar una prudente decisión una vez que hayan reunido toda la información. Como este hombre tiene una vida de oración fuerte, un buen director espiritual, y está viviendo completamente las enseñanzas de la Iglesia con respecto a la sexualidad, probablemente sea aceptado al seminario universitario o a empezar con las clases de pre-teología ya que ha demostrado que está luchando y ganando la batalla por la integración sexual.

Ejemplo 4

Este hombre ha estado discerniendo el sacerdocio a lo largo de la escuela secundaria y la universidad. Asistió a retiros de discernimiento y es muy activo en su parroquia. Se acerca a su último año de universidad que es cuando debería solicitar la entrada al seminario. Cuando su director vocacional le pregunta por qué está retrasando su solicitud, el joven finalmente admite que está luchando con la castidad. Su director espiritual ha estado trabajando con él por cuatro años y sin embargo, todavía mira pornografía heterosexual y se masturba. Esto ocurre cuatro o cinco veces por semana. Luego de una charla más profunda con el director espiritual, el joven le revela que había sido abusado sexualmente por un tío cuatro o cinco veces cuando tenía siete años y que, desde entonces, "las cosas no han estado bien sexualmente." Esta experiencia traumática ha contribuido a una baja autoestima y depresión. Peor aún, este hombre nunca ha sido capaz de decirle a sus padres o a su director espiritual acerca de este abuso porque tiene miedo de lo que hará a su familia, y también porque admira mucho a su director espiritual que es un sacerdote y no quiere decepcionarlo.

Claramente, este hombre no está listo para ir al seminario. El hecho de haber ocultado el abuso sexual demuestra que tiene graves problemas psicosexuales que se manifiestan en la adicción a la pornografía y la masturbación. Este hombre tiene un profundo dolor interno y probablemente necesitará de la psicología cristiana y psicoterapia para curarse. Si hubiera sido capaz de revelar su experiencia a su director espiritual cuatro años atrás, ahora estaría en camino a la sanación y la integración sexual. Pero él no está listo para ir al seminario ahora. Tal vez sea posible que este hombre algún día llegue a ser sacerdote.

Ejemplo 5

Un hombre solicita la entrada al seminario de su diócesis. Es muy humilde y hace una revelación completa sobre todas las áreas de su vida. Es un excelente estudiante, tiene buenas habilidades sociales, ora fielmente y sirve en su parroquia. Todas las áreas de su vida parecen estar en orden, excepto la castidad; todavía comete el pecado de la masturbación tres o cuatro veces al mes, a pesar de que está haciendo grandes esfuerzos para superarlo. No sucede cada semana, pero cuando ocurre, suele suceder más de una vez. Este hombre ora y asiste a misa todos los días, va a confesarse regularmente y conversa sobre esto con su director espiritual. Está constantemente diciéndole a su director espiritual, "¿Por qué no puedo dejar de cometer este pecado? No quiero hacer esto. Quiero ser santo. Tal vez no estoy llamado a ser sacerdote. ¿Tal vez esto es una señal?"

Su director espiritual le asegura que él *debería* ir al seminario y que con el tiempo, con la gracia de Dios, va a superar este pecado. El hombre no está tan seguro, pero su director espiritual tiene razón. Haciendo un balance de todas las cosas, este hombre está luchando una buena batalla de la integración sexual y está ganando en muchas áreas. Es un hombre justo y cuando pierde algunas de estas batallas, siente una gran vergüenza y decepción. Se culpa a sí mismo y duda de su vocación. Este escenario es muy común entre los hombres que entran hoy al seminario.

Superando la masturbación

En sus retiros sobre los Ejercicios Espirituales, el Padre John Hardon, S.J. habló de la "finalidad providencial del pecado". Esta expresión no significa que Dios *quiere* que un hombre peque, sino que a veces Dios *permite* que un hombre siga cayendo en pecado precisamente porque él está tratando de impedir que cometa un pecado mayor. También Dios está preparándolo para que tenga compasión cuando confiese a los pecadores. Si el hombre del ejemplo 5 hubiera rezado para superar su impureza y Dios le hubiera respondido inmediatamente a su oración (algo que Dios es muy capaz de hacer), y nunca hubiera cometido el vicio otra vez, este hombre probablemente se habría convertido en una persona extremadamente orgullosa de su pureza. Y el orgullo, a largo plazo, es un pecado mucho más grave que un pecado de pasión como la masturbación. Un sacerdote orgulloso es un sacerdote sin misericordia. Trata mal a la gente de Dios y a sus hermanos sacerdotes y es duro en el confesionario.

Dios a veces utiliza la lucha de un hombre con el pecado para mantenerlo humilde, para que esté de rodillas rezando en busca de ayuda y para ayudarle a ser misericordioso con otros pecadores. San Agustín escribió: "Aprendemos a hacer el bien por haber hecho el mal."[55] Dios está orquestando todas estas cosas para que seamos santos dentro de la vocación que Él nos llama a adoptar. Y Dios es tan impresionante, tan bueno y tan poderoso, que puede incluso utilizar nuestros pecados para lograr esto.

Los únicos que pueden guiarte en esta ardua batalla hacia la integración sexual son tu director espiritual o tu confesor. Con respecto a la masturbación, el Catecismo de la Iglesia Católica dice:

> Para emitir un juicio justo acerca de la responsabilidad moral de los sujetos y para orientar la acción pastoral, ha de tenerse en cuenta la inmadurez afectiva, la fuerza de los hábitos contraídos, el estado de angustia u otros factores psíquicos o sociales que pueden atenuar o tal vez reducir al mínimo la culpabilidad moral
>
> CIC #2352

Es decir, que a pesar de que la masturbación sea siempre un problema grave, cada caso de masturbación en la vida de un joven no es necesariamente un pecado mortal. Si tenemos en cuenta esto, algunos directores espirituales recomiendan lo siguiente:

~ Inmediatamente haz un perfecto acto de contrición: "Jesús, perdóname este pecado y por todos mis pecados, precisamente porque te amo y te mereces todo mi amor. Esta es la mayor motivación para mi dolor. Perdóname porque te amo."

~ Cree que Dios te ha perdonado verdaderamente el pecado del auto-abuso y que si el pecado era mortal, haz recuperado tu estado de gracia gracias a tu perfecto acto de contrición.

~ Recibe la Sagrada Comunión con amor cuando asistes a misa (ojalá que diariamente), incluso si no has podido confesarte desde que pecaste.

~ Entiende que, a pesar de que Dios te haya perdonado tus pecados, tendrás que ir a confesarte con el fin de reconciliarte con la Iglesia. Asiste a la confesión semanal como parte de tu plan de vida espiritual. Confiesa este pecado con tus otros pecados semanales, siempre que lo hayas cometido.

Necesitas consultar con tu director espiritual o confesor para ver si puedes recibir la Sagrada Comunión después del pecado de la masturbación. El Canon 916 del Código de Derecho Canónico indica que la Sagrada Comunión no debería ser recibida en conciencia de pecado grave, sin previa confesión sacramental a menos que exista una razón seria y no hayas tenido oportunidad de confesarte. En este caso, el canon dice que una persona puede hacer un acto de contrición perfecto con la intención de confesarse cuanto antes. Tu director espiritual o confesor regular conoce tu alma, y es la mejor persona para ayudarte a juzgar si el problema grave de la masturbación es en realidad un pecado mortal en tu caso. Él es consciente de las condiciones mencionadas anteriormente las cuales pueden disminuir la culpabilidad de un hombre en relación con este pecado y él te guiará para hacer lo correcto.

Ten en cuenta que Satanás utiliza la vergüenza para atacar a los hombres en este ámbito. Te sugiere: "Bueno, ya lo has hecho. Ya estás en un estado de pecado mortal y no puedes comulgar. Así que ya que estás, continúa masturbándote y disfruta. ¿Por qué no ves algo de pornografía también?" Esta tentación conduce a la impureza y al establecimiento de las adicciones sexuales.

Siguiendo el plan trazado más arriba, un hombre se da cuenta de que Dios puede perdonarlo de inmediato y por completo al ver su esfuerzo si hace un perfecto acto de contrición. De esta manera, la próxima tentación es una nueva oportunidad para mostrar su amor a Dios, a pesar de haber caído en la tentación. Soy testigo que este plan ayudó mucho a los hombres a superar la lucha con la masturbación, a veces incluso con más eficacia que aquellos hombres que no reciben la Sagrada Comunión hasta que se confiesan. Realmente este plan ayuda a evitar los excesos de impureza sexual.

No dejes de trabajar por tu integración sexual. Un día conquistarás el pecado de la masturbación a través de la oración, la dirección espiritual, la mortificación, la ayuda de Nuestra Santísima Madre, ejercicios frecuentes y buenas amistades maduras. Con el tiempo, la vida de oración de un hombre le ayudará a amar más a Dios que a este pecado en particular. Sólo entonces se detendrá. Y cuando llegue ese día, la fe de este hombre será mucho más fuerte y más madura. No se enorgullecerá o perderá su misericordia y sabrá, tanto en su mente como en su corazón, que las palabras de Jesús son absolutamente ciertas: "Sin mí no pueden hacer nada." (Juan 15, 5).

El mejor candidato para el sacerdocio

El mejor candidato es un hombre que tiene atracciones heterosexuales normales hacia las mujeres adultas y que no ha tenido actividad sexual con otra persona y ha sido capaz de demostrar dominio sexual de sí mismo en cuanto a la lujuria (la fantasía, la masturbación, la pornografía, etc). Este es un hombre que ha desarrollado la madurez afectiva y puede tener amistades sanas tanto con los hombres como con las mujeres. En otras palabras, el mejor candidato es un hombre que está claramente avanzando hacia la integración sexual.

Obviamente, lo mejor es que nunca haya cometido pecados sexuales con una mujer. ¿Por qué? Además del hecho de que el pecado es una falta de amor por el Señor Jesús, hay también una razón práctica. En cuanto a la pureza de vida, la imaginación es una cosa, pero la memoria es otra. Si un hombre tiene recuerdos sexuales en su mente, esos recuerdos podrían aparecer una y otra vez en los momentos de tentación y harán que la pureza de vida sea más difícil, pero no imposible. Con Dios, todo es posible, pero este hombre tendrá que trabajar y orar para la sanación de estos recuerdos. No podemos deshacernos de nuestra historia personal de pecado pero podemos amar y servir al Señor aún más a causa de su amor y misericordia por nosotros.

¿Debería un hombre salir castamente con mujeres antes de entrar al seminario?

Esta es una pregunta que se hacen muchos jóvenes y no hay una única respuesta. Conozco muchos sacerdotes que son excelentes y bien equilibrados y que nunca salieron en una cita. Nunca tuvieron una novia estable y nunca tuvieron experiencias sexuales. Viven su sacerdocio en celibato, castidad, caridad y alegría y viven el celibato con la mente tranquila. Sin embargo, conozco a otros sacerdotes, también muy santos y equilibrados, que sí salieron con chicas, que tuvieron novias estables y que (por lo menos algunos de ellos) tuvieron experiencias sexuales. Ellos también viven su sacerdocio en celibato, castidad, caridad y alegría.

¿Debería un hombre salir con chicas? Muchos directores espirituales responden, "¿Para qué sostener una vela al viento? ¿Por qué arriesgarte a perder algo tan valioso como una vocación al sacerdocio y forzarte a tener citas con chicas?" Aunque ciertamente entiendo esta manera de pensar y estoy de acuerdo que una llamada al sacerdocio es un don precioso, también creo que algunos hombres no serán capaces de vivir el celibato casto, con la mente tranquila, sin haber salido con chicas. Cada hombre tiene que discernir esta cuestión con su director espiritual y afrontar la situación con mucho cuidado. Algunos hombres disciernen que para entrar tranquilos al seminario tienen que tener algunas experiencias con chicas. Otros no las necesitan.

Advertencias: Primero que todo, es importante que tus experiencias de noviazgo sean castas. Muchos hombres y mujeres jóvenes que han crecido en esta cultura no han sido debidamente formados en lo que es la pureza. Incluso si un hombre tiene las mejores intenciones y quiere tener experiencias puras, la mujer puede no haber sido adecuadamente formada en esta área. Ella también ha crecido en una cultura que fomenta una sexualidad superficial. La sexualidad tiene una fuerte atracción, y si piensas que eres lo suficientemente fuerte como para no caer en la tentación de tener relaciones sexuales con una mujer, estás equivocado. Si eres sexualmente activo, se hace mucho más difícil discernir correctamente el sacerdocio y el celibato. El profeta Jeremías dijo, "Nada más traidor y perverso que el corazón del hombre" (Jeremías 17, 9). La unión sexual hace que el corazón se aferre a la otra persona con fuerza, lo que hace aún más difícil romper con una relación no saludable.

He oído decir a la gente (entre ellos a algunos sacerdotes) que un hombre debe "saber a lo que va a renunciar" antes de ir al seminario. ¡Suena casi como si estuvieran animando a los hombres a cometer el pecado sexual! Nunca debemos animar a alguien a pecar ni debemos decir algo que incluso le da esa impresión. Uno nunca puede hacer el mal para lograr el bien.

Sin embargo, tener noviazgos cristianos y saludables puede ser beneficioso. Considera esta alternativa. En el viejo sistema de formación sacerdotal de los años 1950, un hombre podía ir directamente de la escuela primaria a un seminario para estudiar la secundaria. En aquellos días, un seminario era muy parecido a un estricto monasterio. No se permitían los periódicos, las televisiones y el contacto con el mundo exterior estaba reducido. Un hombre ni siquiera veía a una mujer por meses, a excepción de una religiosa con hábito que dirigía la enfermería, o una que otra secretaria. El joven ciertamente no pasaba tiempo hablando con una mujer de su edad. Cuando este seminarista iba a su casa por el verano, tenía que reportarse de inmediato con su párroco y pasaba la mayor parte de su tiempo en la parroquia. Este seminarista nunca tuvo la oportunidad de desarrollar buenas amistades maduras con mujeres adultas. Este mismo hombre fue ordenado sacerdote a los veinticinco años (la edad más temprana posible permitida por el Derecho Canónico), luego de haber estado en este sistema durante ocho o doce años (si asistió a un seminario para la escuela secundaria). Este joven luego es enviado a trabajar en una parroquia. En su primer año como un sacerdote, una joven mujer, atractiva y muy angustiada va a verlo a causa de problemas matrimoniales. Su marido la engaña, está física y emocionalmente ausente y no sabe qué hacer. El sacerdote escucha amablemente, le ofrece algunos buenos consejos cristianos, ora con ella y termina la cita. La mujer está verdaderamente agradecida, pone su mano sobre la mano del sacerdote y la aprieta para mostrar su agradecimiento. ¡Este gesto no tiene ningún significado sexual, pero el sacerdote nunca ha tomado la mano de una mujer! Esto provoca en el sacerdote sentimientos emocionales y sexuales. Con frecuencia la historia se repite y no tiene un final feliz.

Las mujeres constituyen más del 50 por ciento de la Iglesia. Y las mujeres hacen la mayor parte del trabajo en la Iglesia. Presta atención a las personas en la misa diaria de tu parroquia. Verás que en su mayoría son mujeres. Un sacerdote debe ser capaz de amar y servir a los hijos de Dios sin que se interpongan sentimientos sexuales en su camino. Un sacerdote debe ser capaz de desarrollar y mantener amistades maduras con hombres y mujeres de todas las edades. Esta es la razón por la cual un seminarista debe trabajar constantemente por la integración sexual. Por todas estas razones, tal vez puede ser beneficioso aunque no absolutamente necesario, tener noviazgos cristianos y saludables antes de ir al seminario.

¿Está éticamente permitido que un hombre que está seriamente discerniendo el sacerdocio salga con chicas?

Si un hombre está seriamente discerniendo el sacerdocio debe decírselo a la mujer antes de salir con ella. No puede utilizar a una mujer con la cual está en pareja, sólo para que más tarde sea capaz de ir al seminario en paz. He visto a candidatos usar a las mujeres de esta manera y esto no es aceptable. El Papa Juan Pablo II explica en *La Teología del Cuerpo* que, "lo contrario al amor no es realmente el odio. Lo contrario al amor es utilizar a otra persona como un medio para un fin." La gente ha sido creada para ser amada. No deben ser utilizadas.

Salir con chicas está éticamente permitido si el hombre está discerniendo tanto el matrimonio como el sacerdocio y es honesto con la mujer desde el principio. Y solo si la mujer está de acuerdo en comenzar la relación de pareja sobre la base de que el matrimonio sigue siendo una posibilidad. He sido el director espiritual de muchos jóvenes quienes salieron con chicas y a la vez discernían el sacerdocio durante sus años de universidad. Pero llegará el momento en que cada hombre que está discerniendo el sacerdocio entre en una etapa de "ayuno". Su director espiritual con el tiempo le dirá que no puede discernir seriamente el sacerdocio (y avanzar en su discernimiento), mientras salga con una mujer en particular. ¿Por qué? Debido a que hay una gran diferencia entre dejar de salir con las mujeres en general y dejar de salir con una mujer en particular, especialmente aquella que amas. Conozco a muchos hombres en el seminario que han tenido que tomar la decisión de terminar con sus novias específicamente para poder discernir el sacerdocio.

Recuerda que en toda vocación se requiere que renuncies a "las mujeres en general". Un hombre que está casado debe renunciar a todas las mujeres, porque ha sido llamado a entregarse por completo a una mujer en particular, a su esposa. El sacerdote también renuncia a las mujeres a fin de entregarse por completo a una mujer en particular, una mujer de gran belleza, la Esposa de Cristo.

¿Puedo ir al seminario si tuve relaciones sexuales en el pasado?

Probablemente aceptarán un hombre para el seminario, una vez que haya demostrado que puede vivir castamente durante un período prolongado de tiempo, incluso si ha tenido un historial sexual. Pero en este caso, se tendrá que ampliar el tiempo de sobriedad sexual. El obispo y su director vocacional son los que deban decidir prudentemente. Es de suma importancia que el candidato sea completamente honesto sobre su pasado sexual para así tomar la decisión correcta. Santo Tomás de Aquino dijo que un período de castidad largo es comparable a la virginidad.[56] Si un hombre tiene un historial sexual amplio, entonces necesita un largo período de castidad para mostrarse a sí mismo y a su obispo que está avanzando hacia la integración sexual. La mayoría de los directores vocacionales requieren que un candidato demuestre al menos dos años de sobriedad sexual. A través de este largo período de castidad el candidato demuestra que Dios le está dando el don del celibato. Este hombre necesita reencontrarse con su integridad sexual. Si no puede demostrar esto, es decir que sigue teniendo relaciones sexuales con mujeres o no está progresando con respecto a la masturbación, entonces esto debe ser visto como una señal de que es probable que no sea llamado a ser sacerdote.

Conozco a un sacerdote que me dijo que había sido sexualmente activo antes de ir al seminario. Tuvo relaciones sexuales con tres mujeres diferentes durante sus años universitarios. Finalmente, después de haber vivido castamente durante más de dos años, entró al seminario donde creció aún más en su integración sexual. A medida que su día de ordenación se acercaba, sintió que el Espíritu Santo le animaba a contactarse con las tres mujeres para pedirles perdón. Llamó a cada uno de ellas, les dijo que estaba a punto de ser ordenado sacerdote, y le pidió perdón por su pasado sexual. Las tres mujeres estaban muy conmovidas por este gesto y de inmediato le perdonaron y le pidieron perdón a él también. ¡Una de las mujeres incluso comenzó a practicar su fe otra vez! Dios puede sacar provecho incluso de nuestros pecados. Les cuento esta historia, no para recomendar esta práctica, sino hacer hincapié en el hecho de que la integración sexual es posible, incluso para los hombres que tienen un historial sexual.

Impedimentos sexuales para el sacerdocio

En el espectro de la desintegración sexual, la pedofilia y la efebofilia son los trastornos más serios. Si un hombre tiene uno de estos trastornos, nunca debe ser sacerdote ni se le debe permitir hacerse sacerdote. La pedofilia es un trastorno psicológico en el cual un adulto experimenta preferencia sexual por los niños preadolescentes. La efebofilia es un trastorno psicológico que indica la preferencia sexual por los adolescentes.

La crisis de abuso sexual

La Iglesia Católica ha sufrido terriblemente en los últimos 20 años por lo que se conoce como la Crisis de Abuso Sexual. En los EE.UU., apareció con mayor claridad en el 2002, pero ha habido muchos casos en países de todo el mundo. Se supo que sacerdotes católicos habían abusado sexualmente de jóvenes y niños en muchas diócesis y que algunos obispos, sabiendo que estos sacerdotes habían abusado de menores de edad, reasignaron a estos sacerdotes a otras parroquias. Este es el mayor escándalo que la Iglesia Católica en los EE.UU. haya tenido que enfrentar y ha causado temblores en todo el mundo. La gente ha sufrido mucho. Por encima de todo, los niños que fueron abusados y sus familias han sufrido sin duda, y muchos siguen sufriendo los efectos del abuso sexual. Los católicos en general han sufrido y tuvieron vergüenza de que una cosa tan terrible haya pasado en su Iglesia. El resto de los sacerdotes buenos, fieles y sanos han sufrido al ser calumniados junto con el número relativamente pequeño de los sacerdotes enfermos que han cometido este mal. Le costó a la Iglesia Católica miles de millones de dólares y causó daños incalculables a la reputación de esta.

La pedofilia y la efebofilia son extremadamente graves formas de desintegración sexual, generalmente se combinan con otros problemas psicológicos o emocionales. Tener una de estas condiciones excluye permanentemente a un hombre de ejercer el sacerdocio. La gran mayoría de los casos de abuso sexual de sacerdotes desde el 2002 fueron casos de efebofilia, no de pedofilia, y la mayoría de los hombres con esta grave enfermedad, eran homosexuales abusando de niños preadolescentes.

¿Puede un hombre con atracción al mismo sexo ir al seminario para ser sacerdote?

La respuesta es... depende.

En el 2005, el Vaticano emitió un documento llamado "Instrucción sobre los criterios de discernimiento vocacional en relación con las personas de tendencias homosexuales antes de su admisión al seminario y a las órdenes sagradas". Un párrafo clave dice lo siguiente:

> Por lo que se refiere a las *tendencias* homosexuales profundamente arraigadas, que se encuentran en un cierto número de hombres y mujeres, son también éstas objetivamente desordenadas y con frecuencia constituyen, también para ellos, una prueba. Tales personas deben ser acogidas con respeto y delicadeza; respecto a ellas se evitará cualquier estigma que indique una injusta discriminación… [Sin embargo] cree necesario afirmar con claridad que la Iglesia, respetando profundamente a las personas en cuestión, no puede admitir al Seminario y a las Órdenes Sagradas a quienes practican la homosexualidad,

> presentan tendencias homosexuales profundamente arraigadas o sostienen la así llamada cultura gay.
>
> Si se tratase, en cambio, de tendencias homosexuales que fuesen sólo la expresión de un problema transitorio, como, por ejemplo, el de una adolescencia todavía no terminada, ésas deberán ser claramente superadas al menos tres años antes de la Ordenación diaconal.

Este documento dice que la Iglesia no puede permitir la ordenación de los hombres que son homosexuales activos o que tienen "tendencias homosexuales profundamente arraigadas." Estas normas no excluyen la ordenación de hombres que han experimentado tendencias o episodios homosexuales transitorios, siempre y cuando éstas se hayan superado claramente "al menos tres años antes de la Ordenación diaconal." Las palabras usadas por este documento provocaron un debate sobre la naturaleza de la homosexualidad y por qué algunos hombres tienen atracción hacia el mismo sexo. Estas cuestiones, aunque importantes, no son nuestro objetivo aquí.

Algunos obispos, directores vocacionales y formadores de seminarios creen que si un hombre tiene alguna atracción hacia el mismo sexo, no debería avanzar hacia el sacerdocio. Argumentan que es una tentación poner al hombre en un seminario con cientos de otros hombres. Si es ordenado sacerdote, vivirá en una casa parroquial con otros sacerdotes. Dicen que nunca se debe poner a un hombre en una ocasión de pecado como ésta. Otros sostienen que es imposible para un hombre con atracción al mismo sexo vivir y adoptar el celibato. Lo que quieren decir es que debido a que la virtud de la castidad es un abandono de algo precioso y muy deseado (el matrimonio y la intimidad sexual con una mujer), entonces a un hombre que ni siquiera desea el matrimonio porque se siente sexualmente atraído a los hombres, le será imposible adoptar el celibato. Se preguntan cómo un hombre que no se siente atraído por las mujeres puede enamorarse y casarse con la novia de Cristo. Por último, sostienen (citando los hechos) que la mayoría de los casos de abuso sexual que han dañado a tantos jóvenes fueron de sacerdotes homosexuales activos con niños preadolescentes, lo que se llama efebofilia. Por todas estas razones y otras, argumentan que los hombres con atracción hacia el mismo sexo no deben ser admitidos al seminario.

El problema con este enfoque es que hay diferentes grados de atracción hacia el mismo sexo. Considere estos escenarios.

~ Un niño tuvo una sola experiencia con el mismo sexo cuando tenía nueve años con otro niño de nueve años. ¿Es gay? No, por supuesto que no.

~ Un chico de catorce años, con problemas sociales, con un padre ausente y abusivo, piensa por un año que él es homosexual, pero luego tiene una novia a los dieciséis años y se olvida de todo. ¿Es un homosexual? No. Este es un ejemplo de una tendencia homosexual transitoria.

~ Un joven de veintidós años, que ha salido con varias mujeres y nunca ha sido consciente de que tiene atracción hacia el mismo sexo, tiene varios sueños en los últimos años acerca de un encuentro homosexual y este sueño produce una eyaculación nocturna. ¿Podría todavía ser un candidato al sacerdocio? Sí.

~ Pero ¿qué pasa con un hombre que ha luchado con un grado de atracción hacia el mismo sexo durante toda la escuela secundaria y la universidad? Ha visto algo de pornografía homosexual y se masturbaba, pero nunca ha tenido un encuentro homosexual. Tiene atracción por las mujeres y ha salido con algunas chicas y a veces fantasea sobre el matrimonio y la familia. ¿Es un candidato al sacerdocio? ¿Tiene tendencias homosexuales profundamente arraigadas? Ahora la respuesta no es tan clara.

~ Un hombre ha tenido inclinaciones homosexuales por mucho tiempo y ha sido homosexual activo con diferentes hombres. Ha frecuentado bares gay. Todos sus amigos son homosexuales practicantes y nunca puede recordar si alguna vez estaba atraído hacia una mujer. Este hombre es claramente un homosexual activo con tendencias homosexuales profundamente arraigadas. Él no es un candidato al sacerdocio.

Estos ejemplos ayudan a ver que hay diferentes gamas de hombres que tienen cierta atracción hacia personas del mismo sexo. Claramente, no todos son lo mismo.

Definición de tendencias homosexuales

La Instrucción del Vaticano del 2005 dice que la Iglesia: "no puede admitir al Seminario y a las Órdenes Sagradas a quienes practican la homosexualidad, presentan tendencias homosexuales profundamente arraigadas o sostienen la así llamada cultura gay". ¿Cómo se puede diferenciar entre *tendencias homosexuales profundamente arraigadas* y *tendencias homosexuales que fuesen sólo la expresión de un problema transitorio*?

Una persona con tendencias homosexuales profundamente arraigadas:

~ Se identifica como homosexual.

~ En situaciones de estrés severo puede experimentar una fuerte atracción física y sexual a los hombres adultos y adolescentes del mismo sexo.

~ Tiene comportamientos homosexuales.

~ Tiene una ira excesiva hacia la Iglesia a causa de las enseñanzas sobre la sexualidad moral.

~ Se niega a defender el sacramento del matrimonio.

~ Tiene fuertes conflictos narcisistas.

~ Se niega a tratar de comprender sus conflictos emocionales que conducen a la atracción al mismo sexo.

~ Defiende el uso de la pornografía homosexual.

~ Demuestra excesiva ira hacia aquellos que son fieles y leales a la enseñanza de la Iglesia sobre la sexualidad moral.

Por el contrario, una persona con tendencias homosexuales transitorias:

~ No se identifica como homosexual.

~ Está motivado por comprender y superar los conflictos emocionales.

~ Busca dirección espiritual y psicoterapia.

~ Desea vivir y enseñar con plenitud la enseñanza de la Iglesia sobre la sexualidad moral.

~ No apoya la cultura homosexual, pero la ve como la antítesis de la llamada universal a la santidad.

~ Apoya el sacramento del matrimonio y el derecho del niño a tener un padre y una madre.

El documento dice, "ésas [tendencias] deberán ser claramente superadas al menos tres años antes de la Ordenación diaconal." Un hombre que tiene cierta atracción transitoria al mismo sexo como se describe anteriormente, pero ha sido completamente honesto y está trabajando muy duro con su director espiritual o consejero, podría ser capaz de iniciar el seminario universitario o el nivel de pre-teología. Esto significa que el hombre tendría un mínimo de cinco a siete años de formación sacerdotal intensa antes de su ordenación diaconal, que es por lo general al final del tercer año de teología o al comienzo del cuarto año de teología. Esto le daría tiempo suficiente para el crecimiento en su madurez afectiva que es un requisito esencial requerido por la Iglesia.

La instrucción del Vaticano del 2005 también dice:

> El candidato al Orden Sagrado debe, por tanto, alcanzar la madurez afectiva. Tal madurez lo capacitará para situarse en una relación correcta con hombres y mujeres, desarrollando en él un verdadero sentido de la paternidad espiritual en relación con la comunidad eclesial que le será confiada

Una vez asistí a una excelente conferencia sobre este tema dada por el Cardenal James Hickey, ex arzobispo de Washington DC. Una de las cosas que dijo me llamó la atención: "En mi experiencia como rector de un seminario y como obispo, he aprendido que si un hombre que tuvo atracciones homosexuales y relaciones sexuales con otros hombres antes del seminario es ordenado sacerdote, la probabilidad de que, en momentos de estrés, este hombre regrese a algún tipo de comportamiento homosexual es mucho más alta que la de un hombre que fue heterosexualmente activo antes del seminario y la ordenación" (en mis palabras).

Tener inclinaciones homosexuales es una atracción desordenada, y la actividad homosexual es una conducta desordenada. Entonces, la tensión que produce el trabajo sacerdotal podría desencadenar un deseo de "automedicarse" y así un individuo podría regresar a esa conducta desordenada. El

Cardenal Hickey hizo hincapié en que el riesgo a la regresión es mucho mayor en los hombres que han sido activamente homosexuales que en los hombres que han sido heterosexuales. En otras palabras, haber sido *activamente homosexual* es un problema más grave que sólo haber tenido o tener atracción por el mismo sexo o tendencias homosexuales transitorias. Las directivas del Vaticano implican que si un hombre ha experimentado tendencias homosexuales transitorias, aún podría ser admitido al seminario universitario o a pre-teología en la medida en que estas tendencias desordenadas hayan sido claramente superadas al menos tres años antes de la ordenación diaconal. Pienso que, si alguna vez se acepta a un hombre que haya sido activamente homosexual, es necesario un período aún más largo de sobriedad sexual.

El tema de la homosexualidad y la forma en que se desarrolla en los individuos todavía se está estudiando y hay diferentes opiniones. Lo que sí sabemos con certeza es que hay diferentes grados de atracción hacia el mismo sexo y muchas variaciones en los grados. Cada director vocacional y obispo debe evaluar a fondo y de forma individual a todos los candidatos. Cada hombre es un individuo con sus propias experiencias, gracias, dones, éxitos y fracasos. La manera en que cada uno maneja la tensión sexual puede variar enormemente.

Durante el proceso de admisión, es imprescindible que el candidato sea completamente honesto con su director vocacional y con el obispo. El proceso normalmente requiere pruebas psicológicas que se centran en el desarrollo psico-sexual, la madurez y el historial sexual completo del candidato. Al final, el Obispo diocesano debe tomar una decisión prudencial respecto a la aceptación. Si un hombre ha sido franco y completamente honesto, la decisión final reflejará la voluntad de Dios.

En mi experiencia personal de trabajo con seminaristas durante más de quince años, la mayoría dice que sólo tiene interés por las mujeres heterosexuales adultas. Un porcentaje mucho más pequeño dice que tiene cierta atracción residual al mismo sexo. En mi experiencia, muchos de los hombres que tienen cierta atracción por personas del mismo sexo son heroicamente santos y tienen una gran integridad. Son hombres que aman mucho al Señor Jesús. Ellos no eligieron sentir esta atracción por el mismo sexo y no la quieren, pero llevan esta cruz con valentía, orando fielmente por la fortaleza y aceptan plenamente la enseñanza de la Iglesia sobre la sexualidad humana. Estos hombres pueden ser muy buenos sacerdotes.

Si un hombre tiene una cierta atracción por personas del mismo sexo o un comportamiento sexual aberrante, entonces le recomiendo que se contacte con un director espiritual santo y sabio y trate el asunto inmediatamente. Deja de vivir en las sombras de la vergüenza. Deja de vivir con el temor de que alguien averigüe tu situación. ¡Jesucristo vino a liberarnos! Habla de ello, afronta el problema, ora por una solución y la gracia de Cristo vendrá a ti. Te hagas o no sacerdote, este enfoque te traerá paz y bendiciones.

La Instrucción del Vaticano indica que un *hombre homosexual* o con tendencias homosexuales profundamente arraigadas nunca debe ser ordenado sacerdote. La Iglesia *no puede permitir* la ordenación de los hombres que son activamente homosexuales o que tienen tendencias homosexuales profundamente arraigadas.

Pero un hombre puede ser aceptado para empezar los estudios a sacerdote si tiene una mínima atracción por personas del mismo sexo y ha sido honesto sobre esto. Debe aceptar por completo y con entusiasmo las enseñanzas de la Iglesia sobre el matrimonio y la sexualidad. Debe estar creciendo en la madurez afectiva y debe haber superado claramente la atracción transitoria por el mismo sexo, viviendo castamente durante al menos tres años antes de su ordenación diaconal. Sin embargo, el obispo debe tomar una decisión cautelosa. Ayuda a tu obispo a tomar una decisión que refleje la voluntad de Dios al ser completamente honesto y abierto.

Conformarse con ser diácono permanente

En algún momento de sus estudios, cada joven que discierne el sacerdocio y el celibato recurre a lo que yo llamo "me conformo con ser diácono permanente." Él se dirá a sí mismo: "Como me gustan tanto las chicas, sólo me haré diácono permanente. De esta manera, todavía puedo casarme y tener una familia, y a la vez, trabajar completamente para la Iglesia."

En primer lugar, esta idea es un insulto para el diaconado permanente. El diaconado permanente es un llamado de Dios, es una vocación. No es una vocación para solo conformarse. No es "menos" que el sacerdocio. En segundo lugar, esta idea no funciona. ¡Hacer cualquier cosa menor a la voluntad de Dios en tu vida te aburrirá! Si estás llamado a ser sacerdote, entonces nada más te conformará. Si Dios te ha elegido para el sacerdocio, el diaconado permanente no es la vocación correcta para la que Dios te ha pre-determinado. Dios te ha llamado a algo y por lo tanto, te dará la gracia para vivir esa vocación, así que no te conformes con otra cosa.

Quiero ser claro. Algunos hombres como Santo Tomás Moro disciernen que no son llamados al celibato y por lo tanto no son llamados al sacerdocio. Eso está muy bien, siempre que haya sido un discernimiento diligente. Pero un hombre que discierne el sacerdocio debe hacer justamente esto: discernir *el sacerdocio.* Más tarde, después de discernir el matrimonio y encontrar una esposa (si eres llamado al matrimonio), será el momento para discernir el diaconado permanente, si el Señor te llama a eso. Olvida la idea de conformarte con ser diácono permanente. Entiendo por qué piensas así, pero no funcionará.

"Quiero que estén libres de preocupaciones. Y mientras el soltero está en situación de preocuparse de las cosas del Señor y de cómo agradar a Dios, el casado debe preocuparse de las cosas del mundo y de cómo agradar a su esposa."

1 Corintios 7, 32-34

Discerniendo el celibato en el seminario

Comencé este capítulo diciendo que un hombre debe hacer un discernimiento diligente sobre el celibato, al igual que lo hace para el sacerdocio. Se debe discernir el celibato a lo largo de un período prolongado de tiempo. Cuando llegue el momento de una decisión, escucha tu corazón. Si la paz está en tu corazón, entonces debes seguir adelante.

Los seminaristas suelen llegar al seminario todavía inseguros sobre si tienen o no el don del celibato. Esto es normal. Tienen indicios de que Dios les llama al celibato y ya han demostrado que están progresando hacia la integración sexual. Después de "practicar el celibato" durante el primer año en el seminario, un seminarista volverá a evaluar si está en paz con esta llamada. ¿El seminarista vive el celibato y la castidad que le conducirán a la caridad y la alegría? ¿Vive su vida diaria con alegría?

Suelo pedirles a los seminaristas que indiquen mensualmente en una escala de 1-10 si están avanzando hacia un celibato pacífico o hacia la capacidad de vivir el celibato con tranquilidad mental. Un puntaje de 1 indica una gran falta de paz y un 10 indica una disposición a ser ordenado inmediatamente. Luego de un período de varios años, uso este sistema de calificación para ver si el hombre está progresando. Es una buena señal si tiene un promedio de 8 o 9 los dos últimos años antes de la ordenación. Pero es una mala señal si sus resultados varían de forma errática, 2 a 7 de 3 a 2.

Tampoco es una buena señal si un hombre tiene dificultades diarias con la castidad, apenas puede mantenerse puro a un gran costo personal y no vive con alegría. "Es mejor ser un laico casto que un sacerdote impuro."

Los hombres llamados a ser sacerdotes que están orando fielmente, encuentran paz con el celibato y su alegría general aumenta lentamente año tras año. Existen, por supuesto, los altibajos normales de esta batalla, pero la paz y la alegría aumentan. ¡Por lo general, el hombre se da cuenta que no sólo está sobreviviendo sino dando frutos también!

La soledad y el anhelo por una compañera

Un amigo sacerdote me contó una vez esta historia:

> Era "Thanksgiving" o Día de Acción de Gracias y había celebrado la primera misa en la parroquia. Luego fui a casa de mi hermana a pasar el día. Fue uno de esos días maravillosos e inolvidables. Había muchos niños allí, mis sobrinos y sobrinas. Ellos reían, jugaban y simplemente disfrutaban de la vida. La comida y el compañerismo con mi familia fueron perfectos y la vida familiar me parecía hermosa. A última hora de la tarde, alrededor de las nueve, me dirigí de nuevo a la casa parroquial, que estaba a una media hora de distancia. Cuando entré en el estacionamiento, todo estaba oscuro. Todas las luces estaban apagadas en la casa parroquial y la iglesia ya que le había dado a mi asistente el día libre y no regresaría hasta el día siguiente. Mientras subía los escalones y ponía mi llave en la puerta, mi mente todavía estaba con mi familia y los acontecimientos maravillosos del día. De repente, sentí una profunda punzada de soledad. Fue la peor de las que había sentido en mis veinticinco años de sacerdocio y esto me preocupaba. Inmediatamente, como

estaba entrenado a hacer, crucé la rectoría y entré en la iglesia anexa. Me arrodillé en la oscuridad ante Jesús en el sagrario apenas visible a la luz roja de la vela del santuario. Dije: "Jesús, me siento solo." Me arrodillé allí durante unos veinte minutos, sólo buscaba al Señor y esperaba. De repente, oí hablar a Jesús muy claramente en mi corazón. Él dijo: "Tú perteneces totalmente a Mí." Sabía que era Jesús, porque inmediatamente me llené de alegría y mis ojos se llenaron de lágrimas. Oré: "Gracias Jesús. Gracias. Quiero pertenecer completamente a Ti. Gracias por llamarme a ser sacerdote".

En general, cuanto más grande (en edad) nos ponemos, menos intensa es la batalla por la pureza sexual. Sin embargo, la batalla por la integración sexual es de por vida. Algunos sacerdotes mayores a veces dicen que aunque su tensión sexual es menor, el deseo de intimidad siempre está presente. Dios nos creó para la intimidad y la Iglesia nunca les pedirá a sus sacerdotes que renuncien a ella. El objetivo del celibato es aprender a amar de la manera en que los santos aman en el cielo. El celibato es intimidad con Jesús, el único que puede llenar el vacío que está dentro de todos nosotros. Esta es la razón por la cual la oración es tan esencial en la vida de un sacerdote. La intimidad con Jesús lleva al amor y a la intimidad con su pueblo. Por lo tanto los sacerdotes que rezan fielmente por lo general no se sienten solos. Pero cuando un sacerdote no está orando y cuando se aísla de la gente, esto puede conducir a la soledad y al deseo de auto-medicarse para quitar la angustia.

Sí, siempre habrá algunas noches en la vida de un sacerdote cuando se encuentre en la cama y anhele una compañera. Dios nos creó de esta manera. Él nos creó para la unión. Pero el sacerdote levanta la mente y el corazón a Jesús en ese momento y dice: "Sí, Señor, sufro y anhelo esta noche por una compañera. Pero mi vida es un signo escatológico para el mundo que sólo Tú puedes llenar el corazón humano. Y me alegro de sufrir por Ti, para llevar la verdad al mundo. ¡Me alegro de que me hayas llamado para ser sacerdote! Ahora me voy a dormir."

Los sacerdotes católicos casados y la provisión pastoral de los EE.UU.

¿Hay sacerdotes casados en el rito latino de la Iglesia Católica? ¿Es esto una opción para mí?

En 1980, la Santa Sede creó una disposición pastoral especial, en respuesta a los sacerdotes y laicos de la Iglesia Episcopal que buscaban la plena comunión con la Iglesia Católica de los EE.UU. Esta disposición hizo posible la ordenación al sacerdocio católico de sacerdotes casados eEpiscopales. La disposición pastoral es un servicio otorgado a los obispos de los Estados Unidos por la cual los ex ministros episcopales que han sido aceptados como candidatos para la ordenación sacerdotal en el rito latino de la Iglesia Católica reciben preparación espiritual, teológica y pastoral para el ministerio. Hay programas similares en otros países.

Desde 1983, más de setenta hombres casados han sido ordenados para el ministerio sacerdotal en las diócesis católicas de los Estados Unidos a través de la provisión pastoral. Estos hombres casados son ordenados sacerdotes católicos, pero si sus esposas mueren antes de ellos, no se les permitirá volver a casarse. La disposición pastoral también se ha utilizado anteriormente para otros clérigos protestantes, como los ministros luteranos.

Estar casado y ser un sacerdote católico no es una opción para ti a menos que ya seas un sacerdote ordenado episcopal casado o un pastor luterano casado y te hayas convertido al catolicismo.

¿Alguna vez se les permitirá casarse a los sacerdotes en el rito romano?

Teológicamente hablando, el sacerdocio y el matrimonio no son mutuamente excluyentes como se indica en la última sección. El celibato es una ley de la Iglesia. No es una ley divina. Esto significa que la Iglesia tiene la autoridad de cambiar esta ley y permitir que *los futuros sacerdotes* se casen, si el Espíritu Santo le muestra este camino a nuestro Santo Padre, el Papa. Curiosamente, esto no afectaría la promesa de celibato hecha por los sacerdotes ya ordenados, sino sólo aquellos que van a ser ordenados en el futuro.

Sería un grave error entrar al seminario y ser ordenado sacerdote creyendo que esta ley de la Iglesia cambiará en el futuro. Muchos seminaristas del tiempo del Concilio Vaticano II así lo hicieron. Avanzaron con la ordenación esperando que se les permitiera casarse después de unos años. Los días después del Vaticano II fueron una época de gran especulación en la Iglesia y muchos sugirieron este cambio, pero no ocurrió. Muchos de estos sacerdotes más tarde abandonaron el sacerdocio, diciendo que se sentían traicionados.

Es mi firme opinión de que la ley del celibato para los sacerdotes es saludable para la Iglesia y no estoy sugiriendo que se cambie. El mundo necesita auténticos testigos escatológicos desesperadamente. Es decir, necesita de hombres que vivan su vida siendo testigos que Jesús. Es la única cosa que puede llenar ese vacío profundo en todas nuestras almas.

La importancia de ser completamente honesto

En mis quince años como director vocacional y formador del seminario, he conocido a hombres que discernían el sacerdocio y finalmente fueron al seminario, pero ocultaron algún hecho importante acerca de su identidad sexual o de su historial sexual. Algunos me mintieron o le mintieron a su director vocacional acerca de tener atracción al mismo sexo. Otros mintieron acerca de un problema con la pornografía y la adicción a la masturbación. Algunos mintieron acerca de encuentros sexuales anormales en su pasado. Otros mintieron u ocultaron información acerca de haber sido abusados sexualmente cuando eran niños. Y otros tuvieron una relación clandestina con una mujer durante los años del seminario, por lo general una ex novia con la que no fueron capaces de terminar definitivamente. En todos estos casos, tanto los hombres como sus aspiraciones al sacerdocio terminaron mal. Ninguno de ellos son sacerdotes hoy, ni asisten al seminario. Después de saberse la verdad, casi todos estos hombres me dijeron, "Padre, siento mucho haber mentido. Sólo pensaba que ir al seminario solucionaría mi problema."

¡No! Es imperativo que entiendas que ir al seminario no va a resolver un grave problema con la desintegración sexual. Así como el matrimonio no es una cura para la desintegración sexual, el seminario tampoco lo es. El seminario sí es un lugar santo con una vida estructurada de oración y una dirección espiritual frecuente. Provee un buen ambiente para estar con otros hombres que aman al Señor Jesús. ¡Es un gran lugar para crecer! No hay duda al respecto. Es por eso que se llama un seminario (del latín *seminarium,* que significa un semillero o jardín). Pero también es un programa de formación muy intenso y es estresante. El estrés puede realmente agravar la desintegración sexual si no ha sido revelada y afrontada honestamente. Esto significa ser honesto sobre todo con tu director vocacional y director espiritual. La mayoría de los hombres están aterrorizados y avergonzados por sus problemas sexuales y esto hace que sea muy difícil de revelar. Tienen miedo de revelar una situación sexual que no es muy normal y de no ser aceptados en el seminario. Pero esconder los problemas y mentir causa más problemas.

El primer problema es una cuestión de conciencia. Un hombre está estudiando para ser sacerdote, pero sabe que mintió acerca de algo muy importante. Tal vez no lo hizo abiertamente, sino que ocultó información que él sabe debería haber proporcionado. Esto sin duda tendrá un peso sobre su conciencia y le pesará en el corazón: "Estoy estudiando para ser sacerdote pero no soy un hombre con integridad. Soy deshonesto." El segundo problema es que el hombre vive con el temor de que su gran secreto será revelado en alguna forma. No tendrá paz en el seminario. En mi experiencia, el problema sexual o el secreto casi siempre salen a la luz. A veces, otra persona que sabe que este hombre tenía problemas sexuales anteriormente, alerta al seminario. Por lo general, el director espiritual del hombre (si es que el hombre lo ha revelado en la Confesión) le anima a llevar esta cuestión al foro externo. Por supuesto, el sello de la confesión es inviolable, pero el director espiritual puede alentarle que recurra a su director vocacional o al rector del seminario. ¿Por qué? Porque necesita ayuda para superar esta dificultad. Así como los niños pequeños tienen miedo a la oscuridad, los adultos tienen miedo a la luz. Llevar estos problemas a la luz de Cristo desde el principio ayudará a un hombre a crecer y a sanar. Si mantienes tus secretos en la oscuridad, el problema seguirá empeorando.

"Pero, padre, me temo que no seré aceptado si revelo todo sobre mi vida sexual." Dios es quien llama a los hombres al sacerdocio y Dios ya sabe los detalles de su sexualidad. Si no te aceptan para ser sacerdote, por alguna disfunción sexual o problema, entonces eso significa que Dios no quiere que te hagas sacerdote. Y si Dios no quiere que seas sacerdote, no debes querer ser sacerdote. Si buscas el sacerdocio de todos modos, vas a terminar mal.

Tu problema puede no ser tan malo como temías. He entrevistado a muchos hombres que estaban considerando el sacerdocio. En varias ocasiones, un hombre dijo: "Padre, voy a ser completamente honesto, aunque estoy asustado y avergonzado. Una o dos veces, he tenido un sueño de un encuentro sexual con otro hombre. Este sueño resultó en una emisión nocturna. No creo que sea homosexual y estoy horrorizado por el sueño. ¿Significa esto que no puedo ser sacerdote?" Estos hombres estaban tan contentos de saber que muchos hombres, hombres totalmente heterosexuales, admiten de forma anónima haber tenido un sueño de este tipo. Esto no significa que son homosexuales y no quiere decir que no puedan ser sacerdotes. "Padre, gracias por decirme eso. Esta situación me ha molestado toda mi vida. Me siento mucho mejor." Recuerdo que otros me dicen que, cuando tenían cinco o seis años, alguna vez tocaron indebidamente a su hermana menor o a otra niña. En realidad, este "juego de doctor" es común entre los niños pequeños. Se trata de una exploración infantil del cuerpo humano.

Jesús dijo: "La verdad los hará libres" (Juan 8, 32). Cuéntale todo a tu director vocacional y a tu director espiritual. Ellos te ayudarán a entender si tu interés sexual en particular es grave. Y si es serio, te guiarán a obtener la ayuda profesional que necesitas para superarlo. No te cerrarán la puerta. Tu director vocacional y director espiritual son sacerdotes. Y los sacerdotes aman y cuidan del pueblo de Dios, no sólo de aquellos que son capaces de ser sacerdotes.

Advertencia: si alguna persona, incluso un sacerdote, te dice que no debes mencionar algo de tu vida sexual a tu director vocacional, ¡no la escuches! Cuéntale todo a tu director vocacional. Es más, la mayoría de los casos que mencioné en donde un candidato me mintió acerca de su desintegración sexual, fueron de hombres cuya vocación al sacerdocio podría haber sido salvada. Su disfunción sexual necesitaba ser tratada, pero no era fatal para el sacerdocio. Si le hubieran contado a su director vocacional toda la verdad desde el principio, podrían hoy haber sido sacerdotes.

La etapa 4 y la mujer de tus sueños

Esto es un gran misterio para mí. Muchas, muchas veces, justo cuando un hombre se da cuenta de que ya no puede discernir el sacerdocio fuera del seminario y comienza el proceso de solicitud para unirse a su diócesis, ¡encuentra a la mujer de sus sueños! La cuarta etapa de discernimiento, como se describe en el Capítulo 9, es cuando un hombre toma la decisión de entrar al seminario. Él ya ha tomado la decisión de no salir con chicas, ya que no sería justo para ellas. Y entonces el hombre le dice a su director vocacional: "Padre, he conocido a la mujer católica más maravillosa. ¡Es hermosa, santa, inteligente, dulce y yo le gusto! He estado buscando a esta mujer toda mi vida. ¿Por qué aparece ahora, cuando estoy inscrito para ir al seminario en dos meses? ¿Es esto una señal de Dios que no debo ir al seminario? ¿Debo detener mi solicitud?"

No, no es una señal de Dios. Sucede todo el tiempo, aunque no sé por qué. ¿Organiza Dios esto sólo para probar la determinación del hombre? ¿Es Satanás para que el hombre deje el seminario? No lo sé. Pero sí sé que no es una señal de Dios para detener la solicitud. ¡Es una de las preguntas que quiero hacerle a Dios cuando llegue al cielo!

Cuando era director vocacional, algunos hombres se decidieron por esta relación de noviazgo con esa mujer perfecta y detuvieron su aplicación, a pesar de mis protestas, con el fin de salir con la mujer de sus sueños. Nunca funcionó. Nunca se casaron. Con el tiempo, regresaron y comenzaron el proceso de solicitud nuevamente. Pero, por lo general, ya habían perdido la oportunidad de comenzar el seminario ese año.

Conozco a un director vocacional que siempre les dice a sus candidatos cuando van a recoger la solicitud, "¡Oh, por cierto, tu vida romántica está a punto de mejorar!" Ellos responden: "¡Padre, si usted me hubiera dicho esto antes, habría aplicado antes!"

El celibato, la castidad, la caridad y la alegría

Los hombres que están llamados a ser sacerdotes florecen en su vocación. No sólo sobreviven. Florecen. Están llamados a ser célibes como un signo escatológico para el mundo. Al igual que todos los hombres, los sacerdotes están llamados a alcanzar la integración sexual, y esto lleva a la caridad de Jesucristo. La castidad célibe ayuda a los hombres a amar y cuidar a los demás con mayor generosidad. Y esta caridad desinteresada a imagen de Jesús lleva a la alegría. Contrariamente al mensaje de los medios de comunicación, los sacerdotes son algunos de los hombres más felices del mundo.

¿Te llama Dios al celibato por amor al Reino? ¿Te está llamando a ser sacerdote diocesano?

CAPÍTULO 14

MI CAMINO AL SACERDOCIO: ¿CUÁNDO COMIENZO?

"Antes de formarte en el vientre te conocí; antes que salieras del seno te consagré, te constituí profeta de las naciones. Yo dije: ¡Ah, Señor, mira que no sé hablar, pues soy un niño! Y el Señor me respondió: No digas: "Soy un niño", porque irás adonde yo te envíe y dirás todo lo que yo te ordene. No les tengas miedo, pues yo estoy contigo para librarte, oráculo del Señor. Entonces el Señor alargó su mano, tocó mi boca y me dijo: "Mira, pongo mis palabras en tu boca'"

Jeremías 1:5-9

¿Cuándo debo ir al seminario para discernir el sacerdocio?

¿Debo entrar al Seminario Menor para terminar mis estudios pre-universitarios, o debo entrar directamente al Seminario Mayor para mis estudios sacerdotales?

¿Debo terminar la universidad antes de entrar al seminario?

¿Cómo sé que estoy listo para dar el paso formal de entrar al seminario?

¿Hasta qué edad puede uno ser aceptado al seminario?

Hay un dicho en mi trabajo de director vocacional: La vocación es como la fruta de un árbol. Si la tomas demasiado pronto, no está madura, pero si se la dejas estar por mucho tiempo, se pudre. Es crítico en el proceso de discernimiento no sólo tomar decisiones sino cuándo tomarlas. Este capítulo habla de los caminos más comunes por los cuales los hombres llegan al sacerdocio. Como te puedes imaginar, hay muchos caminos y maneras diferentes para llegar a la ordenación y estos caminos pueden variar de un país a otro.

Los seminarios en la actualidad están llenos de hombres de diferentes edades. Algunos hombres en los Seminarios Menores sólo tienen 16 años de edad, mientras que otros hombres en los Seminarios Mayores pueden tener treinta o más. (Incluso hay seminarios en algunos países para hombres aún mayores que quieren ser sacerdotes).

¿Cómo se pueden navegar estos diferentes caminos y decidir cuándo es el momento adecuado para comenzar la formación del seminario? La primera regla ya la he explicado: ¡No trates de tomar esta decisión solo! Ponte en contacto con tu párroco o director vocacional para obtener ayuda y conocer las opciones y luego conversa estas opciones con él. Este es el tipo de preguntas que te ayudarán a ti y a tu sacerdote mentor para discernir la voluntad de Dios.

El momento justo para que empieces el seminario dependerá de muchos factores que son específicos a tu situación personal, como por ejemplo: ¿Cuánto tiempo has estado discerniendo el sacerdocio con diligencia? ¿Ya tenías una cierta cantidad de formación? ¿Cuál es tu nivel de madurez? ¿Cuál es tu nivel de educación? ¿Hay algún problema serio relacionado con la formación que necesita ser tratado antes de comenzar el seminario? ¿Tienes deudas pendientes (que no sean préstamos estudiantiles, los cuales pueden ser diferidos)? ¿Te apoyan tus padres? ¿Te sientes listo y ansioso para empezar? Este tipo de preguntas te ayudarán a discernir la voluntad de Dios.

Una vez conocí a una joven y santa mujer que al final entró en una comunidad religiosa maravillosa. Había sido una misionera de FOCUS (Una organización de los EE.UU. que envía misioneros católicos a los campus universitarios para evangelizar a los estudiantes) durante un año y estaba considerando dos órdenes religiosas muy buenas, una en los EE.UU. y una en Italia. Ella había estado en varios retiros dirigidos por estas dos órdenes. Me explicó cómo se sentía cuando pensaba en entrar en la orden italiana: "Padre, me sentí como si estuviera a punto de saltar de un precipicio." Estaba muy atraída por esa orden y quiso entrar, pero no podía entender por qué era tan difícil saltar de ese precipicio. ¿Es realmente tan difícil? Le aconsejé que no saltara todavía. El momento no era el correcto, pero con el tiempo, el momento adecuado la llevó hacia al lugar indicado. Un año más tarde, hacia el final de su compromiso de dos años con FOCUS, y después de mucha oración y dirección espiritual, decidió entrar en la comunidad religiosa ubicada en los EE.UU. Esta vez, ella me dijo, fue mucho más fácil tomar la decisión. No se sentía en absoluto como si estuviera saltando de un acantilado, sino como si estuviese dando un simple pero largo paso. Todavía estaba comprensiblemente nerviosa pero esto es normal. Una de las hermanas le había dado este sabio consejo: "Cuando sea el momento adecuado, la vocación es como coger una manzana madura de un árbol. Está lista para ser tomada y no hace ningún daño a la manzana o al árbol. Se recoge con facilidad". La hora había llegado para esta joven; la fruta fue recogida fácil y pacíficamente.

Muchas veces en mi vida de director vocacional hablé con hombres que me dijeron: "Padre, simplemente no siento que sea el momento para ir al seminario. ¿Soy yo el problema o es Dios quien me está diciendo que no quiere que vaya al seminario todavía?"

Esta pregunta no es fácil de responder.

No seas kamikaze o te duermas en los laureles

Virtus in medio stat (la virtud está siempre en el medio). Cuando se trata de encontrar el momento justo, no seas kamikaze o te duermas en los laureles. Un kamikaze es una persona que se va a un retiro de un fin de semana y tiene una poderosa experiencia con Jesús. El Señor de verdad entró en el corazón de este hombre y él sintió el infinito e incondicional amor de Dios por primera vez. Piensa en el sacerdocio y se entusiasma mucho. El hombre regresa del retiro, levanta el teléfono y llama a su párroco o director vocacional, "Quiero ir al seminario. ¿Puedo empezar este año?" Este hombre nunca antes había contactado a su director vocacional y nunca había estado en un retiro de discernimiento con la diócesis. Ni siquiera había tenido una vida de oración estable o un director espiritual y no había pensado nunca en el sacerdocio antes de ese fin de semana. No, él no está preparado para entrar en el seminario ya que no ha hecho un discernimiento diligente. Se encuentra solamente en la etapa 1 o 2 de las etapas de discernimiento (ver capítulo 9).

En el otro extremo, nos encontramos con la persona que se duerme en los laureles. Este hombre no puede tomar la decisión de ir al seminario. Con frecuencia, esta persona ha leído y orado acerca de su vocación. Ha asistido a una serie de eventos de discernimiento y tiene muchos de los signos y las cualidades requeridas. Su párroco le ha apoyado diciéndole (a menudo con frustración), "Ha llegado el momento. ¿Qué estás esperando? No sabrás si estás llamado al sacerdocio a menos que vayas al seminario." Pero este hombre se duerme en los laureles. Simplemente no puede tomar la decisión de ir al seminario.

A veces me encuentro con un hombre que tiene cincuenta años y ha estado considerando el sacerdocio durante veinticinco años, pero no ha hecho nada al respecto. A la edad de cincuenta años, aún no está seguro. Le digo a este hombre: "Oye, hubieras ido al seminario veinticinco años atrás, cuando el director vocacional y el director espiritual te apoyaron para hacerlo. Dios te hubiera mostrado con claridad si el sacerdocio era o no tu vocación. Podrías ser un sacerdote o podrías haber continuado con tu vida, y haber excluido la posibilidad del sacerdocio. Ahora ya tienes cincuenta años y todavía tienes dudas." Esto no siempre es totalmente la culpa del hombre, ya que a veces las circunstancias de la vida pueden contribuir a su incapacidad para tomar una decisión. Sin embargo, he visto algunos de estos hombres finalmente dando el primer paso, yendo al seminario y haciéndose sacerdotes.

"Si la compasión de Dios Todopoderoso es más profunda que los abismos y más alta que las montañas, y Su omnipotencia y Su riqueza superan todos los límites imaginables, sólo tenemos que hacer una cosa: saltar." [57]

San Francisco de Asís

La ventana de lanzamiento

Al director vocacional de Savannah, Georgia (EE.UU), el Padre Tim McKeown, le gusta usar esta imagen:

> NASA (Administración Nacional de Aeronáutica y del Espacio en los EE.UU.) es encargada de lanzar transbordadores espaciales y para esto, tiene que controlar las cosas con mucho cuidado. Las condiciones tienen que ser justas y se debe controlar muchas cosas, como la rotación de la tierra, la presión barométrica, y las tormentas. A menudo solo hay una ventana de lanzamiento muy específica, una oportunidad, y si se pierde, puede que no sea posible poner en marcha ese lanzamiento por mucho tiempo. En el discernimiento vocacional también hay una ventana de lanzamiento. Dios orquesta muchas cosas en la vida de un hombre hasta la fecha de lanzamiento. Ese día suele ser el día en que un hombre avanza decididamente hacia su vocación de sacerdocio, ya sea llenando la solicitud o empezando el seminario.

Creo que los ingenieros de la NASA están emocionados y nerviosos el día del lanzamiento. Es un esfuerzo enorme lleno de muchos peligros. Pero saben que cuando aparece esa ventana de lanzamiento, ellos deben apretar el gatillo. Es lo mismo con tu vocación, pero mucho menos peligroso. ¿Por qué? Porque Dios nunca te enviará donde su gracia no pueda sostenerte. Si Dios organiza tu vida de tal manera que te encuentras frente a una ventana abierta de lanzamiento, muévete y entra. ¡El discernimiento mismo no es una vocación! Aprieta el gatillo. No tengas miedo. Dios cuidará de ti.

Tiempo para rumiar

La palabra "rumiar" significa "masticar por segunda vez, considerar despacio y pensar con reflexión." Como una flor o una fruta comienza a desarrollarse en el árbol mucho antes de que esté lista para recogerse, la vocación tiene que pasar por un tiempo de maduración en la mente y en el corazón de un hombre. La mayoría de los sacerdotes pueden recordar con claridad el momento en que por primera vez pensaron en ser sacerdotes. Sin embargo, en la mayoría de los casos, este proceso duró varios años antes de que iniciaran oficialmente el proceso de aplicación de la diócesis. En la mayoría de los casos, la idea del sacerdocio se presenta como una gracia especial, a través de la invitación de una persona en particular, mediante la lectura de un libro o al escuchar una homilía inspiradora. El hombre piensa y se pregunta por qué siente una cierta atracción y emoción. Entonces comienza a pensar en los miedos (¡no puedo casarme!) Y rápidamente oculta estos pensamientos en el fondo del corazón. Como he dicho antes, uno de los signos de una verdadera vocación al sacerdocio es que la idea no desaparece, incluso cuando trates de hacerla desaparecer. Sigue volviendo de vez en cuando. ¡El submarino sigue saliendo a la superficie! Este hombre entonces piensa un poco más sobre esto, ora un poco más. Esta vez, lee un poco sobre el sacerdocio. Luego, una vez más lo esconde en el fondo de su corazón. Suavemente, Dios orquesta este proceso recordándole su vocación. El hombre generalmente necesita un tiempo para rumiar y comprender esta llamada radical de Dios.

Recuerdo claramente una presentación en una escuela secundaria católica sobre las vocaciones cuando era director vocacional. Recuerdo exactamente la clase y todavía veo claramente los rostros de algunos de los estudiantes. Eran estudiantes muy corteses, respetuosos e interesados, escuchaban con atención y hacían buenas preguntas. Antes de irme, les di unos folletos sobre la vocación, junto con mi información personal para contactarme. ¡Tres años más tarde, recibí un e-mail de un joven, ahora estudiante de segundo año en la universidad, manifestando su interés por el sacerdocio! En el e-mail me dijo que pensó seriamente en el sacerdocio por primera vez ese día en la clase de su secundaria, cuando yo visité, pero tuvo miedo de decir algo, o ponerse en contacto conmigo. Tuvo que pasar por ese tiempo de rumiar. Y Dios caminó con él a través de ese tiempo, siempre respetando su libertad, le ayudó a crecer en la fe y la confianza. Después de su segundo año de universidad, él sabía que tenía que apretar el gatillo así que comenzó a escribirme y le ayudé a completar un discernimiento pleno y diligente. Hoy es un sacerdote feliz.

Entrega tu juventud a Jesús

"Tener pensamientos hermosos y sagrados, escribir libros sobre las vidas de los santos, todo esto no cuenta tanto como responder tan pronto como eres llamado." [58]

Santa Teresita del Niño Jesús

Hay ventajas muy claras de comenzar el seminario cuando un hombre se siente llamado a ser sacerdote a una temprana edad y está seguro de esta llamada. Un hombre que comienza cuando es joven tiene más oportunidades de aprender y de formarse en la espiritualidad católica, filosofía, liturgia, idiomas extranjeros y cultura. El hombre que empieza tempranamente y persevera en sus estudios en el seminario, contará con ocho a doce años de continua formación sacerdotal dependiendo del programa de formación de su país. En el seminario se conoce a estos hombres como "salvavidas." Durante este tiempo ellos están "protegidos", por así decirlo, de muchas de las influencias de formación que uno podría encontrar en una universidad laica.

Muchos hombres llegan al seminario siendo aún muy jóvenes. Cada hombre es diferente y algunos están más dispuestos que otros a entrar en el seminario a una temprana edad. Pero hay algo bello y generoso al ofrecer la juventud a Jesús. Es muy alentador escuchar decir a un hombre joven en su adolescencia: "¡Creo que Jesús me llama a ser sacerdote, y le quiero tanto que estoy dispuesto a hacer lo que me pida!"

He oído decir a muchas personas en la Iglesia cosas como: "Los hombres necesitan tener más experiencia de vida antes de ser sacerdotes. Necesitan terminar la universidad, salir con chicas, tener un trabajo y experimentar cómo vive la mayoría de la gente en el mundo. Estos son los mejores sacerdotes." Si bien estoy de acuerdo en que Dios hace buen uso de todas las experiencias de vida anteriores al sacerdocio, este argumento no es ni apropiado ni verdadero. Conozco a muchos sacerdotes maravillosos que fueron al seminario menor cuando eran adolescentes y continuaron su formación hasta su ordenación. También conozco a muchos otros sacerdotes maravillosos que llegaron a la ordenación por una ruta muy diferente. Cada vocación es diferente, no es correcto afirmar que los que llegan por esta última vía son superiores así como tampoco es exacto decir que los sacerdotes que empiezan a una temprana edad son siempre superiores.

Algunos hombres dicen: "Bueno, creo que voy a ser sacerdote, pero quiero primero vivir la vida por un rato. Voy a conseguir un trabajo y ganar algo de dinero por un par de años. Luego, volveré." Aunque a veces esto puede ser válido, yo sigo diciendo, "Dale a Jesús la primera oportunidad. Dale los mejores años de tu vida. Te prometo que no te decepcionará.

¿A qué edad puede un hombre entrar al seminario?

Realmente depende del hombre y el programa de formación en su país de origen. Dios sin duda puede llamar a una persona a su respectiva vocación a una edad muy temprana. Santa Teresa de Lisieux tuvo el gran deseo de seguir a su hermana al convento de las carmelitas a los nueve años y otra vez a los catorce años. En una peregrinación a Roma, ella le pidió al Santo Padre el permiso para ingresar a las Carmelitas a la edad de catorce años. En el caso de un hombre en formación para el sacerdocio, el Derecho Canónico establece que no puede ser ordenado sacerdote antes de la edad de veinticinco años, no importa qué tan temprano comience la formación sacerdotal.

Distintas vías o caminos que conducen al sacerdocio diocesano

Hay caminos diferentes que conducen a la ordenación y cada país tiene sus respectivos programas de formación sacerdotal, que han sido desarrollados por la Conferencia Episcopal local. Tus padres, tu director espiritual, el sacerdote de tu parroquia y tu director vocacional son recursos importantes que te ayudarán a tomar la decisión sobre *cuándo* ir al seminario y por *cuál camino.*

La formación sacerdotal en América Latina es un programa de 8 a 10 años de estudio y formación. Algunos países incluyen un año Pastoral adicional y el candidato trabaja en una parroquia o hace otros trabajos pastorales.

Estos son algunos ejemplos de tres países, pero ten en cuenta que el programa puede ser diferente en tu diócesis:

México: Un hombre en México puede comenzar la formación sacerdotal a una edad muy joven, si lo desea. Después que un niño completa los nueve años de educación primaria, este puede ir a un seminario menor o escuela preparatoria por tres años lo que sería equivalente a un seminario de escuela secundaria en los EE.UU.; o simplemente podría terminar estos tres años en una Secundaria ordinaria. Después de completar esta escuela preparatoria, debe completar un año llamado *Introducción al Misterio de Cristo*. Luego, se completan tres años de filosofía seguidos de cinco años de teología. Algunas diócesis también requieren un año Pastoral después del segundo año de teología. ¡Este programa puede requerir diez años de estudio después de la escuela preparatoria!

Colombia: Un hombre en Colombia normalmente completa los mismos años de educación primaria. Después de completar la secundaria, el hombre estudia filosofía durante tres años y luego teología durante cuatro años. Frecuentemente es necesario que los seminaristas en Colombia completen un año de trabajo pastoral en una parroquia después de terminar el segundo año de teología. Por lo que generalmente se necesitan ocho años después de la secundaria para completar este programa.

Estados Unidos: En los EE.UU., los hombres no suelen comenzar la formación sacerdotal hasta después de terminar la secundaria (que son doce años de educación) y la mayoría no comienza hasta después de graduarse en una universidad. Unos pocos seminarios de escuela secundaria aún existen, pero no son una vía muy común hacia el sacerdocio. Después de la secundaria, se completan cuatro años de educación universitaria ya sea en un seminario menor o en una universidad. Es necesario tener un título universitario antes de seguir adelante. Por supuesto, el hombre debe estudiar filosofía durante estos años. Si no lo hace, pero obtiene su licenciatura en Economía, por ejemplo, entonces debe completar dos años de filosofía en el seminario. Estos dos años son llamados Pre-Teología. Después de la filosofía, el hombre debe estudiar teología durante cuatro años. Para completar el programa en EE.UU. se necesitan de unos ocho a diez años de estudios después de la escuela secundaria.

En algunos países, los nuevos conversos a la fe católica le preguntan a los directores vocacionales: "Padre, me uní a la Iglesia en Semana Santa y quiero ser sacerdote. ¿Cuándo puedo empezar?" A esto le llamamos "El entusiasmo de los nuevos conversos" y es refrescante y emocionante de ver. Pero este entusiasmo debe ser probado en el transcurso del tiempo, para asegurarse de que el deseo de sacerdocio sea una auténtica llamada de Dios y no sólo un sentimiento emotivo después de recibir los primeros sacramentos y ser un miembro de la Santa Iglesia Católica. Los directores vocacionales tienen un mensaje para estos hombres: "Queremos que respires el aire Católico por un tiempo antes de que respires el aire del seminario."

La mayoría de los rectores y directores vocacionales no admitirán nuevos conversos al seminario hasta que hayan practicado su fe por lo menos por dos años. Es mejor para el recién convertido vivir como católico y experimentar el ciclo litúrgico de la Iglesia: Adviento, Navidad, tiempo ordinario, Cuaresma y Pascua. Es importante tener tiempo suficiente para leer literatura católica, aprender acerca de los santos, ir a una peregrinación o un retiro y profundizar el período post-bautismal o mistagogía.

Hay tres clases de candidatos en esta categoría: los que recién se convirtieron a la fe católica, los que volvieron a la fe católica (se unieron a una iglesia protestante pero más tarde regresaron a la fe católica), y los católicos que nunca abandonaron formalmente la Iglesia, pero recientemente han experimentado una importante conversión espiritual. En todos estos casos, es necesario un discernimiento diligente durante un período prolongado. En otras palabras, no se les permitirá a estos hombres 'saltar' al seminario ya que la experiencia demuestra que 'saltan' afuera del seminario tan rápido como 'saltan' adentro de él.

He visto muchas vocaciones sacerdotales originarse a través de estas tres clases de candidatos mencionadas. En los EE.UU., los seminarios están llenos de nuevos conversos, de hombres que regresan a la Iglesia católica y de católicos que han tenido increíbles experiencias de conversión, pero esto no es tan común en América Latina. Así que si calificas para una de estas clases de candidatos, te felicito y te animo a seguir adelante. Y te recomiendo que te comuniques con tu párroco, rector o director vocacional a fin de iniciar un discernimiento diligente sobre el sacerdocio. Ellos te ayudarán a elegir el camino más adecuado para ti.

La regla general y más prudente es discernir con estabilidad. No es prudente tomar decisiones importantes en la vida en tiempos de transición o de cambio. Si un hombre acaba de convertirse al catolicismo, si ha cambiado de trabajo frecuentemente, si está faltando mucho a la escuela, si no demuestra estabilidad y coherencia en su vida, probablemente sea necesario establecer y mantener una cierta estabilidad por un período de al menos dos años antes de que se le permita iniciar el seminario. La vocación del sacerdocio es una vocación muy estable, es un compromiso de por vida. No se debe iniciar este proceso si vienes de una vida inestable.

¿Qué significa un año pastoral?

Algunas diócesis y seminarios requieren que cada seminarista complete un año pastoral en algún momento de su formación. Este período de un año, que a menudo se completa después del segundo año de teología, requiere que un hombre viva y trabaje en una parroquia con el fin de experimentar la vida parroquial. Las investigaciones muestran que el año pastoral es un medio muy eficaz para aumentar la confianza vocacional del seminarista. Los seminaristas que completan un año pastoral y vuelven al seminario a menudo reportan un índice muy alto de satisfacción y de paz en relación con su vocación y una vez que son ordenados, casi nunca abandonan el sacerdocio.

El año pastoral parece ser un muy buen recurso. Entonces, ¿por qué no es requerido por todos los seminarios en cada país? Debido a que añade un año más a los ya mencionados caminos hacia el sacerdocio, añade un año más al proceso ya largo de su formación.

Algunos obispos necesitan sacerdotes urgentemente en sus parroquias, y al darse cuenta de que el año pastoral, si bien es útil, no es siempre necesario, no lo requieren obligatoriamente. A veces, sin embargo, un director o rector decidirá que un hombre necesita completar un año pastoral con el fin de trabajar en un problema de formación específico. Otras veces, el propio seminarista solicitará un año pastoral para experimentar la vida en una parroquia y aumentar así su confianza vocacional.

El año pastoral es con frecuencia un medio muy eficaz para ayudar en el discernimiento, para evaluar las habilidades pastorales de uno y para desarrollar la confianza en la vocación sacerdotal.

¿Para qué "ponerse a tiro?"

Si tu vocación es el descubrimiento más importante de tu vida, y si el sacerdocio es un privilegio extraordinario, y si tu vocación puede ser fácilmente envenenada o perdida por completo, ¿por qué no ir al seminario ahora mismo? ¿Para qué "Ponerse a tiro?"

Creo que la respuesta es que algunos hombres simplemente no están listos para ir al seminario menor y quieren (y necesitan) vivir la vida de un "estudiante universitario normal". Cada hombre es diferente y Dios llama a cada uno de manera diferente. Pero la vida de un "estudiante universitario normal" no debe ser una vida de libertinaje y pecado que debilite la fe. Mi gran consejo: *Ve a un lugar de formación y no de deformación.*

El principio general de discernimiento es ir a un lugar donde recibirás buena y sólida formación cristiana. He visto a hombres perder su vocación al sacerdocio cuando asistieron a una universidad secular. Incluso les he visto perder su fe. Pero también he visto a otros que fueron a una universidad secular y fortalecieron su fe.

Milagrosamente, Dios usó mi propia experiencia en una universidad secular para reforzar mi vocación. Me crié católico en un entorno ampliamente protestante en un pequeño pueblo del sur de Georgia, donde casi todo el mundo que conocía era cristiano conservador. Eso cambió en la universidad. En la universidad a la que asistí, fui testigo del ateísmo y del paganismo, por primera vez. También conocí por primera vez a muchos evangélicos muy entusiasmados que pusieron a prueba las enseñanzas católicas. Esto me motivó a estudiar y aprender las enseñanzas de la Iglesia, para que pudiera explicarlas con claridad a los evangélicos. ¡Quería ganar esos debates! Esto no fue la mejor motivación, pero así aprendí a enseñar y defender la fe católica y este conocimiento fortaleció mi propia fe. Aunque no recomiendo este camino a los demás, el Señor usó estas experiencias para fortalecer mi fe y mi vocación.

Si un hombre piensa que podría ser llamado al sacerdocio y decide ir a una universidad laica, debe *investigar profundamente* las oportunidades católicas disponibles, antes de empezar la universidad y debe asegurarse que haya un grupo católico bien sólido y activo en el campus. Además, debe tener un programa ortodoxo que ofrezca oportunidades de crecimiento en la fe y que ofrezca oportunidades de servicio y otras actividades católicas. Un hombre no debe dejar la universidad sin haber estudiado la Sagrada Escritura y sin conocer las enseñanzas de la Iglesia. Por sobre todo, este hombre debe conocer personalmente e íntimamente al Señor Jesús a través de muchas horas de oración, estudio y servicio a los demás. Idealmente, el hombre debe tener un buen sacerdote que lo guíe, con quien reunirse periódicamente y rendirle cuentas con respecto a la oración, la vida moral y la formación de su carácter.

Los hombres que llegan cada año para iniciar los estudios en el seminario tienen diversos grados de formación cristiana. Algunos tienen dones naturales de Dios que los hacen muy adecuados para el sacerdocio. Algunos han tenido una mejor formación cristiana que otros, que proviene de sus propias familias. Uno no elige su propia familia. Algunas familias son significativamente mejores que otras con respecto a la formación integral humana y cristiana. Algunas familias simplemente no son muy saludables. Tenemos una expresión en el seminario para describir esta situación: "La familia en la que nacieron no fue tu decisión o tu culpa, pero es tu problema". Por otro lado, independientemente de la formación recibida en la familia, algunos hombres simplemente tomaron mejores decisiones, buscando ambientes saludables y personas que les ayudaron a crecer en la santidad. El seminario para algunos hombres es más difícil, precisamente porque no han tenido una buena formación cristiana en la familia y no han tomado buenas decisiones. ¡La gracia actúa sobre la naturaleza, pero siempre respeta nuestra libertad de decisión! Es decir, si un hombre no creció en una familia cristiana estable y no recibió una formación sólida, es imperativo que asista a un lugar donde reciba buena formación.

¡No te pongas a tiro! Si no estás listo para asistir al seminario, ve a un lugar de formación y no de deformación.

¿Cuándo debo llamar a mi párroco, rector o director vocacional?

La respuesta corta es ahora. Incluso si eres demasiado joven para ir a un seminario o si apenas está comenzando tu discernimiento, ponte en contacto ahora. Habla con él después de la misa, llámale o envíale un e-mail y dile quién eres y dónde te encuentras en el proceso de discernimiento. Él te ayudará a comenzar el proceso para hacer un discernimiento diligente sobre el sacerdocio diocesano. También te puede explicar los requisitos de formación específicos de tu diócesis.

Tu sacerdote consejero conoce la reputación de las universidades locales y del grupo católico del campus. Te puede recomendar un buen director espiritual en esa zona. Él te guiará hacia un lugar de formación y no de deformación. Si eres o no llamado a ser sacerdote, esta elección es importante para tu vida católica. ¡No tomes la decisión solo! Al final, tú decides pero pídele consejo a los sabios y santos.

No confíes en tus compañeros porque por lo general ellos no son formadores sino que necesitan formación como tú. No tomes tu próxima decisión pensando sólo a donde van todos tus amigos. Como me solía decir mi ex director espiritual: "¡Ellos podrían ir al infierno y no quieres ir allí!"

Los hombres que entran al seminario más allá de la edad tradicional, a menudo después de explorar otras carreras

Este capítulo que trata sobre el momento justo para entrar al seminario y los diferentes caminos para llegar a este, no estaría completo sin una discusión sobre los hombres mayores que entran al seminario. Hombres en sus años 40, 50, o más. Este fenómeno es mucho más común en algunos países desde la década de 1990, pero es muy raro en otros. Con frecuencia, estos hombres se sintieron llamados al sacerdocio cuando eran más jóvenes, pero no los apoyaron, o incluso los desalentaron activamente a seguir adelante, ya sea por un sacerdote, un miembro de la familia, o por la cultura problemática y confundida después del Concilio Vaticano II. Algunos de estos hombres se casaron, criaron a sus hijos y quedaron viudos. Muchos de estos hombres de más edad han tenido carreras muy exitosas y lucrativas antes del seminario.

A estos candidatos de más edad a veces se les conoce como "vocaciones tardías", aunque algunas personas protestan porque esta frase es incorrecta. Después de todo, Dios tiene su propio calendario para cada uno de nosotros. De la misma manera, algunos directores vocacionales enfatizan que es impropio referirse a estos candidatos como una "segunda carrera vocacional", ya que el sacerdocio no es un trabajo o una carrera. Es una vida que requiere entrega total de sí mismo, no es un trabajo de nueve a cinco.

¿Cuál es la edad máxima para ser ordenado sacerdote? Las reglas pueden ser muy diferentes de país a país y de una diócesis a otra.

No asumas automáticamente que eres demasiado viejo. ¡Pregúntale a tu párroco o director vocacional! "Padre, he estado pensando sobre el sacerdocio en los últimos años, desde que mi esposa murió, pero creo que soy demasiado viejo. Tengo cuarenta años pero me siento llamado al sacerdocio." No pienses que eres demasiado viejo. Habla con tu director vocacional y pídele que te ayude a evaluar tu situación. Incluso si eres demasiado viejo para tu propia diócesis, otra diócesis pueda tener una política diferente y una gran necesidad de sacerdotes. Dios no puede conducir un automóvil estacionado. ¡Muévete!

Perder tu trabajo para ir al seminario

No importa su edad, cualquier hombre que esté discerniendo el sacerdocio prudentemente y tenga una carrera establecida, tendrá que enfrentarse a la posibilidad de perder su puesto de trabajo a fin de ir al seminario. "Padre, estoy haciendo un montón de dinero y tengo buenos beneficios. Si voy a un seminario por un año y luego me doy cuenta que no soy llamado a ser sacerdote, no voy a ser capaz de recuperar mi puesto de trabajo. ¿Qué haré entonces?"

Siempre respondo a esta pregunta diciendo: "Jesús es muy generoso. Una vez que hayas discernido cuidadosamente que el seminario es donde Jesús quiere que estés, ve y quédate tranquilo. Confía en Él. Él es perfectamente capaz de cuidar de ti, si terminas o no siendo sacerdote." Tal vez el Señor no quiere que este hombre sea sacerdote, pero que haga otro trabajo importante en la Iglesia, y por eso trata que deje su trabajo actual con el fin de redirigirlo en una dirección diferente a través del seminario. He visto esto más de una vez.

¿Qué pasa si no encajas en ninguno de los caminos mencionados en este capítulo? Cada vocación es un misterio. Dios llama a los hombres en diferentes momentos, de diferentes maneras y en diferentes circunstancias. Dios puede disponer de otras formas para que un hombre reciba la educación y la formación filosófica y teológica necesaria. Sólo tu obispo debe decidir si estás listo para ser sacerdote y cuándo debes ser ordenado. He visto algunos caminos muy creativos a través de los años.

Es realmente muy simple: obedece a Dios y todo saldrá bien. ¡Pero obedece a Dios haciendo *lo que* te dice que hagas y *cuando* te dice que lo hagas! Hay que discernir en el espacio y el tiempo.

La vocación es como la fruta de un árbol: si la tomas demasiado pronto, no está madura, pero si la dejas estar por mucho tiempo, se pudre.

CAPÍTULO 15

REQUISITOS PREVIOS E IMPEDIMENTOS PARA EL SACERDOCIO DIOCESANO

Para poder proporcionar sacerdotes buenos y responsables para el pueblo de Dios, la Iglesia codificó los requisitos mínimos para que un hombre sea ordenado sacerdote. También declaró ciertas acciones o condiciones que impiden la ordenación. Estos pre-requisitos e impedimentos están enumerados en el Código de Derecho Canónico de la Iglesia (# 1024-1052.) Es el deber del director vocacional, el seminario y, finalmente, el obispo, determinar si estos requisitos se han cumplido antes de que un hombre sea ordenado diácono o sacerdote.

Un impedimento es un obstáculo, algo que te impide avanzar. Si un hombre tiene o sospecha que tiene alguno de los impedimentos mencionados en este capítulo, debe ser capaz de superar este obstáculo con el fin de hacerse sacerdote. Además de los impedimentos *canónicos* también hay obstáculos *prácticos* no incluidos en el código de derecho canónico, tales como adicciones severas y algunas discapacidades. Es importante recordar que si un hombre tiene un impedimento para la ordenación no debe asumir que este impedimento sea un obstáculo permanente. Se puede obtener una dispensa del obispo local o el Papa.

Prerrequisitos canónicos para la ordenación sacerdotal

En el Código de Derecho Canónico se describen los siguientes requisitos para que un hombre sea ordenado sacerdote en la Iglesia Católica. Estos requisitos, con comentarios en aquellos que son más difíciles de entender, se enumeran a continuación. He simplificado el lenguaje canónico pero la lista se basa muy fielmente en el derecho canónico de la Iglesia.

- Sólo el varón bautizado recibe válidamente la sagrada ordenación (C. 1024).

Este canon declara la teología de la Iglesia con respecto a un sacerdocio exclusivamente masculino. Esta enseñanza es infalible e indiscutible y no se puede cambiar.

- Un hombre debe completar un período de prueba y capacitación. No debe haber ninguna irregularidad o impedimento. Su obispo debe juzgar si tiene las cualidades necesarias (C. 1025).
- Se requiere que, a juicio del obispo, sea considerado útil para el ministerio de la Iglesia (C. 1025, n ° 2).
- Es necesario que quien va a ordenarse goce de la debida libertad; está terminantemente prohibido obligar a alguien (C. 1026).

Este canon declara que nada ni nadie puede influir indebidamente en la decisión de un hombre para ser sacerdote. Los padres, familiares, maestros y superiores pueden tener una influencia muy fuerte en un hombre. La elección del candidato debe ser libre para que la ordenación sea válida.

- El obispo diocesano debe asegurarse que los candidatos estén debidamente instruidos, educados y formados antes de ser ordenados (C. 1028).
- Sólo deben ser ordenados aquellos que, según el juicio prudente del Obispo tienen una fe íntegra, están movidos por recta intención, poseen la ciencia debida, gozan de buena fama y costumbres intachables, virtudes probadas y otras cualidades físicas y psíquicas congruentes con el orden que van a recibir (C. 1029).

Ningún hombre puede hacerse sacerdote por sí mismo. Un hombre es ordenado sacerdote para servir al Pueblo de Dios. El obispo tiene que estar convencido de que este hombre quiere la ordenación porque quiere servir a los demás como sacerdote. En algunas naciones y culturas, la ordenación sacerdotal significa un estatus social muy prestigioso ya que se le ofrece a un hombre un ingreso estable, alimentos y vivienda. Buscar una seguridad personal no es una motivación correcta para el sacerdocio. Por el contrario, un hombre debe desear sacrificarse para servir al Pueblo de Dios.

~ Un hombre no puede ser ordenado sacerdote antes de haber cumplido veinticinco años y antes de gozar de suficiente madurez. Quienes se destinan al sacerdocio pueden ser admitidos al diaconado sólo después de haber cumplido veintitrés años (C. 1031).

~ Un intervalo de seis meses se requiere entre el diaconado y el sacerdocio (C. 1031).

La Iglesia sabe que el sacerdocio es una responsabilidad tremenda que sólo puede completar un hombre con la madurez suficiente. Los hombres maduran de manera diferente en culturas diferentes, algunos antes y otros después, pero el Código de Derecho Canónico fue escrito para la Iglesia universal. Cuando un hombre es ordenado sacerdote a la edad de veinticinco años, a veces la gente bromeando lo llama un "Padre bebé." ¡Lo que están diciendo es que incluso un hombre de veinticinco años de edad es joven para llevar a cabo este tipo de responsabilidad!

Para ayudar a prepararles para la responsabilidad del sacerdocio, la Iglesia requiere que el diácono transitorio haga trabajo pastoral por al menos seis meses antes de su ordenación. Esto incluye predicar, ayudar en la Misa, enseñar, visitar a los enfermos, bautizar y oficiar matrimonios.

~ Los aspirantes al sacerdocio sólo pueden ser promovidos al diaconado después de haber terminado el quinto año del ciclo de estudios filosófico y teológico. (C. 1032).

Basado en el código canónico, el programa de formación sacerdotal requiere un mínimo de dos años de filosofía y cuatro años de teología antes de la ordenación sacerdotal. Esto significa que un candidato puede ser diácono sólo después de su quinto año de estudios y puede ser ordenado sacerdote sólo después de su sexto año de estudio.

~ Un hombre no puede ser ordenado sacerdote a menos que y hasta que haya recibido el sacramento de la Confirmación (C. 1033).

Antes de que alguien sea promovido al diaconado, tanto permanente como transitorio, es necesario que el candidato haya recibido y haya ejercido durante el tiempo conveniente los ministerios de lector y de acólito. Entre el acolitado y el diaconado debe haber un período por lo menos de seis meses (C. 1035).

La Iglesia siempre ha admitido a hombres a las órdenes sagradas a través de una serie de pasos más pequeños o ministerios. Hoy en día, estos ministerios son lector y acólito. El ministerio de lector le permite a un hombre leer las Sagradas Escrituras oficialmente en la Misa y el ministerio de acólito le permite servir oficialmente durante la Misa. Esta lenta progresión por pasos ayuda a marcar el nivel de formación y competencia de un hombre que se encuentra en el largo proceso de la formación. También ayuda al hombre y a la Iglesia a identificar problemas graves o posibles obstáculos.

~ El candidato que no esté casado no debe ser admitido al diaconado antes de que haya asumido públicamente, ante Dios y ante la Iglesia, la obligación del celibato (C. 1037).

El candidato al diaconado y al sacerdocio en el rito latino debe hacer una promesa de vivir en celibato: de no casarse por el bien del Reino de Dios. Esta promesa se hace en el rito de ordenación diaconal, antes de la imposición de las manos y la oración de consagración.

~ Antes de la ordenación al diaconado o al sacerdocio, un hombre debe hacer un retiro de por lo menos cinco días. El obispo debe verificar esto antes de la ordenación (C. 1039).

Este "retiro canónico", como se le llama, es generalmente de cinco días continuos. Puede ser un retiro de silencio o estar dirigido por un maestro de retiros. Debe hacerse antes de la ordenación al diaconado y antes de la ordenación al sacerdocio. ¡La ordenación confiere una marca indeleble en el alma que dura para siempre! Sabiamente, la Iglesia exige que el hombre pase cinco días en oración con Jesús antes de tomar este paso.

Los impedimentos canónicos a la Ordenación Sacerdotal

~ Un hombre no puede ser ordenado sacerdote si tiene algún tipo de demencia u otra enfermedad psíquica por la cual, según el parecer de un psicólogo, queda incapacitado para desempeñar rectamente el ministerio (C. 1041).

Se entiende por locura un trastorno que habitualmente perjudica el uso de la razón. Cada caso debe evaluarse de manera individual por los expertos. Esta es la razón por la cual la mayoría de las diócesis requieren una evaluación psicológica para asegurarse de que un candidato tenga la estabilidad psicológica, mental y emocional para cuidar de las almas durante el sacerdocio. Si una persona es considerada incapaz de llevar a cabo el ministerio sacerdotal, debido a la esquizofrenia o el trastorno bipolar por ejemplo, entonces obviamente se le impide seguir adelante.

Conozco a muchos sacerdotes que tienen algún grado de enfermedad mental (especialmente depresión) y que hacen un magnífico trabajo como sacerdotes. También conozco a muchos seminaristas que llevan estas cruces. Algunos de estos hombres deben ver a un psicólogo o psiquiatra periódicamente para mantener su salud mental. Algunas de estas enfermedades requieren medicamentos. La salud mental y emocional es muy importante para un sacerdote. Un sacerdote debe ser capaz de mirar hacia el exterior para cuidar de las necesidades de otros. Para hacer esto, cualquier problema psicológico y emocional interno debe estar bajo control.

~ Un hombre no puede ser ordenado sacerdote si ha cometido el delito de apostasía, herejía o cisma (C. 1041).

Esta ley existe porque los candidatos al sacerdocio deben tener una fe estable. Un hombre católico bautizado puede incurrir en este impedimento si, por ejemplo, recibe los sacramentos en otra iglesia, si oficialmente se une a otra iglesia, o si se une a un grupo de ateos. Esta ley se refiere específicamente a un hombre que se convirtió a la fe católica, y luego abandonó la Iglesia para al final regresar a ella. Sin embargo, si un hombre que fue bautizado y criado como católico va a la universidad, deja de practicar su fe por un tiempo, asiste a algunos servicios protestantes, y luego regresa a la práctica plena de la fe católica, este hombre probablemente no haya incurrido en este impedimento. Hay muchos católicos convertidos que estudian en seminarios católicos o que son hoy sacerdotes. Tu director vocacional te guiará en este sentido.

~ Un hombre no puede ser ordenado sacerdote si alguna vez ha estado casado, incluso civilmente, a menos que y hasta que su esposa haya muerto o él haya recibido la declaración de nulidad de la Iglesia (C. 1041).

Algunos candidatos al sacerdocio estuvieron casados anteriormente. Sus esposas murieron, o se divorciaron y obtuvieron un decreto de nulidad del tribunal diocesano. Si un hombre se casó, incluso por civil solamente, si el matrimonio duró sólo un tiempo muy corto, todo esto debe ser revelado al director vocacional de inmediato. Si hay una declaración de nulidad, algunos directores vocacionales desean obtener más información sobre los motivos de ésta, ya que estos pueden ser importantes en la evaluación de un candidato para el seminario.

~ Un hombre no puede ser ordenado sacerdote si él ha matado a otra persona. Esto incluye el homicidio voluntario y el aborto. Si un hombre no cometió el delito propiamente dicho pero ayudó a otra persona a cometerlo tampoco puede ser ordenado sacerdote (C. 1041).

Si un hombre causa la muerte de otra persona, ya sea directamente o mediante la cooperación, incurrirá un impedimento para la ordenación. Esto no incluye accidentes o una legítima defensa de sí mismo. Sin duda, incluye el aborto, y algunos candidatos al sacerdocio han tenido contacto con esta área. Si un hombre asistió directamente durante un aborto, si apoyó el aborto, pagó por este, o condujo a una mujer a una clínica abortiva, debe hablar de esto en detalle con su director vocacional al inicio del proceso de admisión. Otra área que a veces aparece en los candidatos es el homicidio vehicular o muerte de otro causada por la conducción bajo la influencia del alcohol. Debido a la gravedad de este canon, la obtención de una dispensa puede ser complicada y difícil.

~ Un hombre no puede ser ordenado sacerdote si dolorosamente y de manera grave se mutiló a sí mismo o a otro, o haya intentado suicidarse (C. 1041).

Ciertamente, hoy en día la Iglesia comprende mucho más acerca de las causas psicológicas de la depresión grave y las causas de otras enfermedades mentales que pueden llevar al suicidio. Algunos candidatos reconocen haber hecho el intento en un momento muy difícil de sus vidas. Este impedimento debe considerarse teniendo en cuenta el canon 1041-1 en relación a la salud psicológica. Si un hombre ha intentado suicidarse o si alguna vez lo ha considerado seriamente, esto debe ser conversado en detalle con el psicólogo que lleva a cabo el examen. Si el hombre ha incurrido en este impedimento, y ahora tiene la salud psicológica y emocional para funcionar como sacerdote, se puede obtener una dispensa. Lo mismo es cierto en el caso de mutilación, una acción que priva a sí mismo de un órgano o del uso de un órgano. Un ejemplo de mutilación es la vasectomía. ¡Curiosamente, Orígenes, un famoso escritor y místico del cristianismo del siglo III, habría incurrido en este impedimento al castrarse en un intento de conseguir la pureza sexual!

~ Un hombre no puede ser ordenado sacerdote, si de manera intencionada se hace pasar por un obispo o sacerdote, y trata de celebrar la Santa Misa o cualquier otro sacramento (C. 1041).

Muchos jóvenes jugaron a ser sacerdotes cuando eran niños. Sus padres les apoyaron con el fin de ayudar al niño a considerar la vocación al sacerdocio. Esta es una práctica muy buena y muchos sacerdotes recuerdan haber jugado a esto. Sin embargo, este canon va más allá de este simple juego infantil: es gravísimo hacerse pasar por sacerdote para realizar actos sagrados reservados exclusivamente para sacerdotes u obispos. Si un hombre que no es un sacerdote, por ejemplo, intenta intencionalmente celebrar la misa (en una iglesia, vistiendo ropas y con personas presentes), o escucha confesiones, esta persona incurre en este impedimento. Es difícil imaginarme por qué un hombre intenta hacer algo así. El hecho de hacerlo demuestra su incapacidad e impedimento para la ordenación.

~ Un hombre no puede ser ordenado sacerdote si es neófito (C. 1042).

Cualquier hombre adulto que se haya adherido recientemente a la Iglesia Católica ya sea a través del bautismo o de la profesión de fe, no puede ser ordenado sacerdote hasta que, a juicio de su obispo, haya demostrado su firmeza en la fe. La mayoría de los obispos requieren que el neófito sea católico por dos o tres años antes de iniciar el seminario.

~ Si algún miembro de la Iglesia, sacerdote o laico, es consciente de un impedimento de un candidato o seminarista, él o ella deben informárselo al obispo antes de la ordenación del candidato (C. 1043).

¡Un director vocacional, una vez me dijo que había recibido una llamada telefónica de una mujer que decía que ella era la ex esposa de uno de sus seminaristas! Le explicó que habían estado casados por civil durante unos años y tenían dos hijos. Posteriormente, se divorciaron y ella no había oído hablar de él desde entonces. Este hombre no pagaba la manutención o pensión alimenticia, y no tenía contacto con los niños. Un día ella vio su foto en un cartel de seminaristas de la diócesis. Se dio cuenta de que él estaba engañando a su diócesis. No hubo una declaración de nulidad del matrimonio. El hombre simplemente les mintió a su obispo y al director vocacional porque sabía que la justicia le demandaba cuidar de sus hijos hasta que llegaran a la edad de emancipación. Él sabía que el matrimonio era un impedimento para las órdenes sagradas. Este hombre era un padre frustrado y un seminarista deshonesto y probablemente habría sido igual como sacerdote. ¡Por suerte, esta mujer llamó al director vocacional y su ordenación fue cancelada para siempre!

A veces, un seminarista se da cuenta de un impedimento en otro seminarista o en un candidato para el sacerdocio sobre el cual el director vocacional no ha sido informado. Es muy importante que este seminarista le cuente de inmediato esta información al director vocacional o al rector. No debe sentirse que está traicionando a un amigo o a un hermano seminarista. Si una persona ama a la Iglesia, él o ella deben hacer todo lo posible para protegerla y para ayudarla a producir sacerdotes bien equilibrados. El canon obliga a todos los fieles a revelar los obstáculos al conocerlos.

~ Se reserva exclusivamente al Papa o al obispo local la dispensa de todas las irregularidades dependiendo del hecho en que se basan (C. 1047).

En otras palabras, si un candidato es honesto con su director vocacional y el obispo desde el principio, es probable que se pueda prescindir de este impedimento y que el hombre pueda ser ordenado sacerdote. En mi experiencia como director vocacional y formador del seminario, muchos de los hombres que creen haber cometido un impedimento en realidad no lo habían hecho. Si hay alguna duda, el director vocacional les pedirá al obispo y al abogado canonista que revise el caso.

Impedimentos no canónicos

Alcoholismo o abuso de sustancias

¿Puede un alcohólico ser sacerdote diocesano, prosperar y tener éxito? El abuso de sustancias es una adicción que tiene tanto elementos físicos como psicológicos y emocionales. He conocido a muchos sacerdotes excelentes que llevaron esta cruz, aunque algunos lo han hecho con más éxito que otros. Si un candidato al seminario es alcohólico, tendrá que revelarlo completamente a su director vocacional y demostrar su sobriedad. Necesita demostrar un período prolongado de sobriedad y una capacidad para permanecer sobrio, incluso en momentos de gran tensión. Si es aceptado para estudiar para el sacerdocio, se le monitoreará cuidadosamente durante sus años de formación, haciendo nota de cada falla. Aceptar o no a un hombre alcohólico, aunque sobrio por un tiempo suficiente, será decisión del obispo.

La mayoría de los obispos, en algún momento durante su episcopado, tuvieron que enviar a uno o más de sus sacerdotes a un programa de recuperación al alcoholismo. Esto es doloroso para todos los involucrados. Estos programas, aunque a menudo son muy eficaces, también son costosos. Cuando un sacerdote entra en un programa puede ser vergonzoso para él, la parroquia y la diócesis.

El estrés y la presión del sacerdocio diocesano realmente puede empujar a un hombre a la automedicación con el fin de "aliviar el estrés" Por eso, tu director vocacional y el obispo se toman muy en serio una adicción al alcohol o a otra sustancia.

Todas las diócesis y seminarios han tenido seminaristas que eran alcohólicos pero creo que el problema más común en los seminarios de hoy es la condición que Alcohólicos Anónimos describe como ACOA (siglas en inglés) o síndrome de hijos adultos de alcohólicos. Los niños que crecen en hogares o familias con uno o más padres alcohólicos pueden tener problemas psicológicos y emocionales residuales como depresión, baja autoestima, ansiedad e ira. Muchos de estos hombres reciben ayuda psicológica y participan en grupos de ACOA para hacerle frente a estos efectos residuales y convertirse en sacerdotes. Sin embargo, muy a menudo, se debe fuertemente alentar a estos candidatos a recurrir a un psicólogo.

La adicción al juego

Todo sacerdote que se convierte en párroco suele ser administrador de una buena cantidad de dinero. Algunas parroquias tienen un presupuesto generoso y este dinero pertenece al pueblo de Dios para la edificación del Reino. Es obvio que una adicción al juego debe ser tratada antes de estudiar para el sacerdocio. Casi todas las diócesis han registrado casos de mala administración financiera por parte de sacerdotes, un escándalo que es muy perjudicial para la Iglesia. No estoy diciendo que un hombre con un problema de juego nunca puede llegar a ser sacerdote, pero la adicción debe estar sólidamente bajo control y esto debe ser demostrado durante un largo período de tiempo.

La adicción a Internet

Mucho se ha escrito sobre la revolución tecnológica y la forma en la que Internet y otros aparatos electrónicos están cambiando al mundo. La comunicación instantánea se ha convertido en una parte de nuestra cultura. Los hombres que crecen en esta cultura pueden llegar a ser muy dependientes de la tecnología, incluso obsesionarse con ella. He visto a candidatos que pasan una cantidad excesiva de tiempo con sus correos electrónicos, mensajes de texto, blogs, juegos y con la actualización de sus cuentas de Facebook y Twitter. Los que estamos a cargo de la formación en los seminarios constantemente tenemos que recordarles a los seminaristas que sean eficientes con su tiempo en Internet. Los sacerdotes llevan a Jesucristo a los demás principalmente a través del contacto personal. A veces la comunicación por Internet puede impedir o limitar la participación social de una persona y por lo tanto puede limitar su ministerio. Si un hombre tiene un historial de adicción a Internet o incluso una tendencia obsesiva a permanecer en línea durante largas horas, esto debe ser tratado antes de su ordenación.

La adicción a la pornografía

La pornografía por Internet es un problema serio que ha crecido enormemente desde el advenimiento de Internet, y continúa empeorando. Lamentablemente, se está convirtiendo rápidamente en una parte muy importante de nuestra cultura. La mayoría de los jóvenes que crecen en estos tiempos han visto pornografía en Internet por lo menos un par de veces y muchos tienen graves adicciones. Crecer hacia la integración sexual es una parte importante de la cristiandad y la pornografía puede impedir seriamente este crecimiento. Muchos sacerdotes que conozco dicen que este es el pecado más confesado por los jóvenes. Si un hombre tiene un mal hábito o una adicción a la pornografía por Internet, esto sin duda va a impedir su progreso hacia el sacerdocio, a menos que y hasta que pueda controlarla. ¡Al igual que con todas las adicciones, la persona debe pedir ayuda! Consulta con tu director espiritual y director vocacional y ellos te ayudarán a superar este obstáculo.

Propenso a las adicciones

Gracias a los avances en la psicología moderna, se sabe que algunas personas simplemente son más propensas a la adicción que otras personas. Algunos lo llaman "personalidad adictiva" y hay pruebas para identificar a los hombres con una alta probabilidad de desarrollar algún tipo de adicción. Estas pruebas se realizan como parte de la batería de pruebas psicológicas para los candidatos al sacerdocio. El tener padres o familiares que son adictos es sin duda un factor contribuyente. Si las pruebas revelan que el hombre tiene una alta probabilidad de desarrollar una adicción, esto se toma en cuenta y se compara con toda la información que contenga su expediente de solicitud. Si el hombre tiene un historial de adicciones y no tiene un historial de sobriedad de sus adicciones, no está listo para entrar en el seminario.

La obesidad extrema

La obesidad extrema se define como el peso de más del doble de tu peso ideal o tener más de 45 kilos de sobrepeso. Los hombres obesos tienen un nivel de energía limitado. Es probable que su vida se vea limitada. Cada obispo tiene que tomar la decisión de aceptar a un hombre en estas condiciones analizando caso por caso. Algunos de los seminaristas con los que he trabajado a través de los años me recordaron que Santo Tomás de Aquino también tuvo este problema. Su estómago era tan grande que tuvieron que cortar la parte delantera de su escritorio para que pueda sentarse cómodamente. ¿Pero dónde estaría la filosofía y la teología católica hoy sin este santo y doctor de la Iglesia? Tienen razón. Dicho esto, cuando un hombre sufre una obesidad mórbida, a veces su director vocacional pospondrá la aceptación al seminario hasta que pierda una cierta cantidad de peso. A veces, su aceptación es condicional, siempre y cuando no gane más peso y haga el esfuerzo de controlar su problema. Conozco a algunos seminaristas y sacerdotes que han sido sometidos a cirugía de bypass gástrico y después han logrado mantener su peso estable. Si un hombre tiene un problema grave de obesidad, se le pedirá en el seminario que la pérdida de peso sea uno de sus objetivos de formación. A menudo se le animará a utilizar un programa como 'Weight Watchers' combinado con una rutina de ejercicio regular. La obesidad es una cruz muy pesada para estos hombres. Sin embargo, muchos de ellos son muy buenos sacerdotes de la Iglesia.

Discapacidades físicas

¿Puede un sacerdote diocesano tener una discapacidad física y todavía hacer el trabajo requerido? El obispo local y el director vocacional tienen que tomar esta decisión en base a la información específica sobre la discapacidad y la información sobre la diócesis. Por ejemplo, un extenso sistema de transporte público en una diócesis urbana puede hacer posible que un sacerdote que sea discapacitado visual o que se encuentre en una silla de ruedas funcione relativamente bien. Este tipo de sacerdote no puede funcionar en una diócesis rural sin transporte público. A veces las iglesias más antiguas todavía no tienen acceso para discapacitados esenciales para un sacerdote con discapacidad por lo cual estos sacerdotes podrían ser asignados sólo a ciertas parroquias.

Otros posibles impedimentos son enfermedades como el cáncer, el SIDA, la tuberculosis, y trastornos congénitos como una enfermedad cardíaca. Si un hombre tiene una enfermedad cardiaca congénita, esto podría limitar seriamente tanto su capacidad de trabajo como su vida. He conocido a algunos candidatos con este tipo de inquietudes que fueron aceptados por el obispo y que posteriormente, llegaron a ser sacerdotes maravillosos. Si Dios quiere que seas un sacerdote diocesano, Él puede lograrlo, independientemente de tus limitaciones físicas.

Ir al seminario es costoso, ya sea pagado por la diócesis, el candidato mismo, sus padres o su párroco. Se debe decidir prudencialmente antes de gastar una suma considerable de dinero en el seminario. Esta es una decisión difícil cuando un hombre tiene un corto prospecto de vida. Algunas personas se ofenden por este tipo de razonamiento. Ellos explican: "El dinero no debería tener nada que ver con eso. El sacerdocio es para salvar almas. ¿Quién puede medir lo que Dios puede hacer con un sacerdote santo, humilde, y ferviente? De hecho, a menudo Dios parece hacer las cosas más grandes con los sacerdotes más débiles." Aunque sin duda reconozco este tipo de razonamiento, el obispo tiene un carisma especial, y por su cargo, tiene la gracia de aceptar o no a un candidato, y la edad es uno de los factores en esta decisión.Revelación completa a tu director vocacional

Una vez un director vocacional me contó que predicó un retiro canónico de cinco días para un grupo de diáconos transitorios que iban a ser ordenados sacerdotes la siguiente semana. Entre charla y charla, se reunió con algunos de los hombres para el sacramento de la confesión y dirección espiritual. Disfrutó mucho de estas reuniones y estaba muy contento con la calidad de hombres. Durante una reunión privada, uno de los hombres mencionó a la pasada que una vez había intentado suicidarse tomando una sobredosis de algún medicamento. Este hecho había pasado hace muchos años, cuando era adolescente, después de un terrible divorcio de sus padres. Afortunadamente, no tuvo éxito. Su madre lo llevó al hospital y le prometió que nunca le diría a nadie lo sucedido ya que era vergonzoso para el hombre. El predicador de retiros le dijo al diácono: "¿Obviamente le has contado esto a tu director vocacional cuando solicitaste la entrada al seminario?" El diácono le respondió que nunca le había contado a nadie. El predicador de retiros tuvo que explicarle que, de acuerdo con la ley canónica, el intento de suicidio es un impedimento para su ordenación, y que tendría que decirles a su obispo y al director vocacional de inmediato ya que estaba programado ser ordenado sacerdote la próxima semana. El diácono llamó a su director vocacional y con mucha dificultad se obtuvo una dispensación. Este hombre tuvo que ser ordenado diácono transitorio nuevamente antes de ser ordenado sacerdote.

No cuento esta historia para denigrar a este joven. Estoy seguro de que era un buen hombre y que llegó a ser un sacerdote maravilloso. La cuento para hacer importancia en una revelación completa desde el principio a tu director vocacional y al obispo acerca de cualquier impedimento, canónico o práctico.

Un impedimento puede invalidar tu ordenación. Es un asunto serio.

¿Impedimentos? ¡No desesperes!

Por favor, no termines este capítulo habiendo perdido la esperanza de llegar a ser sacerdote. Si crees que podrías tener uno o más de estos impedimentos, ya sea un impedimento canónico o uno práctico, cuéntale a tu director vocacional. Si estás llamando a ser sacerdote, Dios tiene el poder de superar todos y cada uno de los obstáculos. Recuerda que puedes obtener una dispensa a muchos de estos obstáculos a través de la autoridad eclesiástica competente.

Sé completamente honesto. Llévalo a la Iglesia. Ella es tu madre y te ama mucho.

CAPÍTULO 16

TAREAS ESPECIALES DE LOS SACERDOTES DIOCESANOS

¿Cuáles son las obligaciones del vicario general, el canciller, y el vicario judicial?

¿Cómo puede un sacerdote convertirse en director vocacional o comenzar a enseñar en un seminario?

Estaba pensando en ser capellán militar. ¿Todavía puedo hacerlo si soy sacerdote diocesano?

Conocí a un sacerdote diocesano que se hizo misionero en el extranjero y misionó diez años en África. Me gustaría hacer eso. ¿Es posible?

Todas estas son preguntas muy buenas que tratan sobre un aspecto importante del sacerdocio diocesano: el ministerio especializado. A algunos sacerdotes diocesanos se les asigna por un tiempo trabajos especiales como los mencionados anteriormente. Algunos incluso sirven en estas tareas especiales durante todo su sacerdocio. Sin embargo, estos trabajos especializados no eran lo que ellos imaginaron cuando estaban en el seminario. En realidad, ellos estudiaron para ser sacerdotes diocesanos y trabajar en parroquias cuidando de las personas. Para utilizar una analogía médica, los sacerdotes diocesanos son como médicos generales, normalmente no son cirujanos ortopédicos o neurólogos. La gran mayoría de los párrocos trabajan en parroquias. Sin embargo, debido a la estructura de la Iglesia, cada diócesis necesita un cierto número de sacerdotes para trabajar en tareas especiales, a menudo fuera de la parroquia. En este capítulo, se describen algunas de estas tareas especiales.

En primer lugar, todos sabemos que Dios da dones diferentes a diferentes personas, incluidos los sacerdotes.

Algunos sacerdotes tienen un gran don para las lenguas y aprenden los idiomas extranjeros rápidamente y pueden cambiar de idioma con facilidad. Si el obispo necesita a alguien para trabajar como capellán en el puerto para hablar con marineros de muchos países diferentes, un especialista en idiomas sería una buena opción. Otros sacerdotes son tremendos administradores. Tienen el don y la experiencia para manejar una gran institución como una diócesis o una universidad católica.

He oído decir que una de las tareas más importantes de un obispo es la de ser cazador de talentos. Un obispo busca los dones y talentos de sus sacerdotes (y seminaristas) y los compara con las necesidades de su diócesis y de la Iglesia universal. Su trabajo consiste en aprovechar estos recursos al máximo para que todas las necesidades de la Iglesia sean cubiertas.

¿Cómo puede un sacerdote diocesano terminar en uno de estos ministerios especializados? La respuesta corta es que su obispo le asigna. Pero por lo general hay una respuesta más larga. A veces, el sacerdote se siente empujado a hacer un determinado trabajo y se lo comunica al obispo. Pero, en otras circunstancias, el sacerdote estaba muy feliz trabajando en su parroquia y el obispo le pide que haga un trabajo especial. Al igual que Simón de Cirene fue puesto a hacer un servicio que nunca deseaba hacer. Sin embargo, él prometió obediencia a su obispo y así comienza su nuevo trabajo.

Algunas diócesis exigen que cada sacerdote llene un breve cuestionario anual para el obispo y el comité de personal. Muchos sacerdotes se refieren en broma a este formulario como la "hoja de sueños." El formulario tiene preguntas como:

¿Te gustaría un cambio de asignación o estás bien en dónde estás?

¿Prefieres el ministerio rural o urbano?

De las siguientes asignaciones especiales, marque aquellas en las que usted podría estar interesado: escuela secundaria o estudios universitarios, ministerio en la prisión, ministerio hispano, pastoral vocacional, capellanía militar, etc.

¿Hay algo más sobre ti mismo (salud, familia, etc.), que te gustaría que el obispo sepa mientras contempla las asignaciones para el próximo año?

Este formulario puede ser útil para que el obispo intente hacer coincidir los sacerdotes disponibles con las tareas necesarias. Y también puede recordarle al obispo que un sacerdote se siente atraído a un ministerio especializado determinado. Si este tipo de ministerio está disponible, este sacerdote podría ser la opción obvia. Dije en el capítulo 2 que hay un tercer nivel de vocación personal. Así como un hombre casado puede ser llamado para el trabajo de profesor, un sacerdote puede ser llamado a un ministerio especial como el trabajo con los pobres, enseñar en una escuela secundaria, o trabajar en el área de pro-vida.

Conozco a un sacerdote que ha dedicado treinta y cinco años enseñando en un colegio diocesano y es una leyenda en su diócesis. Los estudiantes lo quieren y lo respetan muchísimo. Se anotan en listas de espera para tomar sus cursos. Años después de haberse graduado, cientos de sus ex alumnos le piden que sea testigo de su matrimonio. Este sacerdote tiene claramente dones y talentos especiales para hacer este trabajo y, sin embargo, en su caso, nunca pidió hacerlo e incluso nunca deseó hacerlo. El obispo lo asignó a esa escuela secundaria cuando era un sacerdote joven y tuvo tanto éxito que ha estado allí desde entonces.

He oído de otro sacerdote que fue un desastre como párroco. A pesar de ser ordenado sacerdote diocesano, no era experto en la pastoral parroquial y era un mal administrador. Este sacerdote, a través de un proceso de ensayo y error, que le causó mucho sufrimiento a las personas que sirvió, a su obispo y a él mismo, terminó siendo asignado a un hospital. Ahora, es uno de los mejores capellanes del hospital y tiene una gran compasión. Los enfermos, moribundos y afligidos a los que sirve piensan que es el mejor sacerdote del mundo.

Por otro lado, conozco a algunos sacerdotes que se amargan ya que le han pedido al obispo en repetidas ocasiones asignarlos a un ministerio especializado y el obispo no lo ha hecho. Es triste y lamentable que se amarguen porque la voluntad de Dios para un sacerdote diocesano siempre se manifiesta a través del obispo, a quien le prometió obediencia.

Haciendo varias tareas especiales al mismo tiempo

Algunos sacerdotes de la diócesis recibirán una asignación especial del obispo pero al mismo tiempo permanecerán activos como párrocos o sacerdotes asociados a una parroquia. En otras palabras, tienen más de un trabajo de tiempo completo. Se debe trabajar duro para cuidar de uno mismo y evitar cansarse muchísimo. Por ejemplo, un sacerdote puede servir al mismo tiempo como párroco de una parroquia mediana, como director vocacional y como maestro de ceremonias del obispo. Tener varios puestos de trabajo es muy común hoy en día. No es fácil. Esta es una de las muchas razones por las que la Iglesia necesita más sacerdotes.

Ahora echemos un vistazo a algunos de estos ministerios especializados a los que algunos sacerdotes diocesanos son nombrados. Primero voy a describir las posiciones en la curia diocesana y luego los trabajos especiales fuera de la curia.

Vicario general

Un vicario general es el principal adjunto del obispo. Ejerce la autoridad administrativa de toda la diócesis, y por lo tanto tiene el cargo oficial más alto después del propio obispo. Él es la mano derecha del obispo, el segundo al mando. En la Iglesia Católica, el Obispo diocesano debe nombrar al menos un vicario general para la diócesis, pero podría designar a más de uno. Las diócesis más grandes o arquidiócesis habitualmente tienen dos o incluso tres. Un vicario general debe ser un sacerdote o un obispo. En general, el vicario general tiene un diploma avanzado (una licenciatura o un doctorado) en derecho canónico o teología. En su función administrativa, el vicario general pasa mucho tiempo ayudando al obispo a manejar problemas. A pesar de que es un trabajo con gran poder y responsabilidad, a menudo no es el trabajo más agradable de la Iglesia. Más de un obispo fue primero vicario general antes de ser nombrado para el episcopado.

Vicario episcopal

Un vicario episcopal tiene el mismo poder ejecutivo y ordinario que el obispo, al igual que el vicario general, excepto por el hecho de que la autoridad de los vicarios episcopales normalmente se extiende sólo sobre una parte determinada de la diócesis. Una gran arquidiócesis, por ejemplo, podría tener cuatro obispos auxiliares y sacerdotes que son nombrados vicarios episcopales para los cuatro cuadrantes de esa diócesis. Estos vicarios episcopales esencialmente dirigen la Iglesia en ese cuadrante. La mayoría de las diócesis no son lo suficientemente grandes como para requerir vicarios episcopales sobre las áreas geográficas. Más comúnmente, el obispo no asigna a un vicario episcopal a un área geográfica en particular sino a un ministerio pastoral específico. Por ejemplo, puede haber un vicario episcopal a cargo de las propiedades, de los hospitales, o del clero anciano. Un vicario episcopal debe ser un sacerdote o un obispo.

Vicario judicial (también llamado Officialis)

El vicario judicial es un funcionario de la diócesis que tiene potestad ordinaria para juzgar casos en el tribunal eclesiástico diocesano. Aunque el obispo diocesano puede reservar ciertos casos para sí mismo, el vicario judicial y el obispo diocesano conforman un solo tribunal. El vicario judicial no debe ser vicario general, a menos que el tamaño pequeño de la diócesis o el número limitado de casos sugieran lo contrario (C. 1420). El vicario judicial es más conocido por su funcionamiento en el tribunal diocesano que concede nulidades de matrimonios, autorizaciones para matrimonios mixtos y dispensas para que los matrimonios sean válidos y lícitos en la Iglesia Católica. El vicario judicial debe ser un sacerdote de buena reputación, debe tener al menos treinta años de edad, y debe tener un doctorado o licenciatura en Derecho Canónico (C. 1420).

Canciller

Históricamente, el canciller es el principal encargado de los registros en una diócesis. El canciller es un notario y puede certificar los documentos oficiales. Muchas veces tiene otras responsabilidades a discreción del obispo de la diócesis. Puede estar a cargo de algún aspecto de las finanzas o de la gestión del personal relacionado con oficinas diocesanas. Su oficina está normalmente dentro de la cancillería, o de la sede diocesana. Normalmente, el canciller es un sacerdote o diácono, aunque en algunas circunstancias, un laico puede ser nombrado para el puesto.

Secretario del obispo

Los obispos suelen tener uno o dos secretarios laicos, pero algunos obispos, especialmente aquellos que tienen a su cargo grandes diócesis, nombran a un sacerdote como secretario para ayudarle en su trabajo pastoral. El secretario sacerdote se encarga de la mayoría de la correspondencia confidencial. A menudo, él vive con el obispo, viaja con él, a veces es su chofer personal, y también funciona como su maestro de ceremonias en las confirmaciones y otras liturgias especiales. Casi todos los cardenales y arzobispos cuentan con un sacerdote secretario, aunque muchos de los obispos diocesanos de diócesis más pequeñas no lo hacen.

Esta posición suele ser ocupada por un sacerdote joven por cuatro o cinco años, a quien luego trasladan a una parroquia, para ser reemplazado por otro sacerdote más joven.

Vicario para el clero

El vicario para el clero suele ser un vicario episcopal que sirve como enlace entre el obispo y los sacerdotes de la diócesis. Dado que el obispo no está siempre disponible y no siempre puede darles a los sacerdotes la prioridad que necesitan y merecen, el vicario para el clero es quien se reúne regularmente con los sacerdotes, evalúa sus necesidades y les proporciona apoyo. Este sacerdote también tiene estrechos vínculos con los sacerdotes jubilados, manteniéndolos informados sobre lo que ocurre en la diócesis. Se asegura que las necesidades de los sacerdotes más jóvenes se cumplan. El vicario para el clero es a menudo el presidente del "comité de personal de los sacerdotes" (si la diócesis tiene un comité de personal) por lo que tiene una influencia considerable en la asignación de cada sacerdote. También ayuda a planificar los talleres educativos o "día del clero" y los retiros anuales para sacerdotes. El vicario para el clero casi siempre será un sacerdote o un obispo auxiliar. Menciono este tipo particular de vicario episcopal porque es un trabajo muy importante en la mayoría de las diócesis.

Director vocacional

El director vocacional es el sacerdote a cargo de todo el programa vocacional de la diócesis. En particular recluta y entrena a los futuros sacerdotes diocesanos. Visita escuelas y colegios católicos para enseñar a los jóvenes sobre las vocaciones. Predica en diferentes parroquias con regularidad invitando a los hombres a considerar la vocación sacerdotal y está a cargo de la publicidad, del correo para los candidatos, de las campañas de oración y de la organización y ejecución de retiros vocacionales.

El director vocacional guía a los hombres durante un período de años a medida que disciernen el sacerdocio diocesano, pasan por el proceso de solicitud y van al seminario. Cada año visita a los seminaristas en sus seminarios y recibe información actualizada del equipo de formación del seminario. Él organiza las "experiencias vocacionales de verano" para los seminaristas y mantiene los archivos de los seminaristas hasta que sean ordenados sacerdotes. El director vocacional casi siempre es un sacerdote y su trabajo puede ser de medio tiempo o tiempo completo dependiendo de la diócesis. Algunos directores vocacionales siguen siendo párrocos. Ser director vocacional es un ministerio muy importante en una diócesis porque su trabajo influye mucho en la composición del presbiterio en los próximos años. Los directores vocacionales suelen servir en esta capacidad de cinco a diez años, pero rara vez lo hacen durante todo su sacerdocio.

Otros ministerios especializados fuera de la curia diocesana

Los capellanes de prisión

La mayoría de las diócesis tienen uno o más centros penitenciarios dentro de sus fronteras con presos católicos que tienen necesidad de la Misa y los sacramentos. Dependiendo de la disponibilidad de los sacerdotes y el tamaño de la prisión, estas necesidades pueden ser satisfechas por un sacerdote de la parroquia local quien visita la cárcel una vez por semana para dar Misa, catequesis y otros sacramentos. A veces, se nombra un capellán de prisión de tiempo completo. Este es un ministerio especializado muy importante porque el Señor Jesús dijo: "Estuve en la cárcel y fueron a verme" (Mateo 25, 36).

Los capellanes de hospital

Los hospitales católicos son uno de los apostolados más importantes y tradicionales de la Iglesia Católica. Trabajar en el hospital cumple con muchas de las obras espirituales y corporales de misericordia. Sólo en los EE.UU., hay 557 hospitales católicos cuidando a más de 83 millones de pacientes al año, y hay miles de hospitales católicos en el mundo. Estos hospitales a menudo tienen al menos un sacerdote católico a tiempo completo para celebrar misa diaria en la capilla del hospital y para cuidar de las necesidades espirituales de los pacientes y trabajadores de salud. A algunos sacerdotes diocesanos se les pide que sean capellanes de hospitales a tiempo completo.

Capellanes y profesores católicos en escuelas secundarias y universidades

La educación y la formación de los jóvenes es otro apostolado tradicional de la Iglesia. Tener sacerdotes en nuestras escuelas católicas para dar formación cristiana y para promover las vocaciones sacerdotales es de suma importancia. Algunos obispos siempre asignan a los sacerdotes recién ordenados para enseñar en una de las escuelas secundarias católicas durante unos años para enseñarle al nuevo sacerdote cómo trabajar con los jóvenes y cómo promover las vocaciones. De la misma manera, los capellanes en las universidades católicas tienen un papel decisivo en la orientación de los estudiantes universitarios durante sus momentos críticos de búsqueda vocacional. Los estudiantes universitarios están constantemente tomando decisiones importantes sobre la práctica de su fe y la Iglesia necesita sacerdotes buenos y santos para guiar y cuidar a estos jóvenes estudiantes.

Los capellanes de puerto

Muchas diócesis tienen ciudades portuarias que reciben miles de barcos internacionales en sus puertos cada año. El obispo a menudo asignará un sacerdote dotado con la facilidad de hablar varios idiomas al puerto. Un capellán del puerto visita los barcos, celebra misa para la tripulación y atiende otras necesidades espirituales de los marineros. Si los marineros no están siendo tratados de manera justa y humana, él informa esto a las autoridades portuarias. Este puesto de trabajo puede ser parcial o de tiempo completo.

Los capellanes de la policía y bomberos

Aunque por lo general no es una posición de tiempo completo, a muchos sacerdotes (por lo menos en los EE.UU.), se les pide que funcionen como capellanes en la policía local o en el departamento de bomberos. Estos sacerdotes están atentos a las necesidades de los agentes de policía y de los bomberos, especialmente en tiempos de desastre. A veces, el obispo asignará a un sacerdote para este ministerio, y en otras ocasiones, la misma estación de policías o bomberos pide que se le asigne un sacerdote. ¡Estos trabajos pueden venir con sorpresas! Conozco a un sacerdote que tenía su propio coche todo equipado y cuando tenía un funeral, una caravana de policías acompañaba al cortejo fúnebre hasta el cementerio.

Los misioneros en el extranjero

Algunos sacerdotes diocesanos son enviados a trabajar por algunos años en una nación pobre como misionero en el extranjero. Muchas diócesis patrocinan una parroquia en una zona empobrecida del mundo y la apoyan financieramente y mediante el envío de sacerdotes. Este es un acuerdo concertado entre los dos obispos y es una bendición para ambas partes. La Sociedad Misionera de Santiago Apóstol fue fundada por el

Cardenal Richard Cushing en 1958 en los EE.UU. específicamente para enviar sacerdotes diocesanos misioneros voluntarios por un mínimo de cinco años a Perú, Bolivia y Ecuador. Los sacerdotes que sirven en esta sociedad, vuelven a sus respectivas diócesis hablando español con fluidez y con un corazón renovado para trabajar con los pobres. ¡Los sacerdotes misioneros de todos los países sirven a los pobres con heroísmo en muchas partes del mundo de hoy! Una vez más, esto puede ser un ministerio especializado asignado directamente por el obispo, o puede ser un ministerio en el cual el sacerdote se sienta especialmente llamado.

Ministerio cultural especializado

A pesar de que sigue siendo un tipo de servicio dentro de una parroquia, algunos sacerdotes diocesanos son asignados para trabajar con grupos nacionales y culturales de católicos que han emigrado a su diócesis. Estos grupos nacionales a menudo tienen sus propias parroquias étnicas, y la Misa y los sacramentos son celebrados en su propio idioma. El sacerdote asignado a esta parroquia no sólo necesita hablar el idioma, sino también conocer la cultura y las costumbres. Algunos obispos requieren que sus seminaristas aprendan un nuevo idioma si éste se utiliza ampliamente en su diócesis.

Los profesores de seminario

La Santa Sede ha pedido repetidamente a los obispos del mundo que asigne a algunos de sus mejores sacerdotes para servir como profesores y formadores en el seminario. ¡La formación de nuestros futuros sacerdotes es, obviamente, un trabajo muy importante con enormes ramificaciones para el futuro! A algunos sacerdotes se les ha dado increíbles dotes intelectuales, aman la vida intelectual y son talentosos maestros. Algunos de estos sacerdotes son enviados a realizar otros estudios en una determinada área de la teología y pueden terminar enseñando en los seminarios. Muchos pasan la mayor parte de su vida en este tercer nivel de vocación. Otros enseñan por un período designado y luego regresan a la pastoral parroquial. Algunos sacerdotes son enviados a trabajar en los seminarios como rectores, directores espirituales, directores de trabajos pastorales de verano y decanos. El personal profesional del seminario puede ser compuesto por profesores y formadores que no son profesores.

Los Sulpicianos

La Sociedad de San Sulpicio es una organización de sacerdotes diocesanos que permanentemente dejan su diócesis (con el permiso de su obispo y su bendición) con el fin de pasar el resto de su sacerdocio formando a futuros sacerdotes en seminarios de todo el mundo. Fundada hace más de 300 años por el Padre Jean-Jacques Olier, quien fue influenciado por San Vicente de Paúl en su pasión por la formación de sacerdotes, esta sociedad ha hecho un trabajo invaluable ayudando a los obispos en el establecimiento y funcionamiento de los seminarios. Los sulpicianos casi siempre envían a sus sacerdotes a realizar nuevos estudios a fin de que tengan un diploma en teología con el fin de enseñar en los seminarios. Los Sulpicianos no son una comunidad religiosa. Son una organización de sacerdotes diocesanos que han sido permanentemente enviados a trabajar en seminarios.

Los capellanes militares

La mayoría de los países del mundo tienen un ejército militar activo con miles de jóvenes católicos y ellos necesitan buenos sacerdotes porque están en esa edad crítica de vida tomando las principales decisiones sobre la fe, la familia y la vocación. Como resultado, muchos países cuentan con sacerdotes que son capellanes militares para este ministerio, ya sea de tiempo completo o parcial. Para algunos sacerdotes, este ministerio especializado se convierte en su ministerio de vida y para otros, es sólo por una temporada. Cada nación se encarga de este proceso de manera diferente por lo que si un joven se siente llamado al sacerdocio como capellán militar debe conversar esta llamada con su párroco, rector o director vocacional al inicio del proceso.

La decisión del obispo

¿Cómo toman los obispos la difícil decisión de liberar o no a un sacerdote para un ministerio especializado, sobre todo fuera de su diócesis?

Estas no son decisiones fáciles. Cada obispo es consciente de su responsabilidad de apoyar a la Iglesia universal, no sólo su diócesis en particular. No obstante, entiende que su primera prioridad es cuidar de los católicos bajo su jurisdicción. Él es el sacerdote local. Su deber es proporcionar la misa, los sacramentos y el cuidado espiritual de su pueblo. Cuando el obispo tiene pocos sacerdotes, especialmente si tiene parroquias sin sacerdotes, estas decisiones son aún más difíciles. La gente le está escribiendo cartas diciendo: "¡Obispo, por favor envíenos un sacerdote!" Algunos obispos se sienten tentados a responder: "Los sacerdotes no crecen de los árboles. ¡Por favor, envíenme algunos seminaristas de la parroquia! "

Recuerda que los obispos también deben enviar un cierto número de sacerdotes a realizar más estudios en especialidades como el Derecho Canónico y la Sagrada Escritura. El obispo debe recordar planificar para el futuro para poder tener sacerdotes en su diócesis con las credenciales para ser vicario general, vicario judicial, etc. Si el obispo tiene su propio seminario diocesano, entonces está aún más obligado a enviar a algunos de sus sacerdotes a obtener un doctorado en las áreas de teología a fin de tener profesores para el seminario en el futuro.

Los sacerdotes (y seminaristas) deben tener todo esto en cuenta al escribir a su obispo para decirle que se sienten llamados por Dios a servir en un ministerio especializado. Esto podría ser un discernimiento muy válido. Sin embargo, como dice un obispo: "Dile a Dios que me lo diga, y entonces te daré permiso."

Yo he estado en ministerios especializados casi toda mi vida de sacerdote: he sido director vocacional por diez años y he servido como vice-rector de un seminario por seis años. Me encanta este trabajo. Me encanta ser parte de la formación de nuestros futuros sacerdotes. Pero, como le he dicho a mi director espiritual, a veces, "echo mucho de menos estar en una parroquia. Me encanta ser sacerdote de la parroquia. Echo de menos las familias, ir a los juegos de pelota con los niños, la celebración de bodas, bautizos y funerales. ¡Para eso me hice sacerdote!"

Mi director espiritual me recuerda muy suavemente, "No, usted se hizo sacerdote para hacer la voluntad de Dios. Para ir a donde le envían, para hacer lo que le pidan, y para permanecer en su puesto hasta que su obispo le envíe a otra parte".

La más grande obra sacerdotal

El arzobispo Timothy Dolan, arzobispo de Nueva York, cuenta esta historia verídica en su libro *Sacerdotes para el Tercer Milenio.*

> Mientras que George Lodes, un sacerdote de St. Louis, mi diócesis de origen, estaba en Roma en 1962, tuvo el privilegio de tener una audiencia con el Papa Juan XXIII. Él recordó que habían otros diez sacerdotes en la *sala* y él era el último en la fila para saludar al pontífice. Cada uno de los sacerdotes se presentó a Juan XXIII diciéndole lo que hacían como sacerdotes, y luego se arrodillaban para besarle el anillo del pescador.

"Soy el presidente de una universidad", informó el primero, y luego se arrodilló para besar el anillo del Papa: "Yo enseño en un colegio," dijo el próximo haciendo la genuflexión del *baciamano*; "Yo soy el capellán del hospital", declaró el siguiente debidamente arrodillado. "Santo Padre, soy canciller de mi diócesis", dijo otro, y luego se arrodilló para besar el anillo.

Bueno, dijo mi hermano sacerdote de St. Louis, cuando el Papa Juan se acercó a él, se sintió un poco humillado porque pensaba que su labor sacerdotal era casi inexistente comparada con las otros nueve sacerdotes. Así que casi en una inaudible voz baja dijo: "Santo Padre, soy solamente un sacerdote parroquial."

Y para su consternación, el Papa Juan se arrodilló ante él, besó sus manos y se levantó diciendo: "¡Esa es la mayor obra sacerdotal de todas!"[59]

CAPÍTULO 17

EL DÍA DE LA ORDENACIÓN

Existe un domingo por la mañana que nunca olvidaré por el resto de mi vida. Es el domingo por la mañana que me desperté al día siguiente de ser ordenado sacerdote católico. Recuerdo que abrí los ojos y pensé: "Dios mío. Soy sacerdote. Ayer fui ordenado sacerdote. Mi alma ha sido transformada ontológicamente a la imagen de Jesucristo y ese cambio durará para siempre. ¡Seré sacerdote para siempre! Puedo confesar y perdonar los pecados. Y esta mañana, voy a celebrar la Santa Misa por primera vez. Voy a ofrecer el sacrificio de Jesucristo y convertir pan y vino en el Cuerpo y Sangre de Cristo. ¡Mejor me levanto, rezo y me hago una taza de café!"

El día de la ordenación y el día de su primera misa, son dos de los días más importantes en la vida de todo sacerdote. La formación sacerdotal es un proceso largo y arduo que puede durar ocho años o más, y todo culmina en un sábado por la mañana, por lo general a finales de mayo o principios de junio en la catedral diocesana con un hombre que yace boca abajo en el suelo de mármol, orando para ser un fiel y buen sacerdote.

La ordenación es un día, pero el sacerdocio es para siempre

A una pareja de jóvenes preparándose para el matrimonio en los cursos prematrimoniales se le recuerda que: "La boda es un día, el matrimonio es de por vida." Es una expresión para recordarle a la pareja que debe prepararse cuidadosamente para vivir el sacramento del matrimonio y no gastar todo su tiempo en la preparación de la ceremonia de la boda que dura solo una hora. Lo mismo es cierto para aquellos que somos ordenados sacerdotes. La ordenación es un día, pero el sacerdocio es para siempre. Ambas preparaciones se deben hacer, pero la segunda es mucho más importante y extensa. En los capítulos anteriores he descrito el tipo de formación que la Iglesia proporciona a los hombres que van a ser sacerdotes. Ahora quiero describir brevemente los meses, semanas y días previos al día de la ordenación y algunas cosas acerca de esa misa solemne

Prácticas de la misa y de la penitencia

En mi opinión, el último año del seminario es el más emocionante y divertido de todos los años. La formación es muy práctica. Por lo general, el seminarista ya ha sido ordenado diácono transitorio y está sirviendo los fines de semana en una parroquia local, está predicando homilías, bautizando y oficiando matrimonios. Acaba de regresar de pasar un verano en una parroquia trabajando como diácono y sabe que se está acercando rápidamente a su meta. Por lo general, en el cuarto año de teología el hombre hace prácticas de la Misa y de la Penitencia para practicar la celebración de estos sacramentos. Muchos seminarios tienen "capillas para practicar", o "capillas para diáconos", donde practican la celebración de la Misa. Se conoce a estas Misas como 'misas en seco." Algunas incluso cuentan con sistemas de video para que los diáconos puedan visualizar su desempeño, tomar nota de sus errores y corregirlos.

"Si está en negro, dilo. Si está en rojo, ¡hazlo!" Esta expresión describe cómo usar el Misal, el gran libro rojo que utiliza un sacerdote para celebrar la misa. El Misal tiene las palabras impresas en negro y las rúbricas impresas en rojo. A los hombres les encanta practicar las misas y muchos lo hacen cada día en los últimos meses antes de la ordenación.

También les gusta a los seminaristas realizar la práctica de la penitencia, practicar las Confesiones, dar buenos consejos espirituales, una penitencia y la absolución. En el seminario donde trabajo cualquier profesor puede acercarse a los hombres de cuarto año en cualquier momento durante su último semestre y decir: "Me siento pecador. Absuélveme." ¡Y el hombre debe ser capaz de decir las palabras de la absolución sacramental de memoria! También se les exige memorizar las palabras esenciales para el sacramento de la Unción de los enfermos y el perdón Apostólico (una indulgencia plenaria especial que un sacerdote puede dar a una persona que está muriendo). En el último año de seminario, los hombres completan las prácticas en todos los otros sacramentos, Bautismo, Matrimonio, Unción de los Enfermos, todo eso, excepto las órdenes sagradas y la Confirmación, los dos sacramentos reservados para los obispos. A menudo, cuando detengo a un hombre en el pasillo y le pido que practique una confesión, me dice: "Muy bien, Padre, yo le absuelvo. Pero recuerde que no he sido ordenado todavía. Todavía estoy disparando balas de salva."

Llamado por la iglesia

Un seminarista de ultimo año debe escribir una carta a su obispo pidiéndole ser ordenado sacerdote. Esta carta está escrita y firmada con el puño y letra del seminarista. Es enviada al obispo acompañada de la autoevaluación del propio seminarista y la evaluación y recomendación del equipo de formación del seminario y el rector. El obispo luego envía una carta especial al seminarista formalmente invitándolo al sacerdocio, aunque esta práctica puede variar de una diócesis a otra. En el seminario donde trabajo, la recepción de esta carta es emocionante y muchos seminaristas la pegan a sus puertas para compartir la noticia con sus hermanos seminaristas. Una vez que esta carta ha sido recibida, y no antes, el seminarista puede enviar invitaciones a su ordenación.

Retiro canónico

El Canon 1039 establece que antes de que un hombre pueda ser ordenado diácono o sacerdote, debe completar un retiro de una duración mínima de cinco días. Este retiro se planifica cuidadosamente para el último año de estudios. Algunos seminaristas hacen su "retiro canónico" con la comunidad del seminario ya que cada seminario tiene un retiro de esta magnitud por lo menos una vez al año, mientras que otros participan de un retiro especial fuera del seminario. Recibir el sacramento del Orden, ser ordenado sacerdote para siempre, no se puede tomar a la ligera. El retiro canónico le ayuda al hombre a reflexionar con Jesús por última vez sobre su vocación, antes de la imposición de las manos.

Preparándose para el día de la ordenación

Los preparativos para la propia ordenación se realizan en el último año de seminario. Normalmente, un hombre trabaja con los otros seminaristas que serán ordenados ese día para seleccionar las canciones, las lecturas de las Escrituras, los lectores y los portadores de ofrendas. El maestro de ceremonias del obispo suele estar a cargo de todos los aspectos de la ceremonia, pero tiene en cuenta las sugerencias de los que serán ordenados. Se compran las invitaciones y se envían por correo. La mayoría de los sacerdotes tienen una estampa de ordenación impresa para que las personas se lleven a casa. Por lo general esta tiene una imagen religiosa de un lado y el nombre del sacerdote y la fecha de la ordenación del otro lado. Casi siempre dice en la parte inferior de la tarjeta: "¡Por favor, reza por mí!"

Dependiendo de sus recursos económicos, o los de su familia, algunos sacerdotes se compran un nuevo cáliz o mandan a restaurar un hermoso cáliz antiguo. Este cáliz tendrá inscrito el nombre y el día de la ordenación. Esto ciertamente no es necesario, ya que cada parroquia tiene una serie de cálices disponibles, pero algunos sacerdotes prefieren tener su propio cáliz. Algunos también se compran sus primeras vestimentas para la Misa. La mayoría de estas cosas son regalos para el nuevo sacerdote de su familia y amigos. Por último, generalmente hay una recepción o cena para la familia e invitados, al igual que un banquete de boda. Una vez más, estas cosas no son necesarias y las tradiciones varían de una cultura a otra y de país a país. Una celebración de la ordenación no tiene por qué costar una fortuna- y no debería. ¡Pero es un gran día cuando un hombre es ordenado sacerdote de Jesucristo y la gente quiere celebrar!

El rito de la ordenación

Los ordinandi han entrado en procesión en la catedral y están sentados con su familia en la primera banca. Están vestidos con un alba blanca y con la estola de diácono. Inmediatamente después de la proclamación del Evangelio, el hombre (u hombres) que van a ser ordenados son llamados al frente. Un diácono designado dice: "Acérquese el que va a ser ordenado sacerdote. José María López." El hombre responde: "Presente " y pasa al frente. Cada hombre que va a ser ordenado es llamado al frente. Por lo general, el director vocacional habla a continuación. Dirigiéndose al obispo que está sentado en su cátedra, dice:

> **Presbítero:** Reverendísimo Padre, la Santa Madre Iglesia pide que ordene Presbíteros a estos nuestros hermanos.
>
> **Obispo:** ¿Sabes si son dignos?
>
> **Presbítero:** Según el parecer de quienes lo presentan después de consultar al pueblo cristiano doy testimonio de que han sido considerados dignos.
>
> **Obispo:** Con el auxilio de Dios y de Jesucristo, nuestro Salvador, elegimos a este hermano nuestro para el orden sagrado.

Todos los presentes dicen "Demos gracias a Dios." El pueblo de Dios a menudo es invitado en este momento a mostrar su aprobación y, en los EE.UU., la tradición es mostrarlo con un estruendoso aplauso. El obispo hace la convocatoria formal de la

Iglesia. Ahora, por fin, este hombre *sabe* que está llamado a ser sacerdote. Ha sido confirmado en su corazón mediante la oración y la dirección espiritual. Ha sido confirmado por el equipo de formación del seminario, el rector, por el pueblo y los sacerdotes con los que compartió diversas tareas, por su director vocacional, y por último y más profundamente, por su obispo. Ha sido llamado por Dios y por la Iglesia y sabe que su vocación predeterminada por Dios es el sacerdocio. Con frecuencia, el obispo tiene que pedirle a la gente que cese su aplauso sino continuará por varios minutos. El pueblo de Dios siente que ese es un momento muy fuerte.

Después de la homilía del obispo y sus instrucciones para los candidatos, comienza el rito de ordenación. El obispo examina la libertad y preparación de los candidatos haciéndoles varias preguntas a las cuales contestan afirmativamente. Es interesante y digno de mencionar que no se les pide a los hombres que renueven la promesa del celibato y la promesa de oración de la Liturgia de las horas, porque ya han hecho estas promesas en su ordenación diaconal. ¡Sin embargo, se les pide que repitan su promesa de obediencia, que también fue realizada en el diaconado! Los hombres ahora se arrodillan ante el obispo, uno por uno, y ponen sus manos entre las manos del obispo.

> **Obispo**: ¿Prometes obediencia y respeto a mí y a mis sucesores?
>
> **Ordenado**: Si, lo prometo.
>
> **Obispo:** Dios, que comenzó en ti la obra buena, Él mismo la lleve a término.

Considero estas últimas palabras como algunas de las más profundas en el rito de ordenación, probablemente debido a que trabajo en la formación sacerdotal. ¡Después de muchos años de intensa formación sacerdotal, en el día de la ordenación, la Iglesia declara que Dios recién comienza a hacer la obra buena en este sacerdote! El hombre dejará la catedral como sacerdote católico pero Dios seguirá trabajando con él y a través de él, formándolo más y más a la imagen de Jesucristo. Como le decimos a nuestros seminaristas: *"La ordenación no es la emancipación de la formación."*

Por último, se les pide a los ordenandi que se postren acostándose boca abajo en el piso de la Catedral o la Iglesia. Se le pide a la congregación que se arrodille y se canta la Letanía de los Santos. La Iglesia está pidiendo la intercesión de todos los santos en el cielo, porque el momento ha llegado, un hombre ha de ser ordenado sacerdote. Inmediatamente después, con el pueblo de Dios, aún de rodillas, los ordenandi se levantan del piso y se arrodillan ante el obispo. En silencio, el obispo impone sus manos sobre sus cabezas (la *materia* esencial de la ordenación sacerdotal). Entonces, todos los sacerdotes presentes avanzan en procesión y también ponen sus manos sobre las cabezas de los ordenandi, un signo de la unidad del presbiterio. La última parte esencial del rito de la ordenación es la oración de consagración que reza el obispo (la *forma* de la ordenación sacerdotal). Cuando la gente dice "Amén" después de esta oración, el hombre es sacerdote de Jesucristo. La materia y la forma del sacramento del Orden, las cosas que deben suceder para que tenga validez, consisten en estas dos acciones.

Hay otras partes hermosas del rito de ordenación antes de la finalización de la Misa. El obispo unge las manos del nuevo sacerdote con el santo crisma, un hermano sacerdote lo viste con sus vestiduras sacerdotales (la estola y la casulla), y recibe el pan y el vino de manos del obispo, que a partir de entonces utilizará en la ofrenda del sacrificio de Cristo. Finalmente, con el obispo como celebrante, el nuevo sacerdote concelebra su primera misa con todos los sacerdotes presentes.

Antes de la bendición final, el obispo se arrodilla delante de los sacerdotes recién ordenados para recibir su primera bendición. En algunas diócesis, el sacerdote también es invitado a dar su primera bendición a sus padres y familiares.

¿Qué es el Manutergio?

Antes de las modificaciones litúrgicas del Concilio Vaticano II, el manutergio era parte del rito de ordenación. La palabra latina significa "atar las manos." El manutergio era un pequeño paño de lino que se utilizaba para atar las manos del sacerdote recién ordenado inmediatamente después de la unción con el santo crisma. Más tarde, en la ceremonia, se desataba este paño que estaba ahora empapado con el dulce aroma del crisma. Era la tradición que este manutergio fuera un recordatorio importante y así era otorgado a la madre del sacerdote al final de la primera Misa. Cuando moría la madre, la tradición era que sus manos fueran atadas con el manutergio empapado del crisma en su ataúd, recordando que ella había dado al mundo uno de sus hijos para ser sacerdote.

Aunque el manutergio ya no se utiliza en el ritual actual de la ordenación, algunos sacerdotes, como para mantener la tradición, simplemente limpian el crisma de sus manos usando un paño de lino especialmente bordado, a veces con inscripciones de la fecha y el nombre del sacerdote. A pesar de que no se utiliza para enlazar las manos del sacerdote, este paño todavía es dado a la madre en la primera Misa, para ser colocado en su ataúd cuando ella muera. Esto no es parte del rito de la ordenación y ciertamente no es necesario, aunque algunos sacerdotes optan por hacerlo. ¡Las madres adoran este tipo de cosas!

Primera asignación como sacerdote

En algunas diócesis al final de la Misa de ordenación, el Obispo da a conocer a toda la congregación las asignaciones de los nuevos sacerdotes. Los procedimientos varían de una diócesis a otra y de país a país. Algunos sacerdotes nuevos conocen su primera asignación al mismo tiempo que la congregación, otros ya han sido previamente informados y a algunos simplemente se les entrega un sobre con esta información. ¡Es un anuncio emocionante, no sólo porque el hombre es ahora un sacerdote de Jesucristo, sino también porque sabe dónde pasará los próximos años de su vida! En las diócesis donde el obispo hace este anuncio durante la ordenación, la gente suele responder con un estruendoso aplauso, sobre todo si pertenecen a la parroquia donde el nuevo sacerdote ha sido asignado.

Muy solicitado

Un sacerdote recién ordenado me dijo que apenas podía recordar lo que sucedió el día de su ordenación. Desde el momento en que salió de la catedral después de ser ordenado sacerdote no paró de dar bendiciones, de recibir felicitaciones, de bendecir objetos y de oír confesiones durante muchas horas. Había un reclinatorio en la recepción para la gente que quería arrodillarse y recibir la primera bendición. El sacerdote se quedó allí por un largo tiempo y bendijo a mucha gente. La fila de personas continuó durante toda la tarde. Él me dijo: "Me acordé del título del libro del Obispo Sheen, "*The Priest is not his Own*." Le dije: "¡Padre, cuando da una bendición o dice las palabras de la absolución, no está disparando balas de salva y el pueblo de Dios lo sabe!"

¿Cuánto cuesta la ordenación y quién la paga?

Por lo general la Misa de ordenación no le cuesta nada a los ordinandi o su familia. La diócesis paga por los gastos que podrían incurrir en relación con la música, las flores y otros imprevistos de la liturgia. La diócesis a veces también ofrece una recepción para todos inmediatamente después de la Misa. Hay algunos gastos que ocurren cuando hay invitados de afuera de la ciudad, los gastos de las invitaciones, de las estampillas (sellos), y de la cena posterior a la ordenación o la fiesta, pero todo esto depende de la preferencia y el gusto de cada ordinandus y la tradición de su país. Aunque la celebración es tan solemne e importante como una boda, los gastos de la familia suelen ser mucho menores para una ordenación que para una boda.

La Celebración de la misa de acción de gracias

El sacerdote recién ordenado concelebra la Misa de su propia ordenación, pero la mayoría de los sacerdotes celebran la Santa Misa por primera vez como celebrante el día después de la ordenación. Normalmente se celebra en la parroquia donde se crió o en otra parroquia que tiene importancia a nivel personal.

La primera Misa es un gran día para el sacerdote. Está bien planificada y tiene música especial y flores. Algunos sacerdotes le piden a uno de sus hermanos seminaristas o a un sacerdote amigo que sirva como maestro de ceremonias, ya que el nuevo sacerdote puede estar nervioso para celebrar la liturgia correctamente. Por lo general, el nuevo sacerdote invita a un amigo sacerdote que ha sido fundamental en su camino vocacional para dar la homilía en esta misa

¿Por qué está tan nervioso? Debido a que un sacerdote recién ordenado sabe que la Santa Misa es el sacrificio mismo de Jesucristo, el Hijo de Dios. Puede decir las palabras de la consagración en la Plegaria eucarística y el sacrificio de Jesús se ofrecerá transformando el pan y el vino en el Cuerpo y la Sangre de Jesús. Este sacerdote se ha arrodillado y ha adorado a Jesús en la adoración eucarística durante al menos seis años, y ahora la Eucaristía será confeccionada a través de sus propias manos. Sí, un nuevo sacerdote se pone nervioso en su primera misa, por eso la presencia de un maestro de ceremonias lo conforta.

Indulgencia plenaria

Los fieles pueden recibir la indulgencia plenaria al asistir a la primera misa de un sacerdote recién ordenado (y si cumplen con las otras condiciones para la indulgencia plenaria: Confesión, recibir la Sagrada Comunión, rezar por las intenciones del Santo

Padre, y que realmente estén arrepentidos por todos sus pecados.) Es maravilloso recibir la primera bendición de un sacerdote recién ordenado y esta bendición sin duda le traerá muchas gracias a esa persona, pero es la asistencia a la primera Misa que le da a uno la indulgencia plenaria. Soy testigo de las muchas gracias que obtienen familiares y amigos por asistir a la ordenación y primera Misa de un sacerdote recién ordenado. Es un fin de semana lleno de gracia y en muchos casos, la gente regresa a los sacramentos y a la práctica de su fe católica como consecuencia de ello.

"No hay nada más perfecto que la formación de un buen sacerdote"

Estas palabras fueron escritas por San Vicente de Paul, para quien la formación sacerdotal era muy importante. Se dio cuenta que los hombres tienen que ser formados en buenos sacerdotes y es por esto que pasó tanto tiempo trabajando para mejorar los seminarios. Dios no va a formar a un hombre en un buen sacerdote sin el conocimiento y el permiso del hombre. Además, el hombre debe hacer un esfuerzo heroico. La gracia perfecciona la naturaleza. Una vez asistí a la ordenación de un sacerdote recién ordenado de Savannah y prediqué en la primera misa. Yo dije en la homilía que "la formación sacerdotal consiste en un 99,9 por ciento de la gracia de Dios y 0,1 por ciento de esfuerzo humano."

Después de la misa, el nuevo sacerdote me dijo: "¿Padre, usted me quiere decir que estos últimos seis años en el seminario, mi trabajo, estudio y oración, todo eso fue sólo 0.1 por ciento del proceso?". Le contesté, "Bueno, probablemente esto es una exageración. Es probable que sea menos, pero sé que tu 0.1 por ciento fue un enorme esfuerzo. Y estoy muy orgulloso de ti. Gracias por decirle sí a Jesús".

Al salir de la sacristía después de la primera Misa, le dije, "Entonces, ¿adónde vas ahora?" Me miró y dijo: "Soy un sacerdote. ¡Yo voy a trabajar, con la ayuda de Dios, para salvar miles de almas!"

Respondí: "Dios, que comenzó en ti la obra buena, Él mismo la lleve a término."

ROSARIO PARA DISCERNIR EL SACERDOCIO DIOCESANO

Por cada misterio, reza un Padrenuestro, diez Avemarías y un Gloria. Luego finaliza cada decena con esta oración:

> Oh Dios, quiero querer lo que quieres.
> Ayúdame a querer ser lo que quieres que yo sea.
> Aquí estoy, Señor, vengo a hacer tu voluntad.
> Jesús, Te amo.

Los Misterios Gozosos

+ La Anunciación

"Dios te salve María, llena eres de gracia, el Señor está contigo" (Lucas 1, 28). El ángel Gabriel fue enviado a la Santísima Virgen con una importante pregunta de parte de Dios: ¿puedes convertirte en la madre del Salvador? El ángel le anunció que era la voluntad de Dios que María sea el vehículo para traer a Jesús a la tierra, para salvar a su pueblo. Se trataba claramente de una petición, no una orden. Fue un llamado, una vocación. María estaba comprensiblemente confundida al ser visitada por el ángel de Dios: "No temas, María, pues Dios te ha concedido su favor" (Lucas 1, 30). La más pura y confiable Virgen pidió un poco más de información: "¿Cómo será esto, pues no tengo relación con ningún varón?" (Lucas 1, 34), pero se dio cuenta de que todo se esclarecería a su debido tiempo, el tiempo de Dios. El ángel esperó la respuesta de María. Dios está esperando tu respuesta.

Si eres llamado a ser sacerdote, serás un poderoso vehículo para traer a Jesús a la tierra todos los días en la Santa Misa y la Eucaristía. Si esta es tu vocación, entonces debes dar una respuesta. A pesar de que no entiendes por qué Dios te llama, incluso si tienes muchos miedos y dudas, confía en él. Es bueno pedir más información, seguir el camino de la Virgen. Pero recuerda, el ángel está esperando. ¡Dios está esperando! "Aquí está la esclava del Señor, que me suceda como tú dices"(Lucas 1, 38).

Santo Arcángel Gabriel, ruega por mí para que pueda decir sí a la voluntad de Dios.

El propósito de un sacerdote es llevar la gente a Jesús y Jesús a la gente.

+ La Visitación

Isabel exclama: "Bendita tú entre las mujeres y bendito el fruto de tu vientre" (Lucas 1, 42). Todas las generaciones llamarán bendita a la Virgen María porque fue llamada por Dios para llevar a Jesús a la tierra y porque dijo que sí. Inmediatamente después de recibir ella misma a Jesús, María sabía que tenía que llevarlo a los demás. Isabel era muy anciana y Juan el Bautista (el niño por nacer) era muy joven pero ambos dijeron que sí a Dios cuando fue el momento. Cada vocación es diferente. Cada vocación es un misterio. ¡Al sonido de la voz de María, San Juan Bautista saltó de gozo cuando aún estaba en el vientre de su madre, respondiendo con entusiasmo a la llamada de Dios desde pequeño! Todo el mundo está lleno de alegría durante la visitación.

Tú también serás llamado bendito en el Reino si dices que sí a tu vocación. Si eres llamado a ser sacerdote diocesano, te pasarás la vida llevándole a la gente la única esperanza que llenará el vacío dentro de ellos: Jesús. ¡Esto te traerá una gran alegría a ti y a ellos! ¡Si eres viejo o joven, responde ahora! Estar lleno de Jesús como estaba María (y como tú estás), siempre nos lleva a llevarlo a los demás. ¿Estás haciendo esto ahora?

Santa Isabel y San Juan Bautista, rueguen por mí para que pueda decir sí a la voluntad de Dios.

El propósito de un sacerdote es llevar la gente a Jesús y Jesús a la gente.

+ El Nacimiento de Jesús

La Santísima Virgen y San José podrían haberse quejado ante Dios: "¿Así es como tratas a tus amigos?" Nueve meses de embarazo, el parto, y después de un largo viaje en burro llega el momento de dar a luz al Hijo de Dios y no había un lugar privado para el nacimiento. María y José nunca perdieron la esperanza y la confianza. Y también cumplieron con su parte. Jesús nació de acuerdo a la perfecta voluntad de Dios, con humildad, en un establo. El Salvador ha venido. La salvación del mundo está con nosotros. Los ángeles están cantando. Los pastores están maravillados. El niño Jesús duerme. ¿Cómo puede alguien dudar del amor de Dios? "Y María, por su parte, conservaba todos estos recuerdos y los meditaba en su corazón" (Lucas 2, 19).

San José fue tocando puertas, pidiendo una habitación, rezando, intentando confiar. ¡Dios no puede conducir un automóvil estacionado! Dios nunca te llevará donde su gracia no pueda sostenerte. Él es fiel y te ayudará. Discernir la vocación de uno no es fácil. Tienes que seguir confiando y esperando, aun cuando la vida es dura y las cosas no son claras, pero también debes hacer tu parte. Debes llamar a las puertas, recoger información y mantenerte en movimiento. Llegó el momento del nacimiento... no hay más retraso. ¿Ha llegado el momento para que tú respondas a la llamada de Dios? Reflexiona en tu corazón.

Niño Jesús, por favor, dame la gracia. San José, ruega por mí para que pueda decir sí a la voluntad de Dios.

El propósito de un sacerdote es llevar la gente a Jesús y Jesús a la gente.

+ La Presentación

"Mira, este niño hará que muchos caigan o se levanten en Israel. Será signo de contradicción, y a ti misma una espada te atravesará el corazón; así quedarán al descubierto las intenciones de muchos" (Lucas 2, 34 -35). A Simeón le prometieron que no moriría hasta que hubiera visto al Salvador y Dios cumplió su promesa. Tomando al Niño Jesús en sus brazos, él profetizó que no todos le darían la bienvenida a Jesús y al mensaje cristiano. También predijo que la Santísima Madre sufriría intensamente como la discípula perfecta de su Hijo. Jesús es *Lumen Gentium,* la luz de las naciones, aunque algunas personas endurezcan sus corazones y decidan permanecer en la oscuridad. Sí, la presencia de Jesús en el mundo revela "los pensamientos de los corazones de los hombres." Cada persona debe escoger estar con él o en contra de él.

El Evangelio debe ser predicado para que la gente pueda conocer a Jesús. La mayor parte del mundo de hoy nunca ha escuchado el Evangelio. ¡Qué trágico que la mayoría de las personas que viven hoy en día nunca hayan conocido el amor y la misericordia de Jesús! ¿Van a morir sin haberlo visto o sabido de él? ¿Quién les contará la buena nueva? Si estás llamado a ser sacerdote, llevarás a Jesús y su Evangelio al mundo. Él es la respuesta al corazón de todo ser humano. ¿Está Jesús revelándote los pensamientos de tu corazón con respecto a tu vocación?

San Simeón, ora por mí para que pueda decir sí a la voluntad de Dios.

El propósito de un sacerdote es llevar la gente a Jesús y Jesús a la gente.

+ Jesús es hallado en el Templo

"Al cabo de tres días, lo encontraron en el templo sentado en medio de los doctores, no sólo escuchándolos sino también haciéndoles preguntas. Todos los que le oían estaban sorprendidos de su inteligencia y de sus respuestas" (Lucas 2, 46-47). Los pobres María y José buscaron a Jesús desesperadamente durante tres días, aterrorizados por la idea de haberlo perdido. Jesús dijo: "¿Por qué me buscaban? ¿No sabían que yo debo ocuparme de los asuntos de mi Padre? "(2, 49) Que bueno sería que cada uno busque a Jesús como María y José, como si nuestra vida dependiera de encontrarlo. ¡Jesús es la llave para la vida eterna! Y Él ha elegido llevar sus enseñanzas y su gracia a todas las personas a través de los sacramentos de la Santa Iglesia Católica.

Escucha a tu corazón. Si estás llamado a ser sacerdote diocesano, entonces tu lugar está en la casa del Padre y debes ir allí. Debido a que un sacerdote está presente en la Misa todos los domingos, la gente puede venir en busca de Jesús y encontrarlo, muy presente en la Palabra y la Eucaristía. También encuentran su misericordia en la confesión y sienten su cuidado y amabilidad en las manos sacerdotales. Cuando lees estas palabras: "¿No sabían que yo *debo ocuparme* de los asuntos de mi Padre?" ¿Resuena algo en tu corazón?

Madre bendita, ruega por mí para que pueda decir sí a la voluntad de Dios.

El propósito de un sacerdote es llevar la gente a Jesús y Jesús a la gente.

Los Misterios Dolorosos

+ La Agonía en el Huerto

Jesús oró: "Padre mío, si no es posible evitar que yo beba este cáliz de amargura, hágase tu voluntad" (Mateo 26, 42). Jesús oró intensamente no sólo para conocer la voluntad del Padre, sino para tener la fuerza de hacer Su voluntad. Él oró una Hora Santa por primera vez en el Jardín de Getsemaní, suplicándole a sus apóstoles que hagan lo mismo: "Me muero de tristeza, quédense aquí y velen conmigo." Jesús estaba sufriendo mucho y sólo estaba pidiendo que sus amigos más cercanos se quedaran y velaran con Él. "Lleno de angustia, oraba más intensamente y comenzó a sudar como gotas de sangre que corrían hasta el suelo" (Lucas 22, 44).

Discernir la vocación al sacerdocio diocesano puede ser una agonía. Muchos hombres han rezado, "Padre mío, si no es posible evitar que yo beba este cáliz de amargura,..." Tal vez ser sacerdote no sea tu primera opción pero la vocación no es lo que tú quieres. ¡Vela con Jesús para escuchar lo que quiere! Rezar ante el Santísimo Sacramento es una manera importante para llegar a conocer la voluntad de Dios. Te dará las fuerzas para decir sí a la voluntad del Padre. Cuando te arrodilles con Jesús en Su agonía, reza con Él: "Padre mío, si no es posible evitar que yo beba este cáliz de amargura, hágase Tu voluntad" Un ángel del cielo viene a darte fuerzas.

Santo Ángel de la Guardia, ruega por mí para que pueda decir sí a la voluntad de Dios.

El propósito de un sacerdote es llevar la gente a Jesús y Jesús a la gente.

+ La Flagelación del Señor

"Entonces les soltó a Barrabás; y a Jesús, después de azotarlo, lo entregó para que fuera crucificado" (Mateo 27, 26). Jesús ya está salvando a otros a través del derrame de su sangre. Barrabás no merecía ser salvado y nosotros tampoco. "El Hijo de Dios que me amó y se entregó por mí" (Gálatas 2, 20). Jesús derramó su sangre por mí. ¡La sangre de Jesucristo es la cosa más preciosa del universo! Tiene el poder de dar la vida eterna. Antes ella, los demonios gritan y huyen. "Una gota de su sangre que fue derramada por los pecadores, es suficiente para limpiar al mundo de su culpa." [60]

Si estás llamado a ser sacerdote, alimentarás a las personas con el mismo cuerpo y sangre de Jesús. ¡No pueden ser alimentadas sino por las manos de un sacerdote! Si te haces sacerdote, te encargarás de lo más apreciado del universo. La sangre de Jesús tiene el poder de dar la vida eterna. Arrodíllate con Jesús en la flagelación y pídele el don de la generosidad. Ora por el don de la misericordia para Barrabás, para ti y para todos aquellos que no merecen ser salvados. "Todo el pueblo respondió:" ¡Nosotros y nuestros hijos nos hacemos responsables de esta muerte!" (Mateo 27, 25). Esta antigua maldición es ahora nuestra oración.

Almas del Purgatorio, rueguen por mí para que pueda decir sí a la voluntad de Dios.

El propósito de un sacerdote es llevar la gente a Jesús y Jesús a la gente.

+ La Coronación de Espinas

"Trenzaron una corona de espinas y se la pusieron en la cabeza y una caña en su mano derecha; luego se arrodillaron ante Él y se burlaban diciendo: ¡Salve, Rey de los Judíos! Le escupían, le quitaban la caña y lo golpeaban con ella en la cabeza" (Mateo 27, 29-30). ¡Un día, cuando Jesús venga de nuevo en las nubes del cielo, para juzgar a los vivos y a los muertos, todos estarán de rodillas y con la cabeza inclinada y sus lenguas proclamarán que Él es el Señor! Ese día será un día sin igual en la gloria de toda la historia del mundo. ¡Ven, Señor Jesús! Pero hoy es un día diferente. El mismo Dios de infinita gloria ha sido violentamente golpeado, coronado de espinas, y escupido. Jesús es un Dios paciente. Presta atención a Su magnanimidad, a la grandeza de Su alma. Él soporta todo esto sin decir nada. Aunque una mirada aniquilaría todo el ejército romano. Él no hace uso de su poder infinito para protegerse a sí mismo.

Jesús sufrió la humillación y la burla mientras ejercía su vocación para hacer la voluntad del Padre, así que tú no debes esperar nada menos. Si estás llamado a ser sacerdote, algunos se burlarán y te dirán que estás desperdiciando tu vida. Incluso tu familia podría burlarse. Sé como Jesús y muestra misericordia a los que te persiguen. Ora por ellos. Jesús murió por ellos también y Él sabe que tu sacerdocio les afectará con fuerza. "Padre, perdónalos, porque no saben lo que hacen" (Lucas 23, 34). No temas a los que se burlan de tu vocación. ¡Jesús no puede usar su poder infinito para protegerse a sí mismo pero lo va a usar para protegerte! Confía en él.

Todos los sacerdotes santos del cielo, rueguen por mí para que pueda decir sí a la voluntad de Dios.

El propósito de un sacerdote es llevar la gente a Jesús y Jesús a la gente.

+ Jesús Carga la Cruz

"Cuando lo llevaban para crucificarlo detuvieron a un tal Simón de Cirene, que venía del campo, y le cargaron la cruz para que la llevara detrás de Jesús"(Lucas 23, 26). San Simón de Cirene *estaba solamente de pasada.* Aunque en realidad, era todo parte del plan de Dios. Simón fue llamado por Dios para ayudar a Jesús en su momento de agonía, a caminar, literalmente, al lado de Él y a apoyarlo, porque la cruz era increíblemente pesada en su estado debilitado.

El pueblo de Dios lleva cruces muy pesadas de todas las formas y tamaños. Llevar su cruz es el camino al cielo, pero a veces gritan y caen; la cruz es demasiado pesada. Un sacerdote es un Simón de Cirene para estas personas. Él se acerca a ellos en los hospitales, los asilos de ancianos, las prisiones y ora por ellos, para consolarlos y para aligerar sus cargas. Si estás llamado a ser sacerdote, serás un Simón de Cirene para los demás. "Les aseguro que cuando lo hicieron con uno de estos hermanos más pequeños, conmigo lo hicieron" (Mateo 25, 40). Tal vez *estás de paso,* ocupándote de tus cosas, y te piden que ayudes... ¡Dios puede estar llamándote para ser sacerdote! ¡Si es así, bendito seas!

San Simón de Cirene, ora por mí para que pueda decir sí a la voluntad de Dios.

El propósito de un sacerdote es llevar la gente a Jesús y Jesús a la gente.

+ Jesús Muere en la Cruz

"Condujeron a Jesús hasta el Gólgota, que quiere decir lugar de la Calavera. Le daban vino mezclado con mirra, pero él no lo aceptó. Después lo crucificaron y se repartieron su ropa, sorteándola, para ver qué se llevaba cada uno" (Marcos 15, 22-24). San Juan, el discípulo amado, fue el único que se quedó con la Santísima Virgen al pie de la cruz. Todos los otros discípulos huyeron. El Hijo de Dios le dijo estas maravillosas palabras en el momento exacto de la redención del mundo: "He aquí a tu madre. Y desde aquella hora el discípulo la acogió en su casa."

Si estás llamado a ser sacerdote, proclamarás audazmente el misterio de la fe: "Cristo ha muerto, Cristo ha resucitado, Cristo vendrá de nuevo" Mantener la mirada fija en la cruz siempre proporciona la fuerza necesaria para hacer la voluntad de Dios. La tentación de huir como los apóstoles es tan fuerte que debemos abrazarla y aceptar la voluntad de Dios. ¡Todo cristianismo sin la cruz es una herejía estéril que no salva a nadie! Porque San Juan, el santo sacerdote, se quedó junto a María, también se quedó cerca de la cruz.

San Juan, apóstol y sumo sacerdote, reza por mí para que pueda decir sí a la voluntad de Dios.

El propósito de un sacerdote es llevar la gente a Jesús y Jesús a la gente.

Los Misterios Gloriosos

+ La Resurrección

Jesús le preguntó a María Magdalena: "Mujer, ¿por qué lloras? ¿A quién estás buscando? "(Juan 20, 15) ¡Jesucristo ha resucitado! La gran fiesta del cristianismo, la causa de nuestra alegría, es la Resurrección de Cristo. Jesús ganó la victoria infinita, la victoria sobre el pecado y la muerte. Ganamos la guerra, todo lo que queda ahora es pelear las batallas más pequeñas hasta que Jesús venga. Pero estas batallas hay que lucharlas, porque todavía podemos perderlas. Jesús ha llamado a algunos hombres, sus sacerdotes, para liderar la batalla. "La paz esté con ustedes. Como el Padre me ha enviado, yo también los envío a ustedes. Sopló sobre ellos y les dijo: 'Reciban el Espíritu Santo. A quienes les perdonen los pecados, Dios se los perdonará; y a quienes se los retengan, Dios se los retendrá "(Juan 20, 21-23).

Si Jesús te llama a ser sacerdote, liderarás a una parroquia entera de católicos a la batalla por la santidad. Serás un cirio pascual viviente, llevando la luz, el amor y el poder de Jesús al mundo. No te dejes intimidar. Todas las personas están buscando a Jesús, aunque no se den cuenta. El Señor dijo: "Sin mí, no puedes hacer nada." El sacerdote funciona *in persona Christi capitis*, en la persona de Jesucristo resucitado, el jefe de la Iglesia. ¡El poder sagrado dado a un sacerdote en la ordenación no es otro que la presencia del Salvador resucitado! Y no se puede arrebatar de sus manos. La guerra está ganada. Predicar a Jesucristo, crucificado y resucitado, es nuestro llamado de victoria. ¡Cristo ha resucitado! Aleluya. No tengas miedo.

Santa María Magdalena, ruega por mí para que yo pueda decir sí a la voluntad de Dios.

El propósito de un sacerdote es llevar la gente a Jesús y Jesús a la gente.

+ La Ascensión del Señor

"Después los llevó fuera de la ciudad hasta un lugar cercano a Betania y, alzando las manos, los bendijo. Y mientras los bendecía se separó de ellos y fue llevado al cielo. Ellos, después de postrarse ante Él, regresaron a Jerusalén con gran alegría "(Lucas 24, 50-52). Después de Su resurrección, Jesús pasó cuarenta días con los apóstoles, enseñándoles y formándolos para ser heraldos del Evangelio y preparándoles para el día en que serían enviados a proclamar la Buena Nueva. Él prometió enviar al Espíritu Santo para que les dé fuerza. Después de que pasaron los cuarenta días; el Señor ascendió al cielo, donde está sentado a la derecha del Padre, y Él vendrá a juzgar a los vivos ya los muertos.

Jesús dijo: "Y yo una vez que haya sido elevado sobre la tierra, atraeré a todos hacia mí" (Juan 12, 32). Levantado en la cruz, y luego elevado al cielo, el Señor ha comenzado esta tarea de atraer a la gente a sí mismo, y con frecuencia lo hace a través de sus sacerdotes. ¡La gente ve a Jesús en sus sacerdotes y se sienten atraídos por él! El pueblo de Dios a menudo puede ver que un sacerdote es un *alter christus,* incluso cuando un sacerdote no se vea a sí mismo de esta manera.

Si estás llamado a ser sacerdote, confía en que Jesús se encargará de que estés debidamente formado e instruido antes de que te envíen a enseñar y predicar a los demás. Confía en la gracia que te ofrece a través del seminario. El Espíritu Santo vendrá sobre ti en tu ordenación, te fortalecerá y te dará el poder para hacer el trabajo de un sacerdote.

San Pedro, San Pablo y todos los apóstoles, rueguen por mí para que pueda decir sí a la voluntad de Dios.

El propósito de un sacerdote es llevar la gente a Jesús y Jesús a la gente.

+ La Venida del Espíritu Santo

"De repente vino del cielo un ruido, semejante a una ráfaga de viento impetuoso y llenó toda la casa... Entonces aparecieron lenguas como de fuego, que se repartían y se posaban sobre cada uno de ellos. Todos quedaron llenos del Espíritu Santo y comenzaron a hablar en lenguas extrañas "(Hechos 2, 2-4). María y los apóstoles recibieron el Espíritu Santo y fueron revestidos de poder desde lo alto. ¡A medida que el Espíritu Santo descendió, el Cuerpo de Cristo, la Iglesia, tomaron vida y los primeros sacerdotes fueron enviados a trabajar! Hubo tres mil convertidos el primer día (Hechos 2, 41).

Si estás llamado a ser sacerdote, la gracia del Orden te fortalecerá para hacer lo que sea necesario para construir el Reino. El coro cantará

Veni Creator Spiritus cuando el obispo imponga sus manos sobre tu cabeza, y el Espíritu Santo se precipitará sobre ti con gran poder. Dios te permitirá hacer lo que un sacerdote hace a través de sus dones naturales, de su formación en el seminario y por medio de la gracia sobrenatural de las órdenes sagradas. Te sorprenderá el poder de Dios obrando en ti (la *sacra potestas*) cuando empieces a enseñar, predicar y perdonar los pecados de otros. ¡No confíes en ti mismo! Eso es aterrador. Confía en Jesús. El Espíritu Santo es el Santificador y el Mensajero. ¡Confía en que el Espíritu Santo de Dios te dará la gracia para hacer lo que te pida, y para hacerlo bien!

Espíritu Santo, fortaléceme para que pueda decir sí a la voluntad de Dios.

El propósito de un sacerdote es llevar la gente a Jesús y Jesús a la gente.

+ La Asunción de María al Cielo

Al final de su vida terrena, la Santísima Virgen María fue asunta en cuerpo y alma al cielo, rodeada por ángeles. ¡Esto no debería ser sorprendente, ya que Jesús prometió a todos nosotros que nuestro cuerpo terrenal se levantará de sus tumbas, glorificado y hermoso, cuando venga de nuevo! Para María, el gran milagro de la resurrección ya ha ocurrido debido a su concepción sin pecado y su vida. El resto de nosotros tendrá que morir, ser sepultado, y esperar a que el Señor venga. Nuestra Santísima Madre ora por nosotros durante toda nuestra vida y en el momento de nuestra muerte. Ella seguirá guiándonos y protegiéndonos desde su lugar en el cielo hasta el día de la Resurrección.

La intercesión de la Santísima Virgen es a menudo un momento crucial en muchas vocaciones al sacerdocio diocesano. ¡Dios usa poderosamente a María en el proceso de discernimiento y ella te ayudará también! Pídele que ore por ti ahora mismo. Pídele que ore para que sepas si Dios quiere que seas sacerdote y, si así lo quiere, pídele para que te dé la gracia de seguir tu vocación. Ella está en la gloria de los cielos unida en cuerpo y alma, como nosotros estaremos un día. Ella tiene el oído de Dios. Ella es la Madre de los sacerdotes.

Nuestra Señora de la Asunción, ora por mí para que pueda decir sí a la voluntad de Dios.

El propósito de un sacerdote es llevar la gente a Jesús y Jesús a la gente.

+ La Coronación de la Santísima Virgen María, Reina del Cielo y de la Tierra

Desde toda la eternidad, era el plan de Dios que María sea la Reina del cielo y de la tierra. Todo era parte de su vocación. Dios la llamó para ser la madre de Jesús. Dios le permitió cuidar de él y Dios quiso que ella fuera su primer discípulo y la única discípula perfecta. Él quiso que fielmente ella estuviera a los pies de la cruz y que su corazón fuera atravesado con una espada de dolor. Era el plan de Dios que María fuera asunta en cuerpo y alma al cielo y que fuera coronada Madre y Reina. ¡Ella no pidió nada de esto! Ella simplemente amó a Dios, oró y buscó Su voluntad. Dios la llamó, y ella dijo que sí con humildad.

Dios también te llama. Desde toda la eternidad, Dios conoce la vocación a la que eres llamado y para la que fuiste creado. Tu vocación, como toda vocación, tendrá alegrías y tristezas. Si estás llamado a ser sacerdote, podrías decir: "Yo no pedí esto. Dios me llamó. Él me pidió." No obstante, debes dar una respuesta. Imita la humildad y la docilidad de la Santísima Virgen María. Dios recompensará a todos aquellos que generosamente digan sí a su llamado con una corona en el cielo.

Regina Coeli (Reina del Cielo), ora por mí para que pueda decir sí a la voluntad de Dios.

El propósito de un sacerdote es llevar la gente a Jesús y Jesús a la gente.

Los Misterios Luminosos

+ El Bautismo de Jesús

Juan el Bautista dijo: "Yo soy quien necesito que tú me bautices ¿y tú vienes a mí?" (Mateo 3, 14) "Apenas fue bautizado, Jesús salió del agua y, en ese momento, se abrieron los cielos y vio al Espíritu de Dios que bajaba como paloma y descendía sobre Él. Y una voz que venía del cielo decía: Este es mi hijo amado, en quien me complazco "(Mateo 3, 16-17). ¡Jesús no fue bautizado porque necesitaba el bautismo, sino porque nosotros lo necesitábamos! Antes de comenzar su misión nos mostró lo que necesitamos para comenzar. Cuando fuiste bautizado, el Espíritu Santo descendió sobre ti con gracia santificante, con fe, esperanza y amor. Te convertiste en un hijo amado de Dios y así comenzó el plan y la misión de Dios para tu vida

Si estás llamado a ser sacerdote, bautizarás a cientos, quizá miles. Serás el instrumento mediante el cual las personas se vuelvan hijos e hijas amados de Dios, templos del Espíritu Santo y herederos de la vida eterna. El bautismo es el plan de Dios para la salvación de su pueblo y utiliza a sus sacerdotes para ejecutar este plan. ¡Qué privilegio es ser instrumento de Dios de esta manera! Al igual que San Juan Bautista, es posible que no te sientas digno: " Yo soy quien necesito que tú me bautices ¿y tú vienes a mí?" Puedes pensar: "Yo no soy digno de ser sacerdote". Dijo Jesús: "Olvida eso ahora; pues conviene que cumplamos lo que Dios ha dispuesto" (Mateo 3, 15). ¿Estás escuchando la voz que viene de los cielos con respecto a tu vocación?

San Juan Bautista, ruega por mí para que pueda decir sí a la voluntad de Dios.

El propósito de un sacerdote es llevar la gente a Jesús y Jesús a la gente.

+ Las bodas de Caná

"Se les acabó el vino, y entonces la madre de Jesús le dijo: "No les queda vino." Y Jesús le respondió: Mujer, no intervengas en mi vida; mi hora aún no ha llegado" (Juan 2, 4). Jesús hizo su primer milagro en una fiesta de bodas, a pedido de Su madre. Ella dijo a los sirvientes: "Hagan lo que Él les diga" (Juan 2, 5). Jesús transformó el agua en vino; en una gran cantidad de vino como signo escatológico de que el Reino de Dios está por llegar. A partir de ese día, "sus discípulos creyeron en Él."

Si estás llamado a ser sacerdote, serás testigo de muchos matrimonios. Tendrás el privilegio de dar catequesis sobre el plan de Dios, la sexualidad y la vida familiar a las parejas jóvenes en preparación para el matrimonio. Les enseñarás a crecer en la fe juntos. ¡El día de la boda es uno de los días más importantes en la vida de una joven pareja y el sacerdote forma parte de ese día! También, como sacerdote, serás testigo de muchos milagros y verás la gracia actuar en la vida de las personas. Verás con asombro como Dios atrae suavemente a la gente a sí mismo. Pero, ¿estás llamado a ser sacerdote? *¿Ha llegado la hora de tomar una decisión?* La Santísima Virgen te está mirando con una sonrisa suave y te está señalando a Jesús. Ella te dice: "Haz lo que Él te diga".

Santa María, ruega por mí para que pueda decir sí a la voluntad de Dios.

El propósito de un sacerdote es llevar la gente a Jesús y Jesús a la gente.

+ La Proclamación del Reino de Dios

Después del arresto de Juan, Jesús se fue a Galilea, proclamando la buena nueva de Dios. Decía: El plazo se ha cumplido. El Reino de Dios está llegando. Conviértanse y crean en el Evangelio." (Marcos 1, 14-15). Inmediatamente después de comenzar a proclamar el Reino, Jesús llamó a sus primeros discípulos: "Vengan conmigo y los haré pescadores de hombres" (Marcos 1, 17). ¡Ellos inmediatamente dejaron sus redes y sus padres para seguirlo! El llamado de Jesús es poderoso y urgente. Este es el momento para cumplir. El arrepentimiento significa cambiar tu corazón, o más bien, darle permiso a Dios para cambiar tu corazón.

Si estás llamado a ser sacerdote, estarás a cargo del *primum officium,* el primer deber de un sacerdote, el de predicar el Evangelio. Con la gracia de Dios y tu formación sacerdotal, aprenderás a predicar y enseñar sobre Jesucristo y su santa Iglesia Católica. Tendrás que pararte en el púlpito cada domingo y explicar los misterios del Reino de Dios a mucha gente. Jesús dijo: "Pero el que los cumpla y enseñe, será grande en el reino de los cielos" (Mateo 5, 19). El llamado de Jesús es poderoso y urgente. ¡Arrepiéntete! Dale el permiso a Dios para cambiar tu corazón y para estar realmente abierto a Su voluntad. "En Su voluntad está la paz", escribió Dante. "Vengan conmigo y los haré pescadores de hombres." Este es el momento para cumplir. ¡El Reino debe ser anunciado!

Jesús, mi gran Sumo Sacerdote y Señor, ayúdame para que pueda decir sí a la voluntad de Dios.

El propósito de un sacerdote es llevar la gente a Jesús y Jesús a la gente.

+ La Transfiguración

"Seis días después, tomó Jesús consigo a Pedro, Santiago y a su hermano Juan, los llevó a una montaña muy alta a solas y se transfiguró en su presencia. Su rostro brillaba como el sol y Sus vestidos se volvieron blancos como la luz. En esto, se les aparecieron Moisés y Elías que conversaban con Jesús... Aún estaba hablando, cuando una nube luminosa los cubrió, y una voz desde la nube decía: Este es mi Hijo amado, en quien me complazco, escúchenlo" (Mateo 17, 1-2, 5) Desde que Adán y Eva desobedecieron a Dios, hemos sido desfigurados por el pecado original. Desde que Jesús vino y obedeció a Dios, hemos sido transfigurados por la gracia. Un día, vamos a brillar como el sol con Jesús en la gloria celestial y debemos mantener nuestros ojos fijos en el premio. Pero, mientras tanto, como Moisés y Elías nos recuerdan, debemos llevar nuestra cruz hasta el Calvario.

Si estás llamado a ser sacerdote, tendrás el privilegio de estar con la gente en algunos de los momentos más felices de su vida: el nacimiento de un niño, bautismos, bodas y aniversarios. Pero también caminarás con ellos en los valles del sufrimiento, la enfermedad y la muerte. Un sacerdote es un constante recordatorio para el pueblo de Dios que su tesoro está en el cielo. La gracia de Dios transfigurará a las personas disfuncionales y desfiguradas a la imagen de Su Hijo sacerdotal. El Padre te está hablando ahora desde la nube porque sabe que estas discerniendo: "Este es mi Hijo amado, en quien me complazco, escúchenlo."

Moisés y Elías, rueguen por mí para que pueda decir sí a la voluntad de Dios.

El propósito de un sacerdote es llevar la gente a Jesús y Jesús a la gente.

+ La Última Cena

"Después tomó pan, dio gracias, lo partió y lo dio a sus discípulos diciendo: 'Esto es mi cuerpo, que se entrega por ustedes; hagan esto en memoria mía.' Y después de la cena, hizo lo mismo con el cáliz diciendo: 'Este es el cáliz de la Nueva Alianza sellada con mi sangre, que se derrama por ustedes" (Lucas 22, 19-20). En la última cena antes de morir, Jesús ordenó a los apóstoles y se convirtieron en los primeros sacerdotes. Les envió a ofrecer la Santa Misa y a alimentar a su pueblo con la palabra y el sacramento diciendo: "Hagan esto en memoria mía." Jesús también demostró la profundidad de su amor y humildad lavándoles los pies a sus discípulos. De la misma manera, un sacerdote está llamado a servir a los demás, no para ser servido. Después de lavarles los pies, les preguntó: "¿Entienden lo que he hecho por ustedes?" San Pedro no entendió. Él dijo: "Jamás permitiré que me laves los pies" (Juan 13, 8).

Si estás llamado a ser sacerdote, ofrecerás el sacrificio de Jesús todos los días en la Santa Misa y alimentarás a la gente con Su Cuerpo y Su Sangre. Es un gran honor y privilegio actuar *in persona christi capitis* en el altar de Dios. A pesar de que el sacerdocio es un honor y un privilegio, los hombres no son llamados al sacerdocio por esa razón. Jesús nos enseñó a servir a los demás, con humildad y sencillez. Un sacerdote demuestra el amor de Dios hacia su pueblo mediante la entrega total de su vida, como lo hizo Jesús. Tal vez hayas llegado a la conclusión de que Dios te está llamando a ser sacerdote. Si es así, el Señor te pregunta: "¿Comprendes lo que acabo de hacer? ¿Entiendes el honor que te ha sido otorgado?"

San Pedro, por favor, ora por mí para que pueda decir sí a la voluntad de Dios.

El propósito de un sacerdote es llevar la gente a Jesús y Jesús a la gente.

Oh Dios, quiero querer lo que quieres.
Ayúdame a querer ser lo que quieres que yo sea.
Aquí estoy, Señor, vengo a hacer Tu voluntad.
Jesús, te amo.

NOTAS

---

[1] Ampliamente atribuido al Padre Pío

[2] John Rosengren, "Padre Stan Rother: Mártir Americano en Guatemala," Sitio Web de Los Franciscanos y St. Anthony Messenger Press, http://www.americancatholic.org/Messenger/Jul2006/Feature1.asp

[3] l'Abbé Bernard Nodet, "Le Sacerdoce, c'est l'amour du cœur de Jésus," en *Le Curé d'Ars. Sa Pensée - Son Cœur*, éd. Xavier Mappus, (Foi Vivante, 1966), 101

[4] Ibid., 100

[5] Padre John Ciahak, "Las Manos del Sacerdote," www.qvdays.org/linksandarticles/priestlyhands.htm

[6] l'Abbé Bernard Nodet, "Le Sacerdoce, c'est l'amour du cœur de Jésus," in *Le Curé d'Ars. Sa Pensée - Son Cœur*, éd. Xavier Mappus, (Foi Vivante, 1966), 105

[7] Jacobus de Voragine (1275), *La Vida de San Francisco de Asís en La Leyenda Dorada Volumen 5*, Trans. William Caxton (1483), in the Medieval Sourcebook, http://www.fordham.edu/halsall/basis/goldenlegend/gl-vol5-francis.html

[8] Papa Benedicto XVI, Viaje apostólico de su Santidad a Polonia. Encuentro con el clero. Catedral de Varsovia, 25 de mayo de 2006; par. 5. http://www.vatican.va/holy_father/benedict_xvi/speeches/2006/may/documents/hf_ben-xvi_spe_20060525_poland-clergy_sp.html

[9] Abbé Bernard Nodet, *Le Curé d'Ars, Pensées* (Desclée de Brouwer, Foi Vivante, 2000), 97.

[10] Extracto de un discurso de apertura de Albert Schweitzer.

[11] Ampliamente atribuido a San Buenaventura

[12] El Papa Juan Pablo II, Audiencia General, L'Osservatore Romano Edición Semanal en Español, Septiembre 21, 1978, 1

[13] Cardenal John Newman, "Meditaciones sobre la Doctrina Cristiana", http://www.vatican.va/holy_father/benedict_xvi/speeches/2010/september/documents/hf_ben-xvi_spe_20100918_veglia-card-newman_sp.html

[14] Ampliamente atribuido a San. Agustín

[15] Ampliamente atribuido a San Buenaventura

[16] St. Ignatius, *The Spiritual Exercises of Saint Ignatius,* trans. Anthony Mottola (New York: Doubleday, 1989), 82

[17] Discurso del día mundial de los jóvenes, 13 de Mayo, 1984

[18] Santa Catalina de Siena, *Cartas de Santa Catalina de Siena.*

[19] El Papa Benedicto XVI, *Discurso del Santo Padre Benedicto XVI a los peregrinos alemanes* (Lunes 25 de abril de 2005) en los archivos papales del Vaticano

[20] Thomas Merton, *Los hombres no son Islas* (Editorial Sudamericana, 1963).

[21] Albert Einstein, *"Mi visión del mundo"*, ***en http://alpiedela-letra.blogspot.com/2008/04/mi-visin-del-mundo-de-albert-einstein.html***

[22] El Papa Benedicto XVI, Viaje apostólico a Munchen, Altotting y Regensburg (9-14 de Septiembre, 2006). Vísperas marianas con religiosos y seminaristas. Homilía del Santo Padre. En http://www.vatican.va/holy_father/benedict_xvi/homilies/2006/documents/hf_ben-xvi_hom_20060911_vespers-altotting_sp.html

[23] Thurston and Atwater, *Butler's Lives of the Saints*, vol. 4 (Westminster, Maryland: Christian Classics, 1988), 509

[24] Thurston and Atwater, *Butler's Lives of the Saints*, vol. 4 (Westminster, Maryland: Christian Classics, 1988), 568

[25] El Papa Juan Pablo II, *Pastores Dabo Vobsi.* Exhortación Apostólica de su Santidad Juan Pablo II al episcopado, al clero y a los fieles sobre la formación de los sacerdotes en la situación actual. En http://www.vatican.va/holy_father/john_paul_ii/apost_exhortations/documents/hf_jp-ii_exh_25031992_pastores-dabo-vobis_sp.html

[26] Ampliamente atribuido a Oliver Wendell Holmes

[27] Beata Madre Teresa de Calcutta, *My Life for the Poor*, ed. Jose Luis Gozalez-Balado and Janet N. Playfoot (San Francisco: Harper and Row, Publishers, 1985), 37

[28] Santa Juliana de Norwich, *Revelations of Divine Love*, trans. Grace Warrack (1901), Chap XV, http://www.ccel.org/ccel/julian/revelations.html

[29] C. J. Devine, "Father Isaac Jogues: Missionary to the Iroquois" in *These Splendid Priests*, ed. James J. Walsh (New York: Books for Libraries Press, 1926), 185-200

[30] Lawrence G. Lovasik, *Treasury of Catechism Stories* (Pittsburg, PA: Marian Action Publications, 1966), story 118

[31] Walker Percy, "Commencement Address at St. Joseph Abbey and Seminary College 1983" in *Signposts in a Strange Land* (The Noonday Press, 1991), 316-325

[32]www.vatican.va/archive/hist_councils/ii_vatican_council/documents/vat-ii_decree_19651207_presbyterorum-ordinis_sp.html

[33] San Jerónimo, *Commentary on Isaiah*, Prol: PL 24,17.

---

[34]Aristóteles, *Ética a Nicómaco*, traducción, Dr. Francisco Gallach Palés, (Madrid, España, 1931) en http://www.bibliojuridica.org/libros/libro.htm?l=767

[35] San Bernardo de Claraval, Epistle 87, par. 7

[36] Tomás de Aquino, *Suma Teológica*, I, 20, 2

[37] Blaise Pascal, *Pensamientos*, (Madrid: Letras Universales, 1998)

[38] San Ignacio, *Ejercicios Espirituales de San Ignacio*. Reglas de discernimiento de los espíritus en http://es.catholic.net/biblioteca/libro.phtml?consecutivo=194&capitulo=2188

[39] Juan Pablo II, Mensaje para la XXX Jornada mundial de oración por las vocaciones Castelgandolfo, 8 de septiembre de 1992, Natividad de la bienaventurada Virgen María http://www.vatican.va/holy_father/john_paul_ii/messages/vocations/documents/hf_jp-ii_mes_08091992_world-day-for-vocations_sp.html

[40] Pierre Coste, *The Life and Work of St. Vincent de Paul*, (Newman Press, 1952), 14 COSTE Pierre, C.M.: El Gran Santo del Gran Siglo. El Señor Vicente. Obra en 3 tomos (316p, 444p, 399p, 24cm). Salamanca: CEME. 1990-2

[41]Ibid., 14

[42] Ampliamente atribuido a Thomas Merton

[43] Ampliamente atribuido a Will Rogers

[44] T.S. Eliot, *Asesinato en la catedral*. (Madrid: Ediciones Encuentro)

[45] Second Vatican Ecumenical Council, *Gaudium et Spes* [Pastoral Constitution on the Church in the Modern World], par. 48

---

[46] San Ignacio, *Ejercicios Espirituales de San Ignacio.* En http://www.acu-adsum.org/manual.del.ejercitante/cover1.htm

[47] Dante, *Paraíso,* Cántico III, línea 85. En http://www.servisur.com/cultural/dante/comediapar/index.htm

[48] Sophocles, "Chorus" Acrisius 61, *Sophocles Fragments,* ed. Trans. Hugh Lloyd- Jones (Cambridge: Harvard University Press, 1996), 29

[49] Ampliamente atribuido a Marie Curie

[50] Santa Teresa de Ávila, *Obras completas de Santa Teresa de Jesús.* En http://es.catholic.net/santoral/147/2519/articulo.php?id=2059

[51] San Agustín, *Obras completas de San Agustín. XII: Tratados morales* (Madrid: Federación Agustiniana Española, 2007)

[52] Erasmus, "Carta a Ulrich von Hutten fechada el 23 de julio de 1519 (Epp. 447). En http://www.encuentra.com/articulos.php?id_art=6504&id_sec=38

[53] Ver Santo Tomás de Aquino, *Suma Teológica,* IIa IIae c. 151 a 4. En http://hjg.com.ar/sumat/c/c151.html

[54] Agustín de Hipona, *Confesiones,* (Buenos Aires: Editorial Claretiana 2004), 224

[55]San Agustín, *In Jo.ev.* 12,13:PL 35,1491

[56] Santo Tomás de Aquino, *Suma Teológica,* II, II, 152

[57] Ignacio Larrañaga, *El hermano de Asís,* (México: Editorial Parroquial, 1979)

[58] Santa Teresita del Niño Jesús, *The Story of a Soul: the Autobiography of St. Therese of Lisieux,* ed. Rev. T.N. Taylor (London: Burns, Oates & Washbourne, 1912; 8th ed., 1922)

---

[59] Arzobispo Timothy Dolan, Priests for the Third Millennium (Huntington, IN: Our Sunday Visitor, 2000), 267

[60] Extracto de un poema para niños, "A Good Night Prayer to the Blessed Mother"

ÍNDICE DE PREGUNTAS

Capítulo 2: El Poder Sagrado del Sacerdocio

1. ¿Por qué se llaman "sacerdotes" los ministros ordenados de la Iglesia Católica?" p. 25

2. ¿Cuál es el poder sagrado del sacerdocio? p. 26

3. ¿A qué se refiere la Iglesia cuando enseña que un sacerdote funciona in persona Christi capitis? p. 27

4. ¿Cómo funcionan los sacramentos en forma ex opere operato a través del ministerio de un sacerdote? p. 29

5. ¿Cuáles son los tres grados del sacramento del Orden Sagrado? p. 30

6. ¿Quién tiene la "plenitud del Orden Sagrado", y qué significa esto? p. 32

7. ¿Cuál es el cambio ontológico que sucede con el alma de un sacerdote en su ordenación? p. 33

8. ¿Qué le sucede a un hombre que deja el sacerdocio? ¿Sigue siendo un sacerdote? p. 34

9. ¿Por qué es esencial que un sacerdote esté unido a su obispo con el fin de llevar a cabo su ministerio sacerdotal? p. 34

10. ¿Qué es un celebret? p. 35

11. Los sacerdotes diocesanos no hacen votos. Entonces, ¿qué promesas hacen? p. 36

12. ¿Tiene un sacerdote diocesano su propio dinero, salario, automóvil, etc? p. 37

13. ¿Cuál es la gracia del Orden Sagrado y cómo se manifiesta? p. 38

Capítulo 3: ¿Qué es la Vocación?

14. ¿Cuáles son los tres niveles diferentes de la vocación? p. 42

15. ¿Qué es una vocación en particular? p. 44

16. ¿Cuáles son las cuatro vocaciones particulares a las que un hombre podría ser llamado? p. 44

17. ¿Qué significa la vocación pre-determinación por Dios? p. 45

18. ¿Por qué se conoce al matrimonio como la "vocación ordinaria?" P. 46

19. ¿Por qué es el matrimonio único entre los siete sacramentos? p. 47

20. ¿Por qué es el Orden Sagrado único entre los siete sacramentos? p. 48

21. ¿Cuál es la diferencia entre un sacerdote diocesano y un sacerdote que pertenece a una orden religiosa? p. 49

22. ¿Puede ser un hombre llamado a vivir su vida soltera en estado laico? p. 51

23. ¿Cuál es la diferencia entre una vocación y una ocupación? p. 55

24. ¿Cuál es la regla de la pirámide para discernir la vocación? p. 55

25. ¿Dios realmente llama a cada hombre a solo una vocación en particular? p. 58

26. ¿Qué tiene que ver la vocación con la prosperidad? p. 62

Capítulo 4: Dios Dijo "Ve" y Yo Le Dije "No"

27. ¿Cuáles son las consecuencias si no sigues tu verdadera vocación? p. 68

28. ¿Es un pecado decir que no si Dios me está llamando a ser sacerdote? p. 69

29. ¿Es el hombre libre para decir sí o no a la vocación? p. 73

30. ¿Qué debe hacer un hombre si le teme al compromiso permanente? p. 77

31. ¿Es posible ser santo si una persona está en la vocación equivocada? p. 79

Capítulo 5: Signos de la Vocación Sacerdotal

32. ¿Cuáles son algunos signos que indican una posible vocación al sacerdocio diocesano? p. 81

33. ¿Puedo ser sacerdote si no estoy de acuerdo con algunas de las enseñanzas de la Iglesia? p. 83

34. Si yo no rezo mucho, ¿puedo aún ser sacerdote? p. 83

35. ¿Debería un hombre hacerse sacerdote por el bien de la Iglesia, incluso si realmente no quiere ser sacerdote? p. 85

36. La gente siempre me dice que debería ser sacerdote. ¿Esto significa que Dios me está llamando a ser sacerdote? p. 88

37. ¿Qué tan santo tengo que ser para ser sacerdote? p. 91

38. No soy muy bueno hablando con gente en grupos grandes. Tiendo a ser reservado y tímido. ¿Todavía puedo llegar a ser sacerdote? p. 93

39. No soy muy buen estudiante. ¿Cómo sé si soy lo suficientemente inteligente como para ser sacerdote? p. 95

40. Si un hombre tiene una discapacidad física, ¿puede todavía ser sacerdote? p. 97

41. Si un hombre sufre de depresión, ansiedad, o algún otro trastorno mental, ¿puede todavía ser sacerdote? p. 99

42. Soy una persona muy seria y no sonrío mucho. ¿Me impide esto ser sacerdote? p. 100

43. Mi director vocacional me dijo que todavía no podía ir al seminario porque había trabajado en cuatro puestos de trabajo diferentes durante el último año. Fui despedido o dejé voluntariamente estos puestos de trabajo. ¿Es verdad que no puedo ir al seminario de inmediato? p. 105

44. ¿Qué es la propiedad pública? ¿Por qué es necesaria para los sacerdotes? p. 107

45. ¿Tengo que recibir un signo extraordinario de Dios para saber que debo ser sacerdote? p. 108

Capítulo 6: Trazando un Plan de Vida Espiritual

46. ¿Qué debo hacer para poder discernir adecuadamente la vocación al sacerdocio diocesano? p. 117

47. ¿Cómo puede ayudarme en mi discernimiento el enseñar catequesis o enseñar en la escuela bíblica? p. 121

48. ¿Qué es una "experiencia religiosa" y por qué es importante? p. 122

49. ¿Qué es un plan de vida espiritual y cómo puedo desarrollarlo? p. 124

50. No sé cómo rezar. ¿Qué le digo al Señor Jesús durante mi tiempo de oración? p. 127

Capítulo 7: La Importancia de un Director Espiritual

51. ¿Por qué es tan importante tener un director espiritual mientras discierno mi vocación? p. 131

52. ¿Cuál es la diferencia entre fuero interno y fuero externo? p. 133

53. ¿Cómo puedo encontrar un buen director espiritual que me ayude a discernir mi vocación? p. 134

54. ¿Puede mi director espiritual "ordenarme bajo obediencia" a hacer ciertas cosas? p. 137

55. ¿Sobre qué hablo en la dirección espiritual? p. 138

Capítulo 8: Escuchando la Voz de Dios

56. ¿Cuáles son las cuatro voces de discernimiento y cómo puedo distinguirlas? p. 147

57. ¿Por qué Dios no siempre contesta a nuestras oraciones de inmediato cuando le preguntamos acerca de nuestra vocación? p. 149

58. ¿Cómo puedo estar seguro de que es realmente Dios quien me habla cuando "escucho algo" durante mi oración? p. 150

59. ¿Cómo puedo reconocer la voz de Satanás o la voz del mundo? p. 151

60. ¿Por qué es la oración frente al Santísimo Sacramento muy importante para un hombre discerniendo el sacerdocio? p. 154

61. ¿Por qué a veces Satanás te tienta a hacer el bien pero no lo mejor? p. 159

Capítulo 9: Las Siete Etapas de un Discernimiento Diligente

62. ¿Cuáles son las siete etapas que la mayoría de los hombres pasan mientras disciernen el sacerdocio? p. 151

63. ¿Puede un hombre estar absolutamente seguro de ser llamado a ser sacerdote? p. 160

64. ¿Qué es un "discernimiento diligente" del sacerdocio diocesano? p. 167

Capítulo 10: Ideas Prácticas para Discernir la Vocación Sacerdotal Diocesana

65. ¿En qué momento debo comunicarme con mi director vocacional? p. 173

66. ¿Cómo debo decidir a qué diócesis debo acercarme para ser sacerdote? p. 192

67. ¿Cuál es el propósito de los retiros vocacionales y por qué son importantes? p. 173

68. ¿Cómo puede ayudarme el servir a los pobres para discernir mi vocación al sacerdocio? p. 177

69. ¿Qué características tiene un entorno espiritual nutritivo? p. 174

70. ¿Es posible visitar un seminario? ¿Cómo puedo hacer los arreglos necesarios para hacerlo? p. 178

71. ¿Qué es una confesión general y por qué es muy útil durante el proceso de discernimiento? p. 180

72. Si un hombre se crió en una familia disfuncional, ¿cómo puede esto inhibir su proceso de discernimiento? p. 182

73. ¿Cuáles son los Ejercicios Espirituales de San Ignacio de Loyola y por qué son tan eficaces para ayudar a un hombre a discernir su vocación? p. 187

74. ¿Debo pedir un signo para convertirme en sacerdote? Si es así, ¿qué signo debo pedir? p. 188

75. ¿Qué es el ciber-discernimiento y por qué no es insuficiente? p. 172

76. ¿Cómo habla Dios a través de la Iglesia sobre la vocación de un hombre? p. 198

Capítulo 11: La Virgen María y los temores de Discernimiento

77. ¿Por qué es la devoción a la Santísima Virgen tan importante en el discernimiento? p. 201

78. ¿Cuáles son los temores más comunes de los hombres en relación con el sacerdocio? p. 206

79. ¿Cómo se superan los temores de discernimiento que experimentan la mayoría de los candidatos al sacerdocio? p. 212

80. ¿Son el miedo y la ansiedad señales de que no soy llamado a ser sacerdote? p. 219

Capítulo 12: ¿Cómo les digo a mis padres que quiero ser sacerdote?

81. ¿Cómo le digo a mis padres que quiero ser sacerdote? p. 221

82. ¿Qué pasa si mis padres se oponen a que asista al seminario? ¿Debo desobedecerles e ir de todos modos? p. 221

83. ¿Qué debo hacer si mis padres me están presionando para que sea sacerdote? p. 227

84. Si mis padres se oponen al seminario, ¿qué puedo hacer para convencerles? p. 228

Capítulo 13: Celibato, Castidad, Caridad y Alegría

85. ¿Cómo puedo saber si puedo vivir una vida de celibato y seguir siendo feliz? p. 231

86. ¿Son felices la mayoría de los sacerdotes a pesar de no estar casados? p. 234

87. ¿Por qué al responder a la llamada del sacerdocio también se lo conoce como un "matrimonio"? p. 237

88. ¿Cómo se relaciona la ida al seminario y la ordenación sacerdotal con el noviazgo y el matrimonio? p. 238

89. ¿Qué es la integración sexual y por qué es necesaria en todas las vocaciones? p. 239

90. ¿Es el matrimonio una cura para la desintegración sexual? p. 242

91. ¿Puede un hombre ir al seminario sin haber logrado la integración sexual? p. 242

92. ¿Puede un hombre ir al seminario si sigue luchando con la masturbación? p. 243

93. ¿Debería un hombre salir castamente con mujeres antes de entrar en el seminario? p. 250

94. ¿Está éticamente permitido que un hombre que está seriamente discerniendo el sacerdocio salga con chicas? p. 252

95. ¿Puedo ir al seminario si tuve relaciones sexuales en el pasado? p. 254

96. ¿Puede un hombre con atracción al mismo sexo ir al seminario para ser sacerdote? p. 256

97. ¿Qué es el compromiso a Diácono Permanente y por qué no funciona? p. 264

98. ¿Se puede discernir el celibato en el seminario o se debe resolver antes de ir al seminario? p. 265

99. ¿Qué es la Provisión Pastoral que les permite a algunos sacerdotes estar casados? p. 268

100. ¿Alguna vez se les permitirá casarse a los sacerdotes en el rito romano? p. 269

101. ¿Por qué es importante ser completamente honesto con tu director vocacional acerca de tu sexualidad? p. 269

102. ¿Cuál es la "Etapa 4 y la mujer de tus sueños?" p. 272

Capítulo 14: Mi camino al sacerdocio, ¿cuándo comienzo?

103. ¿Cómo se sabe cuándo comenzar el seminario? p. 275

104. En lo que respecta al momento justo, ¿cuál es la diferencia entre un kamikaze o un hombre que se duerme en los laureles? p. 277

105. Si un hombre se siente fuertemente llamado al sacerdocio desde muy joven, es mejor entrar en el seminario inmediatamente después de la escuela secundaria, o es esperar? p. 281

106. ¿A qué edad puede un hombre entrar al seminario? p. 283

107. Si un hombre se ha convertido recientemente al catolicismo o ha vuelto a la Iglesia Católica, ¿es mejor esperar antes de entrar al seminario? p. 286

108. ¿Cuáles son las diferentes vías o caminos que conducen al sacerdocio diocesano? p. 283

109. ¿Es mejor esperar hasta después de la universidad para ir al seminario? p. 281

110. ¿Qué significa un año de pastoral y como puede ayudarme? p. 286

111. ¿Cuándo debo llamar a mi director vocacional local? p. 289

112. ¿Cómo discierne el sacerdocio un hombre mayor? p. 290

113. Tengo un gran trabajo y una carrera con grandes beneficios. ¿Debo ir al seminario a pesar de que voy a perder mi trabajo? p. 291

Capítulo 15: Requisitos previos e impedimentos para el sacerdocio diocesano

114. ¿Cuáles son los prerrequisitos canónicos para ser ordenado sacerdote? p. 293

115. ¿Cuáles son los impedimentos canónicos a la ordenación sacerdotal? p. 297

116. ¿Puede un hombre ser obligado a ser ordenado sacerdote? p. 293

117. ¿Qué ministerios canónicos debe ejercer y recibir un hombre antes de que pueda ser ordenado diácono? p. 294

118. ¿Cuál es la edad mínima para ser ordenado diácono? p. 294

119. ¿Qué período de tiempo debe pasar entre el diaconado y el sacerdocio? p. 295

120. ¿Cuál es la edad mínima para ser ordenado sacerdote? p. 295

121. ¿Cuántos años de filosofía y de teología debe estudiar un seminarista antes de ser ordenado diácono? p. 296

122. ¿En qué momento del proceso se hace la promesa al celibato? p. 296

123. ¿Qué es el "retiro canónico" que se requiere antes de la ordenación al diaconado y al sacerdocio? p. 297

124. ¿Cómo se obtiene una dispensa para algunos impedimentos canónicos al sacerdocio? p. 301

125. Si una persona sufre de un cierto grado de enfermedad mental, ¿significa esto que nunca puede llegar a ser sacerdote? p. 297

126. Si un hombre ha abandonado la fe católica y se unió a otra iglesia, ¿significa esto que no puede ser sacerdote? p. 298

127. ¿Cómo puede un hombre que estaba casado y divorciado llegar a ser sacerdote? p. 299

128. Si un hombre se vio involucrado en un aborto, ¿significa esto que no puede ser sacerdote? p. 299

129. Si un hombre ha intentado suicidarse, ¿significa esto que no puede ser sacerdote? p. 300

130. ¿Puede un hombre alcohólico o drogadicto en recuperación ser sacerdote? p. 302

131. ¿Puede un hombre que tiene una adicción a los juegos de azar o de Internet llegar a ser sacerdote? p. 304

132. ¿Puede un hombre que tiene una adicción a la pornografía llegar a ser sacerdote? p. 305

133. Si un hombre sufre de obesidad, ¿puede llegar a ser sacerdote? p. 306

134. Si un hombre sufre de una discapacidad física, y está en una silla de ruedas o con discapacidad visual, por ejemplo, ¿puede alguna vez ser sacerdote? p. 307

Capítulo 16: Tareas especiales de los sacerdotes diocesanos

135. ¿Por qué hacen los sacerdotes tareas especiales? p. 311

136. ¿Qué funciones cumple un Vicario General, un Canciller y un Vicario Judicial? p. 314

137. ¿Cómo puede un sacerdote ser director vocacional o profesor en un seminario? p. 317

138. ¿Cómo puede un sacerdote ser capellán de prisión, de hospital o de escuelas católicas? p. 318

139. ¿Cómo puede un sacerdote involucrarse en el ministerio hispano u otro ministerio cultural especializado? p. 321

140. ¿Cómo puede un sacerdote diocesano convertirse en un misionero en el extranjero? p. 320

141. Yo estaba pensando en ser capellán militar. ¿Todavía puedo hacerlo si me hago sacerdote diocesano? p. 322

142. ¿Cómo toma el obispo la decisión de asignar a uno de sus sacerdotes diocesanos a un ministerio especializado? p. 323

143. ¿Cuál es la obra más grande de un sacerdote diocesano? p. 324

Capítulo 17: El día de la ordenación

144. ¿En qué momento un hombre por fin sabe con certeza que es llamado a ser sacerdote? p. 331

145. ¿Cuál es la parte más esencial del rito de ordenación, la materia y la forma del sacramento de la Santa Orden, cuál de ellas es necesaria para que un hombre sea válidamente ordenado? p. 332

146. ¿En qué momento del rito de ordenación se hace la promesa de obediencia al obispo? p. 330

147. ¿Cuál es la materia y la forma del sacramento del Orden? p. 332

148. ¿Cuánto cuesta la ordenación y quién la paga? p. 335

149. ¿Cuál es la manutergio? p. 334

150. ¿Qué es la Misa de Acción de Gracias? p. 336

151. ¿Qué es la indulgencia plenaria que reciben los fieles al asistir a la primera misa de acción de gracias de un sacerdote? p. 336

LECTURAS DE LA BIBLIA PARA LA MEDITACIÓN

Un hombre llamado a ser sacerdote encuentra apoyo para su vocación en las Sagradas Escrituras.

Apostolado: Vocación y respuesta

Antiguo Testamento

Gén 12, 1-9 *Dios llama a Abram:* Deja tu país y ven

Gén 22, 1-19 *Fe para obedecer a Dios:* A Abram se le ordena que ofrezca a Isaac

Gén 37-50 *Dios actúa en nuestras vidas para acercarnos a nuestra vocación:* Historia de José

Éx 3, 1-12 *La vocación de Moisés:* "Yo estoy contigo"

1 Sam 3, 1-10 *Dios llama a Samuel:* "Habla, que tu servidor escucha"

1 Rey 19, 16, 19-21 *Dios llama a Elías:* "' Déjame besar a mi padre y a mi madre; luego te seguiré'… Después partió, fue detrás de Elías."

Is 6, 1-13 *La vocación de Isaías*: "¿A quién enviaré?'…' ¡Aquí estoy: envíame!'"

Is 42, 6-7 "Yo, el Señor, te llamé … te sostuve de la mano, … para abrir los ojos de los ciegos."

Is 43, 1-ff "No temas, porque yo te he redimido, te he llamado por tu nombre, tú me perteneces."

Is 45, 4 "yo te llamé por tu nombre, … sin que tú me conocieras."

Is 49, 1-7 "El Señor me llamó desde el seno materno, desde el vientre de mi madre pronunció mi nombre."

Jer 1,1-10 La *vocación de Jeremías: "'¡Ah, Señor! Mira que no sé hablar, porque soy demasiado joven …'* 'No digas: 'Soy demasiado joven',porque tú irás adonde yo te envíe.'"

Jer 20, 7-9 *El drama interior de Jeremías:* "¡Tú me has seducido, Señor, y yo me dejé seducir!¡Me has forzado y has prevalecido! … Pero había en mi corazón como un fuego abrasador."

Jer 29, 11-15 "yo conozco muy bien los planes que tengo proyectados sobre ustedes ... son planes de prosperidad y no de desgracia."

Jon 1, 1-3 *La vocación de Jonás:* "La palabra del Señor se dirigió a Jonás, "Parte ahora mismo para Nínive, la gran ciudad, y clama contra ella, ..."

Nuevo Testamento

Mt 4: 18-22 o Mc 1:16-20 *Los primeros discípulos:* "Síganme, y yo los haré pescadores de hombres."

Mt 9: 35-38 *Recen por las vocaciones sacerdotales:* "La cosecha es abundante, pero los trabajadores son pocos. Rueguen al dueño de los sembrados que envíe trabajadores para su cosecha."

Mt 16, 24-28 "El que quiera venir detrás de mí, que renuncie a sí mismo, que cargue con su cruz y me siga."

Mt 17,1-13 *La transfiguración de Jesús:* "Este es mi Hijo muy querido, en quien tengo puesta mi predilección: escúchenlo."

Mt 19, 16-30 o Mc 10, 17-27 *El joven rico:* "Si quieres ser perfecto, le dijo Jesús, ve, vende todo lo que tienes y dalo a los pobres: así tendrás un tesoro en el cielo. Después, ven y sígueme."

Mt 20, 20-28 o Mc 10, 35-45 *La petición de Santiago y Juan:* "el que quiera ser grande, que se haga servidor de ustedes; ... como el Hijo del hombre, que no vino para ser servido, sino para servir y dar su vida en rescate por una multitud."

Mt 26, 17-35 o Mc 14, 12-26 o Lc 22,1-38 *La última cena:* "Tomen y coman; esto es mi cuerpo. Esto es mi sangre, beban todos de ella. Hagan esto en conmemoración mía."

Mt 26, 36-46 *La oración de Jesús en Getsemaní:* "Padre mío, si es posible, que pase lejos de mí este cáliz, pero no se haga mi voluntad, sino la tuya."

Mt 28 *La misión universal de los Apóstoles*: "Vayan, entonces, y hagan que todos los pueblos sean mis discípulos."

Lc 4, 18 "El Espíritu del Señor está sobre mí, porque me ha consagrado por la unción. Él me envió a llevar la Buena Noticia a los pobres, a anunciar la liberación a los cautivos y la vista a los ciegos, ..."

Lc 9, 57-62 "Te seguiré, Señor, pero permíteme antes despedirme de los míos'… 'El que ha puesto la mano en el arado y mira hacia atrás, no sirve para el Reino de Dios.'"

Jn 2, 1-11 Las bodas de Caná*:* "Hagan todo lo que él les diga."

Jn 15,9-17 "No son ustedes los que me eligieron a mí, sino yo el que los elegí a ustedes, y los destiné para que vayan y den fruto, y ese fruto sea duradero.."

Jn 10 *El buen Pastor:* "Cuando el buen pastor ha sacado todas sus ovejas, empieza a caminar delante de ellas, y las ovejas lo siguen porque conocen su voz."

Jn 19, 1-30 *La madre de los sacerdotes:* "Mujer, aquí tienes a tu hijo». Luego dijo al discípulo: «Aquí tienes a tu madre». Y desde aquella hora, el discípulo la recibió en su casa.

Mc 3, 13 *Institución de los Doce:* "llamó a su lado a los que quiso. Ellos fueron hacia él"

Mc 10, 28-30 *La recompensa prometida a los discípulos:* "Tú sabes que nosotros lo hemos dejado todo y te hemos seguido… recibirá cien veces más en la presente vida… y en el mundo futuro recibirá la Vida eterna."

Lc 1, 26-56 *La vocación de María: La Anunciación*: "Yo soy la servidora del Señor, hágase en mí tal como has dicho."

Lc 14, 25-33 *Jesús sobre el ser apóstol:* "El que no carga con su propia cruz para seguirme luego, no puede ser discípulo mío."

Jn 1, 35-51 *Jesús llama a sus primeros discípulos:* "¿Qué buscan? Vengan y lo verán."

Rom 8,28 "También sabemos que Dios dispone todas las cosas para bien de los que lo aman, a quienes él ha escogido y llamado."

1 Cor 1, 26-31 *Dios llama a los elegidos:* "Tengan en cuenta quiénes son los que han sido llamados: no hay entre ustedes muchos sabios… Al contrario, Dios eligió lo que el mundo tiene por necio, para confundir a los sabios."

Gál 1, 15 "Pero cuando Dios, que me eligió desde el seno de mi madre y me llamó por medio de su gracia, se complació"

Flp 3, 10-14 "olvidándome del camino recorrido, me lanzo hacia adelante 14 y corro en dirección a la meta, para alcanzar el premio del llamado celestial que Dios me ha hecho en Cristo Jesús."

1 Ped 2, 9-10 "Dios los llamó de las tinieblas a su admirable luz."

Discernimiento

Nuevo Testamento

Mt 16,13-23 "¿Quién dice la gente que soy Yo?"

Hech 1, 15-26 *La elección de Matías*

Hech 6, 1-6 *La institución de los Siete*

Hech 13, 2-4 *Pablo y Bernabé elegidos por el Espíritu Santo para predicar*

Hech 15, 28 "El Espíritu Santo, y nosotros mismos, hemos decidido..."

Rom 8, 14-17 "Y ustedes no han recibido un espíritu de esclavos para volver a caer en el temor."

Rom 12, 1-2 "No tomen como modelo a este mundo. … a fin de que puedan discernir cuál es la voluntad de Dios."

1 Cor 2, 7-12 "Dios nos reveló todo … para que reconozcamos los dones gratuitos que Dios nos ha dado.."

1 Cor 12, 4-11 "Hay diversidad de dones, pero todos proceden del mismo Espíritu."

Gál 5, 16-26 *El Espíritu y la carne*

Ef 1, 3-14 "Nos ha elegido en él."

Ef 1, 17 "Un espíritu de sabiduría y de revelación que les permita conocerlo verdaderamente."

1 Jn 4, 1-3 "Examinen los espíritus para ver si vienen de Dios"

El Sacerdocio

Jn 13, 1-14 *El lavado de los pies.*

1 Pe 2, 2-10 "Al acercarse a él, … a manera de piedras vivas, son edificados … , para ejercer un sacerdocio santo."

Heb 4, 12-16 *Jesús, el Hijo de Dios, un Sumo Sacerdote insigne*

Heb 5, 1-10 "Todo Sumo Sacerdote es tomado de entre los hombres"

Heb 10, 10-17 "Cada sacerdote se presenta diariamente para cumplir su ministerio "

Heb 3, 7-11 "Si hoy escuchan su voz, no endurezcan su corazón."

Heb 7, 17 "Tú eres sacerdote para siempre, según el orden de Melquisedec."

Heb 8, 3 "Ahora bien, todo Sumo Sacerdote es constituido para presentar ofrendas y sacrificios."

Celibato

1 Cor 7, 32-34 "Yo quiero que ustedes vivan sin inquietudes. El que no tiene mujer se preocupa de las cosas del Señor, buscando cómo agradar al Señor. En cambio, el que tiene mujer se preocupa de las cosas de este mundo, buscando cómo agradar a su mujer, y así su corazón está dividido."

Mt 19, 10-12 "En efecto, algunos no se casan, porque nacieron impotentes del seno de su madre; otros, porque fueron castrados por los hombres; y hay otros que decidieron no casarse a causa del Reino de los Cielos. ¡El que pueda entender, que entienda!."

Lc 18, 29-30 "Jesús respondió: «Les aseguro que el que haya dejado casa, mujer, hermanos, padres o hijos, por el Reino de Dios, 30 recibirá mucho más en este mundo; y en el mundo futuro, recibirá la Vida eterna."

Os 2, 21-22 "Yo te desposaré para siempre, te desposaré en la justicia y el derecho, en el amor y la misericordia te desposaré en la fidelidad, y tú conocerás al Señor…"

Lecturas para circunstancias especiales

No soy lo suficientemente Santo: Isa 6, 1-9; Lc 5, 1-11

Temo que voy a fallar: Éx 14, 10-31; Lc 15

He cometido errores y soy un pecador: Jn 21, 15-23; Mt 9, 9-13; Lc 7, 36-50

Soy demasiado joven: 1 Sam 3, 1-18; 1 Sam 16, 1-13; Jer 1, 4-10; Lc 1, 26-3

No soy lo suficientemente talentoso: 1 Sam 17, 32-51; Lc 1, 26-38

Quiero tener una familia: Gn 12, 1-3; Mt 12, 46-50; Mc 10, 28-30

Quiero "la buena vida": Mc 10, 17-31; 1 Cor 2, 9; Mt 13, 44-46; Jn 10, 10; Mt 16, 24-27

Tengo miedo al compromiso permanente: Rt 1,15-17; Mt 28, 16-20; 1 Cor 12, 5-10

Tengo miedo a hablar en público: Éx 4, 10-17; Jer 1, 4-10; Jer 1, 9-10

No soy lo suficientemente inteligente: 2 Cor 4, 7-18; Éx 4, 10-17

Tengo miedo de estar solo: Éx 3, 4-22; Lc 1, 28-38; Mt 28, 20

Quiero ser feliz: Sal 37, 4; Mt 5, 1-12; Jn 10, 10; Mc 10, 28-31; 1 Cor 2, 9

Estoy lleno de temor: 1 Jn 4, 18 "En el amor no hay lugar para el temor: al contrario, el amor perfecto elimina el temor."

VIANNEY VOCATIONS

Estrategias efectivas para fomentar vocaciones al sacerdocio

Para solicitar copias adicionales, visite el sitio:
www.vianneyvocations.com